Scrum en las Organi

DARIO PALMINIO

Título: Scrum en las organizaciones

Autor: Palminio Choy, Darío Andrés.

16 de septiembre 2023, Cámara Chilena del Libro, Chile

ISBN Obra Independiente: 978-956-401-595-8

Amazon ISBN: 9798616849403

Sello: Independently published

Gracias a todos los hombres y mujeres que van a trabajar cada día y llevan con ellos su calor humano; contribuyendo positivamente a su equipo, a su organización y al mundo por ser lo que son, haciendo lo que hacen, cuando lo hacen.

Gracias a todos los que buscan descubrir mejores formas de desarrollar software tanto por su propia experiencia como ayudando a otros.

Gracias a todos mis colegas y compañeros que me ayudaron a hacer mejor mi trabajo y a quienes me inspiraron para mejorar y compartir conocimiento como ellos lo hacen.

Y particular agradecimiento al profesor Gerardo Cerda Neumann por la revisión de este libro y sus aportes.

Índice

Prefacio

Con este libro le ofrezco una guía para el conocimiento e implementación de una manera de trabajar y de gestionar el desarrollo de productos y de software llamada Scrum. Intento explicarle el Scrum de un modo integrador, desde diferentes perspectivas, fuentes de conocimiento y con analogías de Rugby. De este modo trato de proporcionarle un marco integral que incluya los principios del enfoque, estructura, procesos y aspectos complementarios. Busco ayudar a los equipos en el avance de intentar emplear Scrum, a ejecutarlo correctamente para lograr alcanzar los resultados que aún no han obtenido. También pretendo brindar un material de apoyo para desarrolladores, ingenieros de software, Scrum Masters, Product Owners, Product Managers, Agile Coaches, facilitadores, expertos, líderes y agentes de cambio, que emprendan los desafíos de adoptar agilidad mediante Scrum o implementarlo en su organización, hacer entrenamiento de equipos, organizar equipos de desarrollo de software o interesados en la ingeniería de software en general.

Quiero resaltar que todo lo escrito aquí no es solo teoría basada en otros libros, sino que es producto de mi experiencia como Scrum Master, Ingeniero de Sistemas y Agile Coach en diferentes equipos, productos y proyectos. Todas las prácticas descritas aquí las he experimentado, en campo; y muchas opiniones y comentarios provienen de diferentes interacciones en desafíos reales en transformaciones digitales y adopciones de agilidad desarrolladas en distintas empresas.

1 INTRODUCCIÓN

Consideraciones iniciales

La ingeniería de software era una disciplina parte de las tradicionales 'software factory' o fábricas de software dedicadas a proveer productos de software o servicios informáticos a las organizaciones. Esto ha cambiado, ahora la ingeniería de software es parte necesaria de gran parte de las organizaciones y, debido a que dependen tanto del software, deben desarrollarlo ellas mismas. Ya no como fábricas, sino como organizaciones digitales que desarrollan software como activo. Se ha comenzado a comprender que: "El desarrollo de software no es como construir un edificio; sino que es como sembrar, cuidar y hacer crecer un jardín". Scrum nos viene a ayudar con ese jardín. Y también viene a apoyar esta disciplina en un mundo que, en cada momento, se vuelve más dinámico, incierto, complejo, ambiguo, digital, acelerado y global.

El marco de trabajo que se presenta en este libro parte de una cultura de solución de problemas adaptativa, que apoya el desarrollo de productos y servicios, posibilitando la búsqueda de mejores formas de aprender y crear valor, en ambientes laborales más cálidos y humanos. Al inicio del libro se relata el "qué" y el "porqué" de este marco, para luego pasar a contar el "cómo", a un alto nivel y, desde esta perspectiva, ofrecer diferentes herramientas, referencias y prácticas que sirvan para ayudar a implementarlo y complementarlo con éxito. Al final se presenta una guía para que pueda evaluar equipos. Como dice la guía oficial de Scrum: puede ser fácil de entenderlo, pero difícil de dominarlo. Con este libro busco motivarte y ayudarte a dominarlo.

Definición

Podemos comenzar por definir qué es Scrum. Según la guía oficial **«Scrum es un marco de trabajo para desarrollar, entregar y mantener productos complejos»** (Scrum.org, 2017). Este marco funciona como una implementación del ciclo de mejora continua de Deming (PDCA) y como una implementación de los principios ágiles. Hay que tener en cuenta que Scrum no es exactamente un proceso íntegro, metodología completa o una técnica para construir productos; sino que, es un marco dentro del cual se pueden emplear varias técnicas y procesos (Agile Atlas, 2012). En otras palabras, Scrum es un marco de trabajo que permite organizar a un equipo para que logre cierta cadencia, que es un ritmo sostenible y cíclico de trabajo a través de múltiples iteraciones de trabajo, en el transcurso de un ciclo de vida de un proyecto o producto, en el que el equipo se siente cómodo entregando productos parciales y de valor para el cliente a medida que recibe retroalimentación para seguir entregando software de valor y adaptarse a las condiciones cambiantes del contexto.

Marco de trabajo

Estrictamente, Scrum es un marco de trabajo no una metodología. En este sentido, hay quienes consideran que Scrum no es una metodología, entre otras cosas porque no especifica exactamente el cómo se hacen las cosas, sino que dice el qué hacer. Sin embargo, hay autores y guías que tratan a Scrum como metodología (por ejemplo la guía (SBOK, 2013; SCRUMstudy, 2015; ScrumAlliance, 2015)[1]. De hecho en el informe original de Ken Schwaber se habla de metodología (Schwaber, 1995). En consecuencia, se puede encontrar en numerosa bibliografía que el marco de trabajo Scrum puede ser denominado Metodología de Desarrollo Scrum o Metodología de Gestión de Proyectos Scrum.

En el primer caso puede deberse a que, sin ser estrictos, se puede considerar una metodología, como un proceso de desarrollo iterativo e incremental de productos (Schwaber, 1995) o evolutivo. Y en el segundo caso porque se puede considerar que es una alternativa a la gestión clásica de proyectos propuesta en guías de trabajo como la de Gestión de Proyectos PMI (sexta edición). En este último sentido, podemos recordar la definición original de Ken Schwaber: «Scrum es una metodología de gestión, mejora y mantenimiento de un sistema existente o prototipo de producción» (Schwaber, 1995).

Por otro lado, considerando que Scrum fue englobado originalmente como parte de las metodología livianas y además define roles (responsabilidades), artefactos, actividades, flujo del ciclo de actividades Scrum[2], reglas, algunas sugerencias de implementación, flujo del ciclo de Scrum o flujo de trabajo, es decir entonces que define parcialmente un 'cómo', en el cual se incluye una secuencia básica de cosas a hacer. Por eso, y sin ser puristas, se puede ser permisivo en que haya quien lo trate como metodología de trabajo y de gestión.

---

1 "Scrum is the leading agile development methodology", Learn About Scrum, ScrumAlliance.org, 2015; y Jeff Sutherland (Jeff Sutherland, 2016).
2 (Agile Atlas, 2012)

Marco amplio

Este marco puede considerarse como un marco, metodología a alto nivel o plataforma de trabajo sobre la cual pueden funcionar otras metodologías, más específicas de producción y desarrollo, otras técnicas y procesos. Por este motivo, puede ser adaptado a diversas empresas y organizaciones que trabajen con metodologías diferentes pero compatibles con los lineamientos de Scrum (sus valores y principios) y del movimiento Agile (enfoque ágil).   Se puede usar Scrum y a su vez utilizar técnicas de otras metodologías para implementar sus actividades y sugerencias. O sea que cuando se usa este marco se hace una aproximación empleando diversas técnicas y, posiblemente, otras metodologías. Por eso, es recomendable que se lo trate más como un "marco de trabajo" que delimita cierta guía y disciplina de desarrollo que se ajusta según el ámbito de aplicación. Hasta cierto punto, podemos usar relativamente bien Scrum, pero si no tenemos pericia de aplicar correctamente las técnicas o metodologías relacionadas al ámbito técnico de aplicación es posible que no tengamos buenos resultados. En otras palabras, en desarrollo de software, Scrum sin ingeniería de software y buenas prácticas de desarrollo es solo parafernalia.

Ámbito de aplicación

¿En dónde podemos usar Scrum? Relacionado a su ámbito de aplicación, podemos analizar nuestro equipo o nuestra organización bajo el modelo Cynefin[3]. Con Cynefin podemos evaluar los múltiples factores en nuestro entorno y nuestra experiencia y determinar bajo qué dominio nos encontramos.

---

3 Cynefin: Snowden (1999), "Liberating Knowledge"; Snowden (2003). "The new dynamics of strategy: Sense-making in a complex and complicated world".

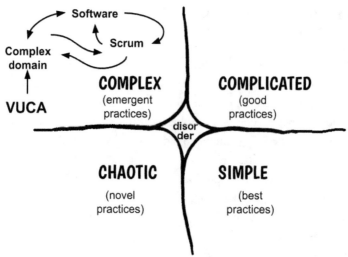

Figura 1.1: Scrum en el Modelo Cynefin

Pues, este marco de trabajo no está orientado a implementarse en cualquier dominio y contexto. Está pensado especialmente para proyectos bajo "dominios complejos" (Snowden, 2007) donde existe un grado alto de incertidumbre y baja predictibilidad y para sistemas adaptativos complejos, donde mismas causas pueden generar diferentes consecuencias o diferentes causas pueden generar mismas consecuencias. O sea que es útil en ámbitos donde se desarrolla con requisitos inciertos y riesgos técnicos altos. Nos permite encontrar prácticas emergentes en dominios complejos, como por ejemplo en la gestión de proyectos de innovación[4], trabajo del conocimiento y desarrollo de productos con requisito inciertos y cambiantes. Es decir, está orientado a contextos que necesitan niveles altos de creatividad, innovación, interacción y comunicación. Por este motivo, es bastante empleado en la industria de software, ya que en la misma existen contextos específicos de alta complejidad e incertidumbre con necesidad de creatividad e innovación. Pero también se utiliza en otras industrias con dominios de problemas de complejidad semejante. Por ejemplo, ha sido empleado en: educación, organizaciones de campañas publicitarias, industria de productos de innovación, empresas de editoriales de libros, etcétera.

Visión general

En este marco de trabajo se definen los principios y valores a seguir, los roles, relaciones y responsabilidades, los artefactos o entidades manejadas en el proceso de trabajo y un conjunto de reuniones o actividades en un flujo de trabajo. Como resumen podemos ver la imagen de la figura.

---

4 (Alaimo, 2014).

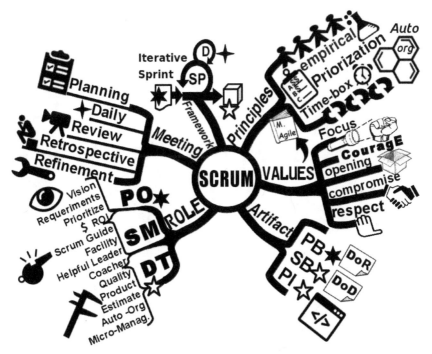

Figura 1.2: Mapa mental sobre Scrum

En los siguientes capítulos se explicarán los diferentes aspectos y características de la propuesta de este marco de trabajo y al final, tras leer el libro, el mapa mental (figura 1.2) quedará explicado y será fácilmente entendible.

2 ORIGEN

Origen histórico

Fueron unos japoneses quienes tomaron ideas del Rugby para usar en este marco de trabajo. En 1986, dos investigadores, Hirotaka Takeuchi e Ikujiro Nonaka, publicaron un artículo en la revista Harvard Business Review titulado "El nuevo juego para el desarrollo de productos". En este artículo, comentaron cómo empresas tales como Honda, Canon y Fuji-Xerox producían nuevos productos a nivel mundial utilizando un enfoque diferente al tradicional de entonces. Estos investigadores compararon esta nueva forma de trabajo en equipo, con el avance en formación de scrum de los jugadores de Rugby, a raíz de lo cual quedó acuñado el término 'Scrum' para referirse a ella. Hay autores que denominan a estos conceptos originales como "Scrum pragmático"[5].

Este Scrum pragmático sugería que un equipo podía funcionar como un equipo de Rugby, como un bloque unido de jugadores autoorganizados, con el objetivo de llevar el balón hasta la zona de anotación para hacer un try y recibir puntos. Personas con diferentes roles claros trabajan juntos, de manera unida y flexible, para avanzar hacia su objetivo común, su misión. Estos equipos mantienen una comunicación constante y se adaptaban rápidamente a medida que avanzaban en el campo. Aunque el balón pareciera retroceder, el equipo avanza. Vieron en esto una analogía perfecta para aplicar en el desarrollo de productos. Este Scrum pragmático proponía: control por misión, equipo autoorganizado, fases de desarrollo superpuestas, control sutil, aprendizaje múltiple ('multilearning') y aprendizaje organizacional.

---

5   (ScrumManager, 2014)

Una década más tarde, Jeff Sutherland y su equipo en Easel Corporation crearon el proceso de Scrum para ser utilizado en el desarrollo de software, tomando los conceptos del artículo original de estos dos japoneses visionarios. Luego, en 1995, Jeff Sutherland junto con Ken Schwaber publicaron un informe sobre Scrum en una conferencia de Programación Orientada a Objetos OOPSLA. El informe fue formalizado con el nombre Proceso de Desarrollo SCRUM (Schwaber, 1995). Hay autores que denominan a este marco de reglas para desarrollo de software como "Scrum técnico"[6]. Desde esa fecha, Schwaber y Sutherland, han producido y publicado varias especificaciones para Scrum que han servido como guías y material de referencia; como por ejemplo: "Agile software development with Scrum" (Schwaber, 2002) y "The Scrum Guide" (Schwaber & Sutherland, 2013).

---

6 (ScrumManager, 2014)

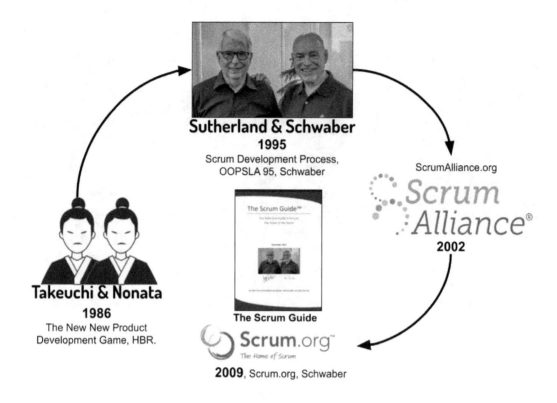

Figura 2.1: Resumen histórico de Scrum

Luego, en los 90, Scrum paso a ser reconocidamente parte de las llamadas "Metodologías de Desarrollo de Software de peso liviano", junto a Crystal (1992), Feature Driven Development (1997), Desarrollo de Software Adaptativo (1999) y Extreme Programming (1999). Y luego del Manifiesto Ágil (Beck, 2001), promulgado en 2001 y firmado por Ken y Jeff, pasó a ser reconocido como parte del movimiento ágil y su enfoque. Ken Schwaber fue el primer presidente de la Alianza Ágil fundada tras el Manifiesto Ágil. Desde allí Scrum ha sido el marco de trabajo más popular en el desarrollo de software.

Organismos certificadores

Desde que Scrum surgió y se popularizó en el mundo industrial, principalmente en la industria de software, miles de proyectos e iniciativas en todo el mundo han utilizado Scrum para el desarrollo de productos, tanto en empresas pequeñas (startups) como en multinacionales. Debido a su amplia aplicación surgieron diferentes entidades capacitadoras y certificadoras para difundir Scrum y certificar el conocimiento básico de quienes rinden los respectivos exámenes necesarios.

La '*Scrum Alliance*'[7] es un ejemplo de este tipo de organizaciones y es considerada una de las más reconocidas organizaciones certificantes, junto a '*Scrum.org*'. La '*Scrum Alliance*' fue fundada en 2002 por Ken Schwaber, Mike Cohn y Esther Derby. Por otro lado, en 2006, Jeff Sutherland creó su propia compañía llamada '*Scrum.inc*', sin dejar de ofrecer y enseñar a los cursos de Certified Scrum. A su vez, Ken dejó la Alianza Scrum en 2009 para fundar la '*Scrum.org*' para mejorar aún más la calidad y la eficacia de Scrum, principalmente a través de la serie '*Profesional Scrum*'. De este modo, '*Scrum.org*' se transforma en el principal órgano certificante y el libro "La guía de Scrum" o "*The Scrum Guide*", de Jeff Sutherland y Ken Schwaber, la principal guía de referencia, lo que podemos llamar el núcleo de Scrum[8].

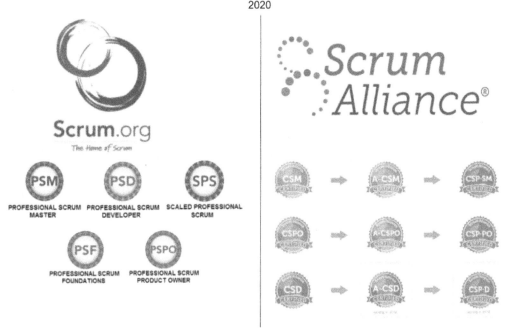

Figura 2.2: Certificaciones oficiales de Scrum

Origen causal

Scrum tuvo un origen causal que suele constituir el análisis crítico previo a su explicación. Scrum emerge, junto a las metodologías livianas, del intento de resolver un

---

7   (ScrumAlliance, 2015)

8 Scrum.org (2018) certifica Professional Scrum Master (PSM), Professional Scrum Product Owners (PSPO) y Professional Scrum Developer (PSD).

problema y de la crítica a las consideradas causas. Scrum vino a surgir como una alternativa al modo en que se desarrollaba software tradicionalmente bajo el "paradigma mecanicista"[9] o llamado también "paradigma industrial"[10]. Y lo hizo como posible solución a los problemas que presentaba la situación en ese entonces (década del 90) de Desarrollo de Software. Por esa razón es que, por lo general, cuando se habla de Scrum se hace un análisis crítico previo para plantear un cambio debido a un problema. Por un lado, se plantea un cambio paradigmático o de enfoque que consiste en un cambio de perspectiva y de mentalidad ('mindset'). La otra cuestión fundamental es la metodológica en la cual se propone un cambio del proceso de desarrollo de software o proceso industrial de software. Por este motivo, para comenzar a comprender Scrum, hay que comprender cuál es el problema que viene a intentar resolver y qué es lo que se critica.

Problema

El problema principal por el que Scrum surgió como alternativa consistió en que la mayoría de los proyectos de desarrollo de software no lograban entregarse en tiempo (cronograma), dentro de los costos (presupuesto) y con las funcionalidades comprometidas (alcance). Ya en la primera conferencia organizada por la OTAN (en 1968) sobre desarrollo de software se hablaba de la "Crisis del Software" aludiendo los problemas recurrentes en que se veía afectado el desarrollo de software y sus resultados. En ese momento se identificaron entre diversos problemas la baja calidad del software que se desarrollaba, el no cumplimiento de las especificaciones, el código prácticamente imposible de mantener, que dificultaba la gestión y la evolución de los proyectos, y la insatisfacción de los clientes.

Una encuesta de cientos de proyectos de desarrollo de software empresarial indicó que cinco de seis proyectos de software se consideraban no satisfactorios (AntiPatterns, 1998) y sólo 29 de cada 100 proyectos de IT se terminaban exitosamente (Standish Groups Chaos Report 1994 - 2004). Según los estudios y el reporte publicado en 1994 por Standish Group[11], existían diferentes problemas asociados al fracaso del modelo de desarrollo de software de aquella época:

- **Proyectos cancelados:** el 31,1 por ciento es cancelado en algún punto durante el desarrollo.

---

9 El paradigma mecanicista es la escuela de administración clásica mecanicista compuesta por la administración científica (Taylor), teoría clásica de la administración (Fayol) y teoría burocrática (Weber).

10 (Verheyen, 2019)

11 (CHAOS Report, 1994)

- **Proyectos insuficientes:** el 52,7 por ciento es entregado con sobrecostos, en forma tardía o con menos funcionalidades de las inicialmente acordadas.
- **Insatisfacción de los clientes:** las empresas proveedoras de software imponían condiciones muy duras a sus clientes: precios elevados, servicios y atención deficientes, etc. (esos mismos precios elevados y rigidez en los contratos impedían embarcarse en cambios). Misma forma de relación restrictiva se trasladaba a los clientes finales. Existía un clima de fricción constante y mucho descontento entre proveedores y clientes. El 71 por ciento de los clientes no estaban satisfechos con los resultados[12]. Y, finalmente, se fomentaba un negocio basado en "clientes cautivos" con alta "insatisfacción de clientes".

Figura 2.3: Problemas con el paradigma mecanicista industrial de gestión de proyectos

Causas

Los problemas detectados en los modelos tradicionales del "paradigma industrial"[13] (waterfall, PMI de los 90', etc.) se fundamentan principalmente en lo siguiente:

---

12 Standish Groups Chaos Report 1994 – 2004.

- **Entorno cambiante:** Entorno altamente cambiante VUCA[14] propio de la industria.[15]
- **Procesos rígidos:** el proceso mismo de desarrollo de software donde el resultado depende de la actividad cognitiva de las personas más que de las prácticas y controles de empleados[16]. Las metodologías de desarrollo de software resultaron muy pesadas y prohibitivas para responder satisfactoriamente a los cambios de negocio.
- **Lejanía del cliente:** Las conclusiones de la investigación del CHAOS Report sugieren que el bajo involucramiento del usuario y el empleo de periodos de tiempo largos son claves en los problemas a solucionar.

Como se dijo antes, con Scrum se plantea un cambio paradigmático o de mentalidad que consiste en un cambio de perspectiva (*'mindset'*). En este sentido, algunas de las ideas que se han venido criticando desde este nuevo enfoque son las siguientes:

- **Juicio experto:** La mentalidad o cultura basada en expertos es una de las criticadas desde una perspectiva ágil. Normalmente solemos favorecer la opinión de los expertos, pues consideramos que sólo una persona con experiencia y conocimientos es capaz de emitir juicios verdaderos o correctos en un área o materia en particular (Surowiecki, 2005). Pues, es sabido que el juicio de expertos nos puede llevar a malos resultados debido, entre otras cosas, al "mecanismo de autoridad"[17] que hace que respetemos o sigamos las opiniones de los expertos, aunque las mismas estén equivocadas. Un escenario común en el desarrollo tradicional, orientado a proyectos, es cuando un equipo debe desarrollar software según plazos y estimaciones hechas por personas ajenas al equipo (el juicio experto). Estas personas externas suelen subestimar el esfuerzo, ya sea porque son justamente expertos y estiman como si el trabajo lo hicieran ellos mismos; o por todo lo contrario, por no tener realmente idea de la complejidad y esfuerzo requerido (por la incertidumbre inicial).
- **Jefaturas:** También se critica la cultura basada en liderazgo de autoridad, proveniente del enfoque clásico de la administración (taylorismo, fayolismo y la 'teoría X'), que han generado gestión de control y mando. En el ámbito empresarial y en cierta época, ha prevalecido el enfoque del jefe con gestión de control y mando. Se tenía la idea de que

---

13 El paradigma mecanicista industrial es compuesto por la administración científica (Taylor), teoría clásica de la administración (Fayol) y teoría burocrática (Weber).

14 VUCA: Volátil, incierto, cambiante y ambiguo.

15 Alaimo, 2014.

16 Alaimo, 2014.

17 Mecanismo de autoridad: mecanismo por el cual uno se subordina a la opinión de un líder con autoridad o a un experto por su autoridad. El experimento de Milgram corrobora este fenómeno.

si las organizaciones no eran fuertemente dirigidas y los grupos humanos carecían de un jefe entonces eran propensas al desastre. En esta perspectiva, prevalecía la figura del jefe coercitivo y transaccional. El jefe coercitivo es el autoritario que se basa en la idea de jerarquía jefe y subordinado, y en la idea de mando y control. El líder transaccional es el que se basa en la motivación de premios y castigos, y también en la idea de negociación constante. La cultura de jefatura suele ser un impedimento para el trabajo ágil y colaborativo.

- **Centralización verticalista:** La idea del 'jefe' junto a la idea del 'control vertical' generan, entre otras cosas, la idea de la "jerarquía verticalista en organizaciones centralizadas" y rígidas, también proveniente del enfoque clásico de la administración. Idea que también se rechaza en el marco contextual de agilidad con Scrum. Entre otras cosas, porque se genera una cultura donde prevalece el mecanismo de autoridad, mencionado anteriormente, y restringe la capacidad de innovación, creatividad y flexibilidad. También puede generar sistemas culturales cerrados y rígidos ante situaciones cambiantes que requieren apertura y adaptación. En estas empresas de desarrollo de software, en la que se opera en base a la estandarización mecánica, pirámides de mando, estructuras jerárquicas, planificaciones estrictas y herramientas de control vertical con la finalidad de controlar lo que acontece, controlando procesos y manipulando personas según planes, los planes fracasan con frecuencia.

- **Burocracia:** Las organizaciones centralizadas y jerárquicas pueden generar una cultura de la burocracia en la que se generan cargos y áreas que obstaculizan la ingeniería de requerimientos y, en consecuencia, al desarrollo de software. Mientras más personas intermedien entre el desarrollador y el cliente, más ruido se puede generar en las comunicaciones, generando así un desfase entre lo que el cliente realmente quiere y lo que se le construye. Por ejemplo, si entre el desarrollador y el cliente se encuentran el analista de negocio, el encargado del producto (o producto manager), el ingeniero de aplicaciones (o ingeniero de proyectos) y el jefe de ingeniería, es más probable que se forme el teléfono descompuesto en la cadena de comunicaciones y se termine construyendo un producto que no cumple las expectativas del cliente. Además, la burocracia genera mayores costos de retraso (*Cost of Delay*) que pocas veces se calcula y demoras en la salida al mercado.

- **Desempeño individual por sobre el colectivo:** Hace muchos años que una porción importante de los trabajadores, sociólogos y psicólogos viene expresándose en contra de las evaluaciones anuales de desempeño. Sin embargo, esa metodología sigue practicándose en las grandes organizaciones. En esas organizaciones, la cultura competitiva individualista fomenta el éxito individual en vez del colectivo y prevalece la cultura del sistema de "evaluación de desempeño individual" en vez de grupal[18]. Este

---

18 Los métodos tradicionales de gestión de proyectos hacen hincapié en la responsabilidad individual hacia las

tipo de sistema erosiona el trabajo colaborativo y el orientado a equipos, necesario para trabajar con Agilidad. A pesar de los sistemas de premios y castigos en las organizaciones centralizadas y jerárquicas, los resultados siguen siendo diferentes a lo planificado. También se suma la práctica de evaluación de desempeño 'verticalista', de arriba hacia abajo, en vez de en 360 grados. Cuando la evaluación es de arriba hacia abajo, se genera una cultura de obediencia que no favorece la creatividad ni la seguridad psicológica. También con la super-especialización formando equipos de especialistas que trabajan internamente en silos. Y, por último, podemos recordar que la guía PMI de los 90' no prestaba atención al trabajo en equipo, sino más bien al individual, viendo a las personas como recursos administrables del proyecto.

- **Cultura del miedo**: En la gestión tradicional hay mucho de la "Teoría X" de McGregor, con la idea de que: las personas sin el látigo sonando no son productivas. Sin embargo, según la "Teoría Y" y el pensamiento ágil, los equipos que trabajan bajo la presión de penalidades por no cumplimiento de fechas, con miedo a ser despedidos, con temor a lo que puedan decir, temor al carácter del jefe, con malos tratos y falta de transparencia, no trabajan bien y nunca van a llegar a ser equipos de alto desempeño. Franklin Covey, autor del libro "La Velocidad de la Confianza", menciona que la cultura de baja confianza crea un impuesto a todas las relaciones, disminuyendo la velocidad, aumentando los costos y, a la larga, generando menor rentabilidad.

Si te llevas bien con la idea del juicio de experto, la jefatura, el verticalismo, la burocracia, el individualismo y la cultura del miedo, entonces te llevarás muy mal con los marcos ágiles y con Scrum. Scrum no se lleva bien con los grupos que funcionan como un pelotón de regimiento, todo lo contrario, propone que un grupo funcione como un equipo de Rugby.

Metodología criticada

La causa de los problemas y fracasos de los proyectos de software en la situación dada, en ese entonces, de desarrollo fueron atribuidos principalmente a la Metodología Cascada o *Waterfall Methodology* (Schwaber, 1995) parte del pensamiento mecanicista del "paradigma industrial". Pero hay que tener en cuenta de qué se habla cuando se critica a la metodología cascada. Pues, la metodología cascada no es 'modelo cascada' y en ocasiones se han atribuido, en un sentido erróneo, las causas de los problemas solo al 'modelo cascada'. Pues no se puede comparar Scrum con el "modelo cascada" porque Scrum no es un modelo y ofrece soluciones a aspectos que el modelo cascada no ofrece. Aunque sí, el modelo cascada, es parte contemplada de lo que se podría considerar una Metodología Cascada o 'tradicional waterfall'.

---

responsabilidades del proyecto (SBOK, 2013).

Modelo en Cascada

El "Modelo en Cascada" o *Waterfall* (Schwaber, 1995) es un modelo secuencial de procesos para la ingeniería de software presentado por Winston Royce en 1970, aunque ya se venía desarrollando desde antes. Para algunos críticos, el Modelo en Cascada, se convirtió en el modelo metodológico más utilizado dentro de la industria en un período de tiempo. Período de tiempo en el que reinaba el "paradigma industrial". Pero hay que considerar que el modelo solo abarca al sistema de producción o sistema de desarrollo (figura 2.1) de la industria, no al de gestión, y es simplemente un modelo, no una metodología.

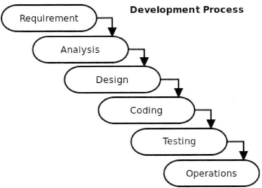

Figura 2.4: Modelo Cascada de desarrollo

En un sentido lato y ortodoxo se puede decir que el Modelo en Cascada refleja un proceso lineal y secuencial de un conjunto de procesos o fases independientes dentro de un proyecto. Las fases son: requerimientos (requerimiento del sistema y requerimientos del software), diseño, codificación, pruebas y operación. Según esto, y siempre cuando el proceso de desarrollo de un proyecto conste de solo la secuencia de estas fases sin repetición, la principales críticas como desventajas que se hacen son:

1) Previsión: Si un proyecto tiene una fase de requerimientos única al comienzo, el producto final debe ser anticipado de antemano (Scrum Institute, 2015) y esto requiere de cierta previsión y certidumbre inicial. La previsión es acorde a una mirada más tradicional y analítica del paradigma industrial mecanicista que considera que el diseño se puede planificar en detalle al comienzo del proceso de desarrollo. A este método y práctica se lo llama BDUF o BMUF que significa "Diseño Inicial Grande" o "Gran Modelado al Inicio" y con él se establece la práctica de realización explícita de diseño arquitectónico completo al inicio (Sons, 2002). Es el mandato técnico de crear modelos integrales de los requisitos para un sistema, el análisis de esos requisitos, una arquitectura que cumple esos requisitos y, finalmente, un diseño detallado antes de implementar el sistema. Lo que sucede es que cierta previsión y certidumbre inicial y necesaria, en proyectos complejos y cambiantes, es poco factible que suceda. Esto lo muestra el modelo del "cono de incertidumbre"[19] en la industria de software, que indica que en la evolución de la incertidumbre a lo largo de un proyecto el nivel inicial se corresponde a un +- 400 por ciento y tiende a disminuir a lo largo del proyecto. Por tal motivo, tratar de prever el proyecto en su primera parte, cuando mayor incertidumbre hay, no es efectivo y tomar decisiones difíciles de cambiar en esa etapa no sería conveniente.

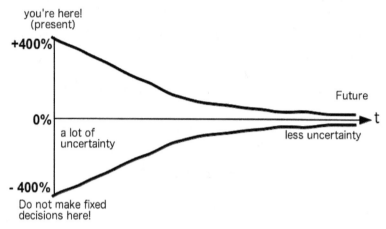

Figura 2.5: El cono de incertidumbre

2) Requerimientos no necesarios: Cuando los requerimientos son levantados al comienzo de un proyecto e implementados posteriormente, podrían nunca ser completamente necesitados por el cliente a partir del final del proyecto (ScrumInstitute, 2015). O sea que puede haber requerimientos irrelevantes o innecesariamente implementados, ya sea porque el cliente dejó de tener la necesidad en el transcurso del proyecto o porque la incertidumbre inicial generó una mala elicitación de estos.

3) Fases separadas: Cada fase es estrictamente separada[20]. Por ejemplo una vez que se encuentra completa la fase de requerimientos se procede a una firma de aprobación o "sign-off" que congela dichos requerimientos, y es recién aquí cuando se puede iniciar la fase de diseño, fase donde se crea un plano de modelo o "*blueprint*" del mismo para que, luego, los programadores lo codifiquen, y se prosiga con las pruebas y finalmente el despliegue en operación. Pues en entornos altamente cambiante, propio de la industria de software, esta forma secuencial estricta hace del proceso de desarrollo un proceso "pesado" (estanco y burocrático) y prohibitivo para responder satisfactoriamente a los factores cambiantes de negocio[21].

---

1 9 (McConnell, 2006); (Boehm, 1981); (Alaimo, 2014).

20 (ScrumInstitute, 2015)

4) Equipos aislados: Al trabajar en fases separadas y con especialización del trabajo se llega a equipos especializados. Así es que podemos llegar a tener a diversos equipos separados, como el equipo de negocio y descubrimiento, el de arquitectura, el de desarrollo (implementación), el de UX, el de QA (*'testing'*), el de operaciones y despliegue, el de seguridad, etcétera; y estos equipos pueden llegar a aislarse y a generar burocracia, cuellos de botella y lentitud en la dinámica de relación inter-equipo y en la administración de presupuestos y proyectos.

Gestión de Proyectos Clásica

Bajo el marco Scrum se critica el uso de la gestión de proyectos tradicional o clásica en proyectos de dominios complejos y con dinámica de requerimientos cambiantes. Se atribuye parte de los fracasos a las siguientes causas:

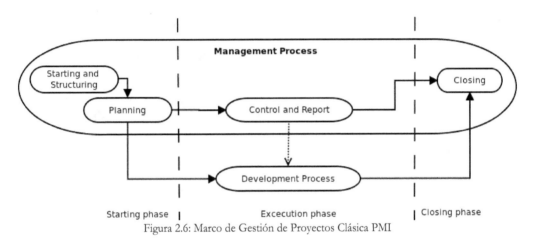

Figura 2.6: Marco de Gestión de Proyectos Clásica PMI

1) **Planeación predictiva:** La planeación predictiva fue impulsada por el PMI (hasta la sexta edición) quien ha adoptado el enfoque predictivo y mecanicista para la gestión de proyectos. Planeación predictiva es cuando el alcance del proyecto, el tiempo y el costo requerido para el proyecto se determina lo antes posible, en la fase de inicio, y luego durante la fase de ejecución se busca seguir y respetar el plan hasta la fase de cierre. El éxito (o rendimiento) del enfoque predictivo ha sido menos del 50 por ciento (en tiempo, en la fecha y con la funcionalidad deseada) y Scrum se presenta como alternativa para mejorar esta tasa (Schwaber, 2011). El enfoque predictivo es útil para producción de volumen alto y fabricación de bajo coste. Sus beneficios resultan de reducir la imprevisibilidad del espacio del problema a través de la

21 Martin Alaimo, 2014.

estandarización y la repetición. La planificación perfecta, la formación y la repetibilidad son las claves. Planificar y luego hacer una y otra vez. La productividad se optimiza a través de procesos de flujo de trabajo perfecto e invariable, y se optimiza el uso de los recursos (personas o máquinas). Pero esta metodología no se ajusta a proyectos donde hay más novedad que repetibilidad, alta variabilidad y donde las tecnologías, capacidades y creatividad de las personas son cambiantes. En estos casos hay alta probabilidad de que la predictibilidad fracase (Schwaber, 2011).

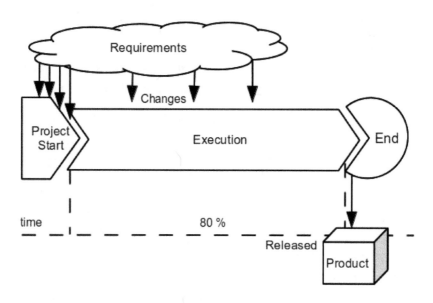

Figura 2.7: Ejemplo de entrega de valor en proyectos tradicionales en cascada que fracazan en entregar valor en la fecha límite y entregan todo de una vez.

2) Planeación a largo plazo: Debido a que el proyecto se desarrolla en forma lineal (no iterativo)[22] y que se hace una planificación por adelantado, debido a que se considera que los cambios deben ser manejados por un sistema formal de Gestión del Cambio, es que se realizan planificaciones a largo plazo. Los proyectos son planificados, en la etapa de inicio de proyecto, para efectuar entregables finales a largo plazo, en el cierre del proyecto. Los cambios que surjan en la fase de ejecución son manejados por un sistema formal de Gestión del Cambio, pero estos cambios suelen tratar de evitarse. No suele ser bien visto la introducción de cambios en la etapa de ejecución y la misma, que involucra la construcción del producto, suele abarcar un período de tiempo grande. Esto hace que se comprometan entregables a largo plazo y en forma

---

22 El modelo lineal de producción y gestión fue propuesta por primera vez por Frederick Taylor en "Principios de Administración Científica", que fue la base de la línea de montaje del modelo T de Ford.

contractual. Y el compromiso contractual efectuado al inicio del proyecto es difícil de cumplir cuando la realidad del desarrollo no se ajusta a lo planificado debido a la alta tasa de cambios resultado de la incertidumbre y a la variabilidad de las necesidades del cliente en proyectos de software o de dominio complejo. Por otro lado, si se comprueba el retorno de la inversión solo al final del proyecto y el proyecto es prolongado en el tiempo se aumenta la probabilidad de no satisfacer las expectativas de ganancia, no lograr la satisfacción del cliente y estar tarde en la posibilidad de corregir o ajustar para el retorno de la inversión planificado.

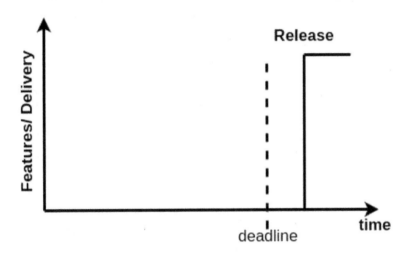

Figura 2.8: Entrega en proyectos clásicos

3) Gestión de recursos humanos: En la planificación tradicional las personas son gestionadas como recursos, hasta cierto punto intercambiables, individuales y especializados que siguen planes. Sin embargo, la productividad, la calidad y la creatividad es mucho mayor si la gente que hace el trabajo también lo planea (Schwaber, 2011). La alta rotación de personal que no deja madurar equipos, el foco en procesos y no en ambientes de trabajo, la evaluación de desempeño individual y no grupal, la priorización de procesos de calidad y herramientas por sobre las personas y relaciones se pueden transformar en un problema.

Figura 2.9: Recursos humanos de la era industrial

4) Gerente de Proyecto: En el marco de Scrum se considera que el papel del jefe de proyecto o gerente de proyecto tradicional o PM es contraproducente en un trabajo complejo y creativo (Schwaber, 2011). La dirección de un PM en base a un plan puede limitar la creatividad y la inteligencia del equipo en lugar de incentivarla para resolver mejor los problemas. Además, hay ciertas prácticas de los PMs que son consideradas negativas bajo un marco ágil, como pueden ser: considerar que la productividad aumentará ejerciendo presión o sumando personas, controlar el trabajo individual y la marcha de las tareas mediante diagramas de Gantt, planificar sin incluir a todos los responsables, centralizar las comunicaciones con otras áreas, ejercer excesivo foco en el proyecto más que en el producto, manejar en forma ligera y poco transparente la rotación de integrantes del equipo, premiar el trabajo individual más que el colectivo, dirigir el equipo y tomar decisiones por ellos, complejizar el trabajo de gestión y monitoreo de métricas innecesariamente, perder el foco en el equipo por lidiar con luchas de poder o políticas, no priorizar el trabajo en equipo, etcétera. Por otro lado, mantener una figura de poder (como la de un PM o jefe de proyecto) en un equipo, condiciona una cultura de obediencia. Si depende, en gran medida, de un PM la evaluación de desempeño, el aumento de sueldo, la rotación de funciones, el prestigio, etc., entonces el integrante de un equipo se verá influenciado a la subordinación (como lo muestra el experimento de Milgram y otros estudios). Si se elimina la figura de PM y se delegan sus actividades de gestión en otros roles, junto con un enfoque de autoorganización y autoregulación (monitoreo y control autónomo) del equipo, se puede mejorar la productividad y la creatividad.

5) Gestión vertical y centralizada: La organización de la gestión tradicional suele ser centralizada. Es centralizada porque se centra en el PM, en una forma de liderazgo de mando y control y en jerarquías verticalistas. La excesiva centralización también centraliza demasiado las comunicaciones generando cuellos de botella (costos de demoras por burocracia), excesivos costos de 'reportería' (costos de tiempos en reuniones y generación de reportes), costos de retraso (retrasos en toma de decisiones, en entrega de valor al mercado, costo de oportunidad y en retorno de inversión). Las estructuras centralizadas, en organizaciones humanas, pueden formar organizaciones mecánicas y rígidas y no permitir la emergencia de la creatividad, innovación, nuevas prácticas ni cambios ágiles adaptativos.

6) Orientación a proyecto: Los proyectos tiene inicio y fin y su fecha de fin se calcula desde el inicio. Sin embargo, cuando lo que se desarrollan son productos no se sabe la fecha de fin, porque los productos evolucionan. El ciclo de vida de un producto es diferente al de un proyecto. Por otro lado, la gestión orientada a proyectos tradicional se enfoca mucho en los procesos de gestión, las fases del proyecto, la documentación requerida y el cumplimiento de fechas (*deadline*). Cuando desarrollamos productos, el enfoque se vuelca a la satisfacción de clientes, el ajuste con la solución, el ajuste al mercado y la entrega de valor, para lo cual se requiere experimentación constante. La orientación a proyectos limita la experimentación.

Metodología en Cascada

La combinación del "Modelo en Cascada" con la "Gestión de Proyectos Clásica" conforma la metodología e idea de desarrollo de proyectos en forma de cascada bajo el paradigma industrial. La idea se relaciona con una "carrera de relevos secuencial" en la que está incluida la administración del proyecto (proceso de gestión) y la producción de este (proceso de desarrollo) en una secuencia prácticamente lineal y en fases secuenciales.

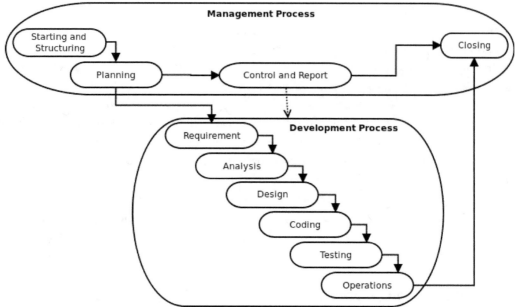

Figura 2.10: Metodología Cascada. Diagrama integrador del Modelo Cascada (Winston Royce, 1970), la Metodología Cascada (Ken Schwaber, 1995) y la Metodología de Gestión de Proyectos (PMBOK, 1996).

Y como se puede observar en el gráfico anterior, este modelo expone un enorme dilema al juntar el Modelo en Cascada" con la "Gestión de Proyectos Clásica". El que se da entre la planeación y la primera fase de requerimientos. ¿Como cerrar un contrato con especificación de alcance detalladas y/o planificar exhaustivamente todo el proyecto si no hicimos previamente una ingeniería de requerimientos adecuada? Y, en caso de haber hecho una ingeniería de requerimientos adecuada –aunque difícilmente precisa debido al cono de la incertidumbre, como vimos antes–, entones... ¿Quién asegura que no cambien los requerimientos o las necesidades del cliente o del mercado luego del plan y el levantamiento de requerimiento?

Debido a lo contado en este capítulo es que surgen las metodologías livianas o marcos livianos y, entre ellos, Scrum.

3 ENFOQUE SCRUM

Cuando se desarrolla realmente usando Scrum, no se trata de una mecánica de trabajo o solo una manera práctica distinta de desarrollar productos. También es un enfoque. Algo más allá de lo técnico y procedimental. Es además algo de actitud y mentalidad.

Se puede decir que hay perspectivas o enfoques relacionados específicamente al desarrollo de sistemas y de software. Pues, si bien ocurre que filosofías e ideologías políticas influyen en los desarrolladores, líderes y arquitectos, hay ideas más a fines del ámbito de desarrollo de sistemas, ideas que podemos decir que conforman pseudo-filosofías que influencian el desarrollo de software. Estas influencias son notorias cuando vemos que se toma una decisión de usar una determinada metodología, en vez de otra, que implementa algunos principios o cuando se siguen determinados principios sin datos empíricos que sostienen su uso ni explicaciones racionales soportadas con evidencia. A veces dichos principios son como sacados de la galera o reflejan expresión de deseos o valoraciones. Tal como sucede cuando se aplican determinadas tecnologías o metodologías como si se tratasen de una moda o de algo aparentemente arbitrario. También esto se puede apreciar cuando escuchamos decir en una reunión de trabajo en equipo que se premiará al individuo que sobresale (filosofía individualista), que "el éxito del grupo está por encima del individual" (perspectiva Ubuntu o cooperativa), escuchamos en una reunión técnica que "el software debe ser libre" (perspectiva Free Software) o que solo se desarrollara software propietario, que "las mejores arquitecturas, requisitos y diseños emergen de equipos autoorganizados"[23] (perspectiva ágil); o que "el software es un mundo de objetos" (perspectiva del Paradigma Orientado a Objetos).

Las consignas o lemas organizacionales, los mantras personales o institucionales, las visiones empresariales y lineamientos institucionales también son, en muchos casos, una expresión de ideología o enfoques que condicionan a las personas y al desarrollo de software. Por ejemplo, en particular, se da con las filosofías del pensamiento sistémico, pensamiento crítico, enfoque ágil, software libre, software abierto o software propietario, que son las

---

23 (Beck, 2001) URL: https://agilemanifesto.org/iso/es/principles.html.

principales que en el mundo del desarrollo de software influencian a sus actores. Estas perspectivas suelen presentar principios a seguir y estos principios guían algunas metodologías (prácticas y métodos) de desarrollo de sistemas y a gran parte de desarrolladores de sistemas. Con Scrum y *Agile* sucede de forma semejante. Debes pensar como un Rugbier para jugar bien Rugby.

Mentalidad y modelos mentales

Las personas que participan en el desarrollo de sistemas, diseños organizacionales o industrias de software tienen experiencias, creencias, principios, vivencias y valores que repercuten y condicionan el modo en que ellas perciben la realidad de su día a día y, en consecuencia, repercuten y condicionan a su actuar, su forma de hacer, su trabajo y el resultado de este, sistemas hombre-máquina o software. Estas ideas, en los gerentes y desarrolladores, son modelos mentales que conforman una mentalidad, o lo que se denomina '*mindset*' (Masa Maeda 2012)[24]. O sea que la perspectiva filosófica o ideológica que una persona siga o adhiera está relacionada a los modelos mentales de esa persona y forja su mentalidad o *mindset* que, en algún sentido, la guía para actuar.

Los modelos mentales pueden definirse como: "imágenes internas, que están profundamente arraigadas, de cómo funciona el mundo, imágenes que nos limitan a las formas familiares de pensar y actuar". Los modelos mentales abarcan cuestiones acerca de cómo vemos el mundo y de cómo actuamos en él.

Tener noción de los modelos mentales es importante para entender que hay detrás de las acciones, de las prácticas y de las metodologías usadas. Nos ayuda a comprender que para realizar cambios en las acciones de las personas y cambios en la forma de hacer las cosas es necesario, la mayoría de las veces, cambiar la mentalidad. Sin cambio de mentalidad, puede hacerse insostenible en el tiempo un cambio de hábito, práctica o metodología. Por ese motivo, seguir principios en forma mecánica o por obediencia a la autoridad no forma convicción, y seguir un enfoque sin convicción es un primer condicionante de fracaso práctico en su implementación.

---

24 Masa Maeda, Founder and CEO de Valueinnova USA (capacitación Scrum).

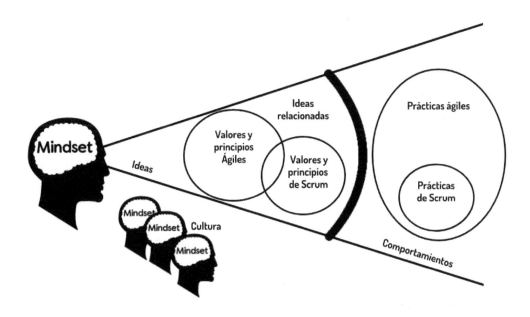

Fgura 3.1: Mentalidad versus prácticas o del credo a la acción

Principios

En la industria de sistemas y software los principios son reglas, proposiciones o normas que funcionan como máximas o preceptos que orientan la acción. O sea que un principio es como "una regla general de conducta o comportamiento" (Lawson, 2008; SEBoK, 2014). Un principio es como una recomendación sin el cómo se sigue la recomendación. Cómo hará para seguir la recomendación depende de usted o de quien decida seguir el principio. Por eso son la base, origen y razón fundamental sobre la cual se procede o discurre en materia de sistemas. Se suele usar en el contexto de procesos de desarrollo y metodologías como proposición que da razón, punto de partida o guía, como fundamento de un conjunto de prácticas, una metodología o paradigma de trabajo siendo las metodologías las encargadas de definir el cómo se implementan.

Cada uno sigue algunos principios en su vida como: "trabajo colaborando". También seguimos principios éticos como: "nunca mentir" o "no robar". A semejanza de los principios éticos tradicionales, ocurre que los principios no necesariamente tienen fundamento objetivo, racional, empírico o basado en evidencias; pues, en ocasiones se comportan más como principios filosóficos que como principios científicos. Lo cual no quiere decir que no deba buscarse que los principios en ingeniería no sean sacados de la galera o usados de forma irracional, sin justificativo razonable y sin comprobación. Es preferible aplicar principios de comprobada efectividad en su aplicación. El aplicar principios comprobados reduce la cantidad de tiempo necesaria para crear las salidas de planificación de los recursos humanos y mejora la probabilidad de que la planificación sea efectiva (PMBOK, 2004), del mismo modo aplicar principios comprobados en actividades de desarrollo y diseño de sistemas reduce tiempos de investigación para generar la salida deseada y minimiza riesgos, mejorando la probabilidad de que el desarrollo sea efectivo.

Los principios de Scrum son las pautas básicas para aplicar el marco de Scrum y guía a usarse en todos los proyectos Scrum (SBOK, 2013), proyectos en los que se aplica metodología Scrum. Los principios de Scrum se orientan a la gestión de proyectos, desarrollo de productos, trabajo en equipo y el trabajo en base a los principios ágiles. O sea que los principios Scrum tienen correlación con los principios ágiles en forma prácticamente directa (Agile Atlas, 2012). Y los principios de Scrum están alineados a los valores de Scrum que son: Foco, Coraje, Apertura, Compromiso y Respeto. Y estos valores y principios son parte del "Paradigma Ágil" en contraposición a "Paradigma Industrial"[25].

A continuación, vamos a revisar los principios y valores claves del "Paradigma Ágil" hallados en el Manifiesto Ágil y en el enfoque de Scrum.

Manifiesto Ágil

Los principios del desarrollo ágil o del "Paradigma Ágil" del desarrollo de software se encuentran en el "Manifiesto por el Desarrollo Ágil de Software" o Manifiesto Ágil [Manifiesto Agile 2001][26], el que expone valores y principios firmados el 2001 por diecisiete líderes de metodologías livianas, convocados por un ingeniero de software. Los principios del desarrollo ágil surgieron como síntesis de lo que consideraron central en esas metodologías livianas (ágiles) y que estaban surgiendo como alternativa a las metodologías clásicas y formales (CMMI, SPICE, etc.) a las que, autores como Kent Beck, consideraban excesivamente pesadas y rígidas, por su carácter normativo y fuerte dependencia de planificaciones detalladas, completas y previas al desarrollo (Wiki, 2015).

Valores del Manifiesto Ágil

El Manifiesto Ágil propone los siguientes valores:

---

25 (Verheyen, 2019)

26 Agile: es una marca y credo representada por el Manifesto Agile, creado por expertos en el desarrollo de software y orientado al desarrollo de software. Agile es `https://agilemanifesto.org`

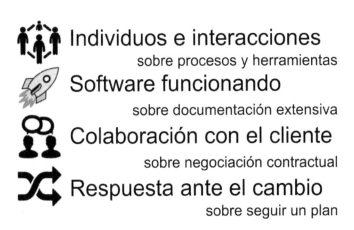

Individuos e interacciones
sobre procesos y herramientas
Software funcionando
sobre documentación extensiva
Colaboración con el cliente
sobre negociación contractual
Respuesta ante el cambio
sobre seguir un plan

Fgura 3.1: Valores ágiles

- **Individuos e interacciones sobre procesos y herramientas:** hay que priorizar la confianza puesta en los equipos, los individuos dentro de esos equipos y la manera en que éstos interactúan, en vez de seguir rígidamente procesos y herramientas. Pues, son los equipos quienes deben resolver qué hay que hacer, cómo hay que hacerlo y finalmente son ellos quienes lo hacen. Pues los equipos no deberán ser meros autómatas que reciben órdenes jerárquicas de la organización de arriba hacia abajo, sino que, en lugar de eso, se espera que de abajo hacia arriba sepan resolver los problemas, ofrecer sus propios métodos de trabajo y ser hasta cierto punto autosuficientes. En este sentido, hay que delegar en ellos la identificación de qué se interpone en el camino de sus metas y la asunción de la responsabilidad de buscar resolver todas las dificultades que se encuentren dentro de su alcance. Se les debe permitir trabajar en conjunto con otras partes de la organización para resolver asuntos que están más allá de su control. Scrum es como en el rugby, donde hay un sentimiento colectivo, una expresión de los valores del trabajo en equipo, donde los individuos y sus interacciones determinan el éxito. En este deporte es imposible ganar en solitario. Hay que pasar mucho la pelota, ceder el protagonismo constantemente a tus compañeros en beneficio del equipo. Cada uno de los jugadores tiene una función, todos son importantes para cumplir la misión.

- **Software funcionando sobre documentación extensiva:** hay que estar orientado al producto o focalizarse en él y, de este modo, requerir un incremento de producto completo y funcionando como resultado final de cada ciclo de trabajo, en vez de tener que cumplir con grandes y engorrosas documentaciones y formalismos burocráticos. Ciertamente, en la construcción del producto, es necesario realizar determinada documentación, pero es el producto concreto o funcionando lo que permite a la organización guiar al proyecto hacia el éxito. Como en el Rugby, el objetivo de los jugadores es llevar el balón hasta la zona de anotación para anotar un try y recibir puntos. Llevar el balón a la zona de anotación es lograr un incremento funcionando. Es crucial que los equipos produzcan un incremento de producto en cada ciclo de trabajo.

- **Colaboración con el cliente sobre negociación contractual:** en vez de tener comunicación pobre debido a restricciones contractuales, el cliente debería ser el punto de contacto principal del equipo, en colaboración de trabajo, con los eventuales usuarios finales del producto y con las partes de la organización que necesitan el producto. Se debería ver al cliente como un miembro del equipo que trabaja colaborativamente con el resto de los integrantes para decidir qué debe hacerse y qué no. Con el cliente se debería poder seleccionar el trabajo que debe realizarse a continuación, asegurando que el producto tenga el valor más alto posible en todo momento. Esto es crucial, construir una fuerte colaboración con el cliente en vez de negociar contratos rígidos que obstaculizan el trabajo ágil y generan fricción con el cliente. La colaboración incluye cercanía con el cliente. Debido a esto, los equipos ágiles suelen tener un rol que lo representa dentro del equipo.

- **Respuesta ante el cambio sobre seguir un plan:** el avance del trabajo o del equipo debería estar representado por un incremento de producto real y que funciona, y no por una correcta correlación y contrastación a un plan. Se debe priorizar la flexibilidad para adaptación a cambios en vez de la rigidez de seguir un plan detallado. Para ello, los equipos deberían inspeccionar lo que sucede de forma abierta y transparente buscando adaptar sus acciones a la realidad. O sea que, la planificación se debería adaptar a la realidad y al equipo y no al revés. En el Rugby los jugadores deben pensar y tomar decisiones, casi siempre al borde del abismo, en décimas de segundo, rodeados de problemas a sortear y esquemas de juego cambiante. La flexibilidad y adaptación son cruciales para el juego.

Se puede notar que estos valores son aplicables a cualquier tipo de organización e industria. Pues, solo el segundo valor se refiere particularmente a la industria de software y el mismo se puede reformular de forma más general como sigue: trabajar orientados al producto funcionando más que sobre una amplia y extensa documentación (Narayan, 2015).

Principios del Manifiesto Ágil

Alineados a estos valores, el Manifiesto Ágil propone los siguientes principios:

- **Entregar valor temprano y continuamente:** Nuestra mayor prioridad es satisfacer al cliente mediante la entrega temprana y continua de software con valor. Tratamos de entregar lo más rápido posible valor funcional al cliente.

- **Apertura al cambio:** Aceptamos que los requisitos cambien, incluso en etapas tardías del desarrollo. Los procesos Ágiles aprovechan el cambio para proporcionar ventaja competitiva al cliente.

- **Entregables frecuentes:** Entregamos software funcional frecuentemente, entre dos semanas y dos meses, con preferencia al periodo de tiempo más corto posible.

- **Negocio y tecnología juntos:** Los responsables de negocio y los desarrolladores trabajamos juntos de forma cotidiana durante todo el proyecto, potenciando de esta manera al equipo. O sea que se privilegia una cooperación constante entre miembros del equipo e interesados externos al equipo (como clientes).

- **Personas motivadas:** Los proyectos se desarrollan en torno a individuos motivados. Hay que darles el entorno y el apoyo que necesitan, y confiarles la ejecución del trabajo. Un equipo que es libre de decidir sobre cómo hacer su trabajo y trabaja en un ambiente de seguridad psicológica, es bastante probable que sea un equipo motivado.

- **Conversación cara a cara:** El método más eficiente y efectivo de comunicar información al equipo de desarrollo y entre sus miembros es la conversación cara a cara. La priorización de conversar en persona, por sobre las conversaciones diferidas, acelera la toma de decisiones y la solución de impedimentos.

- **Orientación al producto:** El producto funcionando es la medida principal de progreso. Es más importante que un producto funcione como se espera más que cumplir con un hito, medirlo o documentarlo.

- **Desarrollo sostenible:** Los procesos Ágiles promueven el desarrollo sostenible. Los promotores, desarrolladores y usuarios debemos ser capaces de mantener un ritmo constante de forma indefinida.

- **Excelencia técnica:** La atención continua a la excelencia técnica y al buen diseño mejora la agilidad.

- **Simplicidad eficiente:** La simplicidad, o el arte de maximizar la cantidad de trabajo no realizado, es esencial (alineado al principio de simplicidad). Este estilo de prácticas es parte de algo que, en metodologías ágiles, se conoce como: "hacer todo lo posible por hacer lo menos posible" (Anacleto, 2005). Por ejemplo, en Arquitectura se puede considerar mantener una lo más simple posible. Si la simpleza se traduce en facilidad de uso de la arquitectura, facilidad para entender los conceptos involucrados y documentación necesaria, es muy probable que el nivel de productividad aumente (Anacleto, 2005). En este sentido la simpleza de la arquitectura es un requerimiento de calidad alineado al enfoque ágil.

- **Equipos auto-organizados:** Las mejores arquitecturas, requisitos y diseños emergen de equipos auto-organizados (alineado al principio sistémico de emergencia). Los equipos auto-organizados son aquellos que tienen proactividad y autonomía para tomar decisiones de producción y gestión, como también así la de ejercer la auto-regulación mediante el monitoreo y control de sus actividades y resultados. Estos equipos tienen mayor libertad para crear.

- **Mejora continua:** A intervalos regulares el equipo reflexiona sobre cómo ser más efectivo para, a continuación, ajustar y perfeccionar su comportamiento en consecuencia. Los equipos auto-reflexivos son los que evolucionan por medio de procesos de mejora continua constante.

Corazón de la agilidad

Como se observa anteriormente, los valores y principios suman 16 incisos y son bastantes para ser recordados fácilmente. Por simplicidad o para ayudar en su aprendizaje, se puede recurrir a reducirlos o unificarlos en algún mandala ágil o en un emblema más simple. Algunos recurren al corazón ágil o *"The heart of Agile"* de Alistair Cockburn o a *"Modern Agile"*. Otros autores como Verheyen Gunther lo reducen a pocos conceptos como: orientado a las personas (colaboración), proceso iterativo-incremental (adaptación) y valor como medida de éxito (delivery)[27]. En mi caso he usado en algunas oportunidades uno con los cuatro conceptos claves como corazón de la agilidad que Ángel Medinilla[28] abrevia: equipos de alto rendimiento (colaboración), orientación a la entrega (flujo de valor o delivery), adaptación y mejora continua.

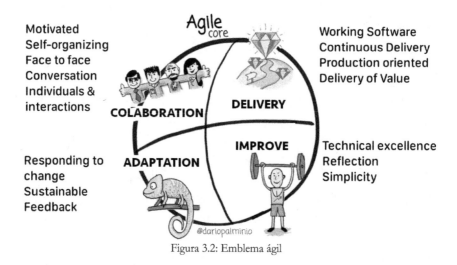

Figura 3.2: Emblema ágil

27__(Verheyen, 2019)

28 Ángel Medinilla, meetup agilidad a escala.

Me gusta la idea de pensar en Scrum como un equipo de Rugby. Nuestro objetivo es llevar el balón al final de la cancha para hacer try, anotar y ganar partidos. Esto es entregar valor. Para lograrlo necesitamos ser un equipo unido con alta colaboración. Es un sistema colectivo, una expresión de los valores del trabajo en equipo. Ante dificultades, todos juntos hacemos Scrum (una melé), hombro a hombro para recuperar el balón y avanzar. Avanzamos pasando la pelota, colaborando en todo momento. Todo el equipo es una punta de lanza persiguiendo la misión. Solo así podremos enfrentar grandes desafíos y adaptarnos ante los cambios frecuente y contextos complejos y cambiantes. Cada miembro y el equipo en conjunto busca la oportunidad: "La adaptación no es una reacción, sino una serie de actos sistemáticos. No se trata de reaccionar solamente ante lo que sucede en el momento, sino en ser el agente del cambio"[29]. Y aunque vayamos ganando 54-15 no nos relajamos, por respeto y por seguir mejorando. Porque, incluso cuando las cosas van bien, se sigue perfeccionando el trabajo y aprendiendo. Como equipo y como organización buscamos dejar la camiseta (la casaca) en un lugar mejor: "La excelencia es un proceso de evolución, de acumulación de conocimiento, de mejora constante"[30]. De este modo, la entrega de valor, la colaboración, adaptación y mejora continua son cuatro claves con las que podemos buscar ser Agile y hacer Scrum.

Valores de Scrum

El corazón de Scrum es el control empírico sostenido por la transparencia, la inspección y la adaptación[31]. Aunque, sin embargo, la Scrum Alliance propuso cinco valores esenciales a seguir[32]:

- **Foco:** Hay que enfocarse en sólo unas pocas cosas a la vez, trabajamos bien juntos y buscando producir un resultado excelente tratando de entregar ítems valiosos en forma pronta. Si bien Scrum no prescribe ninguna especificación detallada de foco, podemos entender como foco a: no desviarse del objetivo del producto y de la iteración, buscar hacer trabajo (PBIs) alineado al objetivo de la iteración primero, hacer las tareas más prioritarias y en progreso, mantener el trabajo en progreso con una cantidad de trabajo óptima para el equipo en la iteración (limitar el trabajo en progreso), proteger el sprint de perturbaciones que pongan en riego el objetivo, desarrollar conversaciones sin ruido comunicativo, ordenada, y hacer que los eventos y reuniones sean eficaces, manteniendo el foco en el objetivo de la reunión y en su éxito.

---

29 Legado. 15 Lecciones sobre liderazgo. James Kerr.

30 Legado. 15 Lecciones sobre liderazgo. James Kerr.

31 (Schwaber & Sutherland, 2013)

32 (ScrumAlliance, 2015)

- **Coraje:** Hay que buscar sentirse apoyados y tener más recursos a disposición para promover el coraje para enfrentar desafíos más grandes. Además, para poder lograr cambios significativos en una organización que mantiene una cultura con principios y valores que entran en conflicto con los de Scrum y el Manifiesto Ágil, es necesario tener coraje para impulsar el cambio y plantarse en forma efectiva ante la resistencia al cambio. En este sentido, coraje se refiere al valor que hay que tener para no dejarse dominar ante la idiosincrasia predominante y el "status quo" que atentan contra el pensamiento ágil y el enfoque de Scrum. Coraje para animarse a desafiar nuestra zona de confort. Coraje para hacer bien las cosas y para trabajar en los problemas difíciles.

- **Apertura:** Hay que tener apertura, actitud abierta y receptiva, para expresar cotidianamente cómo nos va, qué problemas encontramos, manifestar las preocupaciones y aceptar las sugerencias de los pares para que éstas puedan ser tomadas en cuenta por nosotros y por los demás. La apertura requiere capacidad de aceptación y tolerancia ante la crítica y la opinión de los demás. También significa franqueza y sinceridad. Franqueza que nos hace ser transparentes con el trabajo que hacemos, con el progreso, con el feedback y el conocimiento que tenemos. Además, debemos tener la apertura para trabajar en tareas que no son nuestro fuerte y para aprender nuevas competencias y habilidades que nos permitan colaborar con nuestros compañeros en competencias de otro rol (algo que se llama personas en formato T o *'T-shaped skills'*). Y apertura para cultivar una "mentalidad de crecimiento" y ser capaces de mejorar activamente nuestras habilidades. Apertura para aprender.

- **Compromiso:** Se busca lograr compromiso para el éxito gracias a promover el mayor control nuestro sobre lo que hacemos y nuestro destino. Compromiso para hacer el esfuerzo posible para alcanzar los objetivos del equipo. Hay mayor probabilidad de lograr compromiso en las personas que deciden sobre lo que hacen. Nos debemos comprometer a ser autónomos, transparentes y colaborativos. Compromiso con nuestros compañeros, para ayudar cuando es necesario. Compromiso para asumir que el trabajo es del equipo, es de todos, y que los problemas los resolvemos en conjunto. Compromiso para transparentar los problemas y las estimaciones realistas. Compromiso con el resultado del trabajo. Cuando un equipo Scrum está realmente comprometido, le importa el resultado de su trabajo. Por ejemplo, cuando surge un defecto, asume la responsabilidad y se preocupa por resolverlo. Compromiso en mejorar y buscar la excelencia técnica. Compromiso en buscar buenos resultados y entregar valor.

- **Respeto:** Buscamos convertirnos en merecedores de respeto a medida que trabajamos juntos, compartiendo éxitos y fracasos, llegando a respetarnos los unos a los otros y ayudándonos mutuamente. Respetamos el conocimiento, las habilidades y la experiencia profesional de nuestros compañeros. Buscamos conocer y comprender a nuestros compañeros, para saber hasta dónde nuestra franqueza puede llegar, con respeto, a crear relaciones positivas, conversaciones constructivas y colaboración abierta. Respeto para lograr colaboración, la confianza, la empatía, comunicación, motivación, el feedback constructivo y el uso ético del poder. En el equipo Scrum se respetan entre sí para ser personas capaces e independientes.

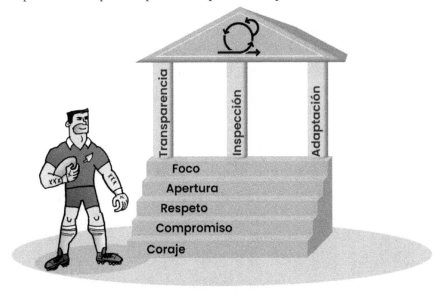

Principios de Scrum

Se suele asociar a los valores del Manifiesto Ágil como principios de Scrum. Por lo que, en primera instancia, los cuatro valores ágiles son los principales principios de Scrum. Pero para no repetirlos en esta sección vamos a nombrar otros seis principios que en diferente bibliografía se suelen atribuir a Scrum. Los mismos son:

- **Control Empírico:** Un equipo Scrum, como uno de Rugby y un grupo de música Jazz improvisa con talento. Se depende de la experimentación constante. El proceso empírico de control del desarrollo es más efectivo que el control predictivo de largo plazo. Es más efectivo para gestionar la complejidad y obtener el mayor valor posible, basado en inspección y adaptación regular en función de los resultados que se van obteniendo y del propio contexto del proyecto (autoregulación). El proceso empírico permite adaptabilidad a requisitos que emergen del mismo proceso de desarrollo. Con este principio como marco, podemos usar metodologías, prácticas, técnicas y ser nosotros (o el propio equipo de trabajo) los que, a través del empirismo, determinemos la forma más adecuada de hacer las cosas para lograr los objetivos. Son los equipos de desarrollo los que deben hacer lo que sea necesario para entregar el producto esperado y aprender de su propia experiencia mediante exploración y experimentación (UNTREF, 2014). Es el equipo el que determina qué prácticas y herramientas les dan los mejores resultados, y así mejoran de manera continua. Los buenos equipos trabajarán constantemente en mejorar y aprender de su experiencia. Además, se debe aprender de la experiencia de los demás leyendo libros y buscando la experiencia de personas que ya hayan venido probando algunas prácticas, o que están experimentando con nuevas potenciales mejores formas de hacer las cosas a través de la inspección y la adaptación. En Scrum la planificación es empírica. Se planifica constantemente de forma dinámica donde se persevera con ideas, se pivotea o se desiste según el continuo feedback. Los pilares del control empírico en Scrum son la transparencia, inspección y adaptación. Estos pilares deben apuntalar todos los eventos o actividades de Scrum.

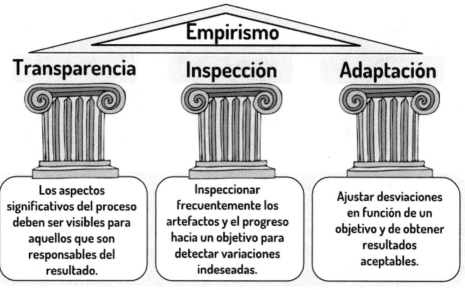

Figura 3.3: Empirismo

- **Autoorganización:** Los equipos auto-organizados pueden auto-gestionarse y de ellos emerge la sabiduría necesaria para la gestión de sus proyectos y actividades, y así lograr la sinergia necesaria para resolver problemas en forma ágil. Esta idea proviene de la concepción de que de un sistema social puede emerger inteligencia de grupo como puede suceder en una bandada de pájaros. Esta es una premisa aceptada en Inteligencia Artificial, pensamiento sistémico y en filosofía emergentista. Se considera que en un sistema con agentes inteligentes, a partir de reglas locales simples puede emerger inteligencia grupal colectiva o de enjambre, pues se considera que la "información local puede conducir a la sabiduría global" (Johnson, 2002). De aquí que, de la autoorganización en equipos de trabajo puede surgir inteligencia o también sabiduría según un fenómeno conocido como "sabiduría de multitud" o "wisdom of the crowd" (MIT Press, 2009) en la que la opinión colectiva de un grupo puede ser mejor que la individual de un experto. Este fenómeno, no sólo es útil a la gestión de proyectos, sino también a las actividades de estimación, pues el promedio de muchas estimaciones individuales suele estar mucho más cerca del valor real que la estimación de un experto. En lo referente al diseño se cree, como lo indica el principio 11 (once) del Manifiesto Ágil, que se logran mejores diseños y arquitecturas desde equipos auto-organizados (UNTREF, 2014). En lo referente al liderazgo se cree que no es necesario un líder jerárquico, autoritario o experto que guíe al equipo sino que es el propio equipo el que genera su liderazgo. Según esta perspectiva se puede prescindir de la figura de líder tradicional o jefe, se puede carecer de líder, lograr muchos líderes o tener un líder con perfil más bien de facilitador (servicial e integrador).

- **Colaboración:** Se puede entender a la colaboración como la capacidad de concebir nuestras propias ideas a la luz de la de las demás (Austin, 2003) para poder lograr ideas colectivas mejores que las ideas individuales (UNTREF, 2014). Las ideas en colaboración son resultado y mérito del equipo y no de alguno de sus integrantes. La agilidad requiere de colaboración, colaboración interna en el equipo y externa con el cliente. Colaborar con el cliente permite guiar de manera regular los resultados del proyecto de desarrollo. O sea que, la colaboración en el marco de agilidad se orienta directamente a conseguir los objetivos del cliente en un proyecto mediante el trabajo en equipo colaborativo. El trabajo en equipo con colaboración del cliente posibilita su frecuente retroalimentación y mantenerse alineado a su punto de vista y sus expectativas para satisfacer sus necesidades o los requisitos del desarrollo, por el cual el sistema producto se desarrolla con mayor agilidad. La colaboración interna requiere soltura y apertura para dejar los egos de lado e integrarse en el proceso de pensamiento colectivo, donde los problemas los resuelven todos los del equipo con sus aportes individuales. En el marco de colaboración se dejan de lados los héroes, pues los héroes no ven el gran dragón (Malveau, 2004) y los héroes se suelen llevar los créditos. La cooperación es la convicción de que nadie llega a la meta si no llegan todos (Virginia Burden).

- **Priorización por valor:** Se prioriza por valor, es decir que se puede ser más efectivo si se hacen primero las tareas que suman más valor al negocio (*business value, benefit*) o a las necesidades del cliente (*customer value*). Se hace necesario prescindir de requisitos de baja prioridad antes que tener que degradar la calidad.

- **Limitación de tiempos (time-boxing):** Así como un partido de Rugby tiene una duración preestablecida límite, las iteraciones en Scrum también. Esto sucede con los diferentes eventos de Scrum. El trabajo limitado en periodos de tiempo ayuda en la regularidad en las actividades. Por eso, las iteraciones de trabajo, las actividades y las reuniones deben tener un límite de tiempo y se debe buscar no sobrepasar esos límites para buscar una cadencia o ritmo.

- **Desarrollo iterativo:** También como en Rugby tenemos un time-box para marcar puntos y ganar. El partido en Rugby es nuestra iteración en Scrum. El desarrollo iterativo permite una construcción gradual en proyectos complejos. En cada iteración el equipo evoluciona el producto (hace una entrega incremental) a partir de los resultados completados en las iteraciones anteriores, añadiendo nuevos objetivos/requisitos o mejorando los que ya fueron completados, de manera que el cliente pueda obtener los beneficios del proyecto de forma incremental. El desarrollo iterativo permite gestionar las expectativas del cliente (requisitos desarrollados, velocidad de desarrollo, calidad) de manera regular y lograr reacción, aceptación del mercado y adaptabilidad. Permite que el cliente pueda obtener resultados importantes y útiles ya desde las primeras iteraciones. Facilita la mejora ya que al tener experiencias por períodos de iteración se puede mejorar de las experiencias de iteraciones previas y permite planificar los cambios necesarios para aumentar la productividad y calidad en iteraciones subsiguientes.

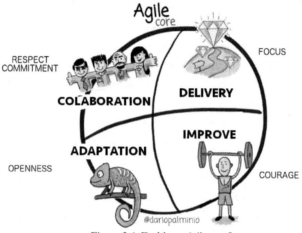

Figura 3.4: Emblema ágil para Scrum

Ideas relacionadas

A continuación comento algunas ideas relacionadas al paradigma ágil o enfoque ágil y a la mentalidad buscada bajo Scrum.

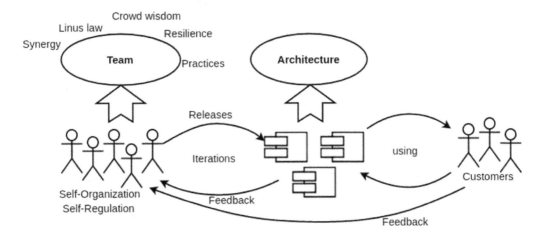

Figura 3.5: Diagrama de ideas relacionadas al enfoque

Emergentismo

Scrum adhiere al principio de autoorganización y está alineado al Manifiesto Ágil y a su enfoque. En el enfoque ágil se toma una idea basada en el emergentismo que la podemos encontrar en el principio: "Las mejores arquitecturas, requisitos y diseños emergen de equipos auto-organizados" (Beck, 2001). El emergentismo sostiene que el "todo puede ser más que la suma de las partes[33] que significa que desde un nivel de realidad dado (n) donde componentes se interrelacionan (S1, S2, S3... Sn) pueden emerger sistemas, propiedades o características nuevas en el nivel superior (n+1) que no existen en los componentes individuales, pero que relacionados la generan (ver figura 3.6).

---

[33] "The whole is more than the sum of its parts" (Ludwig Von Bertalanffy, General System theory, 1968). Esta idea del sistemismo y el emergentismo también está relacionada al holismo que sostiene la misma afirmación.

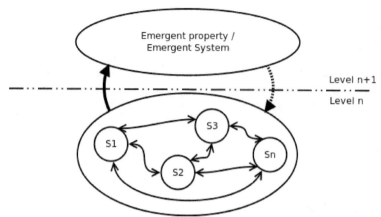

Figura 3.6: Modelo de emergentismo

En este sentido suele llamarse fenómeno emergente al fenómeno en el que algo emerge o es emergente, por lo general espontáneamente, en el que una totalidad nueva llega a existir desde componentes relacionados, a una estructura que aparece de otras, a un orden superior que viene de otro inferior, a una novedad cualitativa en la naturaleza que brota, a un sistema que resulta de componentes relacionados o al surgimiento espontáneo de algo nuevo.

En este sentido, la autoorganización sucede cuando componentes, sistemas o personas se organizan sin aparente dirección o mando controlador y generan espontáneamente una forma global de orden o coordinación. Esto se da en una gran variedad de fenómenos físicos, químicos, biológicos, sociales y sistemas cognitivos. A nosotros nos incumbe principalmente lo relacionado a lo social e informático. A los equipos y a las capacidades e innovación que los equipos pueden lograr trabajando juntos. De los equipos autoorganizados pueden emerger, entre otras cosas, innovaciones (en productos o servicios), nuevas formas de organización, arquitecturas apropiadas a los problemas a resolver y estabilidad organizacional.

Sinergia

En lo social se sabe que se pueden lograr equipos de personas con una alta organización y coordinación sin la necesidad de un líder director, sin un líder que ordene y controle, e incluso sin planificación alguna. Pues, no solo organización y coordinación se puede lograr desde equipos auto-organizados, sino que también se puede lograr sinergia. La sinergia es la prestancia extra que puede dar un equipo debido a la acción conjunta de individuos en equipo que es superior a la suma de las individualidades. Otra propiedad emergente que se puede lograr en grupos auto-organizados es la inteligencia colectiva o inteligencia enjambre que incluye a la "Ley de Linus" y a la "Sabiduría de grupo".

Ley de Linus

Se pueden formar muchos tipos de inteligencia colectiva en equipos colaborativos. Por ejemplo, lo más común en el desarrollo de software es que problemas extremadamente complejos sólo pueden ser resuelto por un conjunto de personas trabajando conjuntamente en él, a pesar de que muchas veces sea una sola persona la que resuelva un determinado problema, esa persona nunca podría haberlo hecho sola. Es decir que, dada una base suficiente de desarrolladores y testers validadores colaborando, casi cualquier problema puede ser caracterizado rápidamente, y su solución ser obvia (Raymond, 1997). A esta idea de inteligencia colectiva se la denomina "Ley de Linus".

Sabiduría de multitud

La Sabiduría de grupo o de multitudes es una idea, apoyada en evidencias, de que dada "ciertas condiciones" las decisiones o predicciones tomadas colectivamente por un grupo de personas suelen ser más atinadas que las decisiones o predicciones individuales o que las que son tomadas sobre la base del conocimiento de un experto (Surowiecki, 2005)[34]. Es más, a medida que el grupo es más grande, las decisiones o predicciones son más acertadas.

Claro que esto no sucede fácilmente, pues puede surgir todo lo contrario, como fallos de la inteligencia colectiva o irracionalidad colectiva, conformidad de grupo o sometimiento a la autoridad. Para propiciar la inteligencia colectiva se deben cumplir ciertas condiciones básicas. Para Surowiecki (escritor del libro La Sabiduría de las Multitudes (Surowiecki, 2005) las condiciones necesarias son:

- **Diversidad:** Así como un equipo de Rugby no puede estar formado por primeras líneas ni un equipo de fútbol por arqueros en un equipo debería haber diversidad. El grupo debe tener diversidad de perfiles para lograr una diversidad de Opiniones. Pues, si todos los del grupo piensan igual o semejante, pertenecen a la misma tribu urbana o subcultura, son de la misma profesión o tienen las mismas características de perfil profesional o psicológico, entonces es menos probable que logren una sabiduría de grupo. Por este motivo Scrum propone equipos multidisciplinarios o cos-funcionales.
- **Independencia:** el grupo no debería estar influenciado y las opiniones de los integrantes tampoco. Si las personas son influenciadas por el grupo se puede caer en lograr el "pensamiento de grupo" y tomar decisiones malas o irracionales. Por otro lado, si el grupo es influenciado por un actor externo al grupo, la decisión grupal es dirigida y, hasta en algún sentido, manipulada.

---

34 "The wisdom of the crowd is the collective opinion of a group of individuals rather than that of a single expert." (MIT-Press, 2009).

- **Agregación:** El sistema de decisión grupal debe ser agregativo, que significa que debe tener la capacidad de sumar o promediar las opiniones individuales. Un sistema de votación no agregativo, por ejemplo, por votación de la mayoría sobre una alternativa, puede hacer prevalecer una decisión individual. Un ejemplo de agregación es cuando la decisión métrica grupal se basa en el promedio de todas la decisiones[35].

- **Pericia:** Yo agregaría pericia. Pues, si juntamos a un montón de filósofos, escritores y médicos a estimar una tarea de desarrollo de software, es muy probable que fallen en hacerlo por no tener idoneidad.

La sabiduría de multitud es una forma de inteligencia enjambre. En el trabajo en equipo colaborativo, la inteligencia enjambre es el santo grial a lograr. Como una bandada de aves, como bandadas de ibis eremitas, donde cada miembro es consciente de dónde está en relación a los otros, sin necesidad de un director, y se ubica y sincroniza de la mejor manera posible para que todo el equipo sea óptimo y mejor, logrando como equipo un mejor resultado que dirigidos por un experto.

Inteligencia colectiva sin director

Figura 3.7: Inteligencia enjambre

---

35 Un ejemplo de Sabiduría de multitud es cuando se les piden a muchas personas que predigan la cantidad de elementos contenidos en un frasco transparente. Es sorprendente como el promedio se acerca considerablemente al número real.

Arquitectura emergente

Hay dos formas extremas de ver el desarrollo de software incluyendo al diseño. Una es la que sugiere que se pueden prever todas las cientos de miles de cuestiones que emergen cuando se desarrolla el software y, en consecuencia, se trata de limitar las respuestas a las mismas conduciendo un desarrollo planificado, estructurado, dirigido y liderado (el extremo izquierdo del aspecto que se muestra en la figura 3.8) (Neal Ford, 2010). La otra forma es no anticipar nada, permitiendo que las soluciones software surjan espontáneamente a medida que evoluciona el desarrollo en un proceso no dirigido, no liderado y descentralizado (el extremo derecho del aspecto que se muestra en la figura 3.8). En la primera opción el rol de los líderes y expertos (por ejemplo líderes de proyecto y arquitectos expertos), las reglas globales de dirección, el trabajo de comienzo y la información inicial es fundamental para el desarrollo. En el lado de la segunda opción, la orientada a fenómenos emergentes, el rol de todos los actores, el trabajo en equipo y las reglas locales de trabajo son lo principal para el desarrollo. La emergencia de la arquitectura se da, entre otras cosas, cuando se crea una arquitectura inicial simple y flexible, con decisiones tomadas que no son irreversibles, y con una evolución en el tiempo que considera a los nuevos requisitos y problemas que surjan.

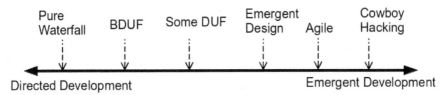

Figura 3.8: DesignSpectrum

Hay una obra literaria llamada "La catedral y el bazar" (Raymond, 1997) escrita por el hacker Eric S. Raymond en 1997 que expone esta idea. La misma analiza dos modelos de producción de software: la catedral que representa el modelo de desarrollo más hermético y vertical (el lado izquierdo de la figura 3.8) y por otro lado el bazar, con su dinámica horizontal y bulliciosa (el lado derecho de la figura 3.8). Scrum es más el bazar. Cohn nos decía que "en un proyecto Scrum, el diseño es tanto intencional como emergente"[36]. El diseño emerge en cada iteración de desarrollo y en cada bloque pequeño de trabajo. Si trabajar con Scrum fuera como construir una casa ladrillo a ladrillo, al construir cada ladrillo existe la posibilidad de que se rediseñe toda la casa.

---

36 (Cohn, 2009)

Resiliencia

Generalmente no queremos ser frágiles y vulnerables. Y en trabajo de equipos no queremos equipos frágiles trabajando con procesos o marcos vulnerables que, ante perturbaciones negativas del medio en dominios complejos, tienden a desmoronarse o producir resultados insatisfactorios. Es conveniente todo lo contrario y se puede caer en pensar que es mejor un equipo robusto. Pero, sin embargo, mejor que un equipo robusto es un equipo resiliente.

Un aspecto del enfoque ágil que en muchas ocasiones se hace hincapié, aunque generalmente no se explicite, es el de resiliencia. La resiliencia es la propiedad emergente humana que se expresa como habilidad para surgir de la adversidad, adaptarse, recuperarse y acceder a una vida significativa y productiva (OPS OMS, 1998). Y es justo esa propiedad la que se intenta lograr emerger de equipos ágiles. Los equipos resilientes son aquellos que "asumen las dificultades como una oportunidad para aprender" y "son flexibles ante los cambios" para lograr respuestas positivas y productivas. Bajo esta perspectiva, un equipo consiste en personas que trabajan, en algunos momentos bajo presión, para hacer todo lo mejor que puedan, manejando los conflictos y teniendo recursos para hacer usos de ellos cuando es necesario. Esta no es una propiedad fácil de lograr en los equipos, pero se puede condicionar su emergencia logrando que el equipo trabaje con coraje, compromiso, respeto y apertura, basado en relaciones colaborativas y flexibles para tener respuestas positivas ante el cambio. Scrum es el marco de trabajo que permite fallar rápido para aprender de ello y mejorar. Promueve, en su dinámica, el momento de "oportunidad para aprender" y su forma de desarrollo evolutivo permite la "flexibilidad ante los cambios" para no ser frágil, absorbiendo las perturbaciones del entorno y transformándolas en algo positivo. Es decir, con Scrum se promueve el desarrollo de la mentalidad resiliente para evitar la desmoralización del equipo por un cambio o falla, puesto que se reconoce que no se puede predecir a priori el resultado de un camino u otro y hay que estar abierto a los cambios o condiciones desfavorables para actuar, en respuesta, de la mejor forma posible.

Prácticas emergentes

El marco Scrum se promueve en un dominio de prácticas emergentes. Esto significa que no se puede mecanizar un proceso determinado bajo Scrum para obtener resultados exactamente predecibles y repetibles en forma estandarizada. Las soluciones no son necesariamente replicables con los mismos resultados, pues sucede que ante los mismos problemas y requerimientos pueden surgir diferentes soluciones. Esto se debe, entre otras cosas, a que las personas no son iguales y los contextos tampoco. Para trabajar bajo Scrum es necesario seguir el núcleo de Scrum, pero implementando diferentes prácticas, técnicas y metodologías, con un grado de experimentación con fallos que intentan ser de bajo impacto. Para lograr una prestancia alta usando Scrum son necesarios niveles altos de creatividad, innovación, interacción y comunicación. En vez de determinar un proceso completo y estructurado, se intenta desarrollar un proceso flexible donde el equipo es quien va generando, sobre la marcha de un proyecto, el proceso propio, de forma tal que el mismo emerge de un contexto relacional e iterativo de inspección y adaptación constante. Son los equipos quienes van encontrando las mejores maneras de resolver los problemas con prácticas emergentes. El conocimiento surge a partir de la acción experimental en prácticas emergentes, rediseñándonos continuamente en busca de una mejor manera, emergente desde lo empírico, de hacer las cosas, sin pretender controlarlas anticipadamente si no, más bien, esculpiéndolas en la práctica constante e iterativa.

Autorregulación en equipo

En los equipos tradicionales de mando y control, el jefe o el PM es quien monitorea y ajusta autorregulando al equipo (ver gráfico izquierdo de la figura 3.9). Recordemos que, desde la perspectiva cibernética, la autorregulación es el proceso de ciclos de retroalimentación negativa, en donde mediante el monitoreo del entorno, se acciona para cumplir los objetivos del sistema, a pesar de las perturbaciones del ambiente. Desde este punto de vista, el jefe o PM es un sistema de control encargado de la autorregulación y los miembros del equipo son agentes pasivos a la autorregulación, son operarios. Pues, la agilidad vino a cambiar esta dinámica de trabajo.

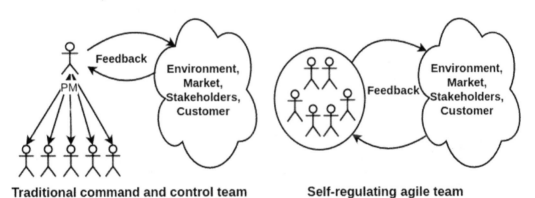

Figura 3.9: Gráfico de "equipo tradicional de mando y control" y "equipo ágil autorregulado"

Si pensamos en nuestro organismo, las células sanas de nuestro cuerpo se autorregulan sin necesidad de dirección del cerebro y, sin embargo, son partes de nosotros. Los equipos ágiles en una organización se deberían comportar como las células sanas, que ante situaciones caóticas se adaptan manteniendo cierta estabilidad y el rumbo de sus finalidades. Ken Schwaber describe a Scrum como "caos controlado", en el sentido de autocontrolado. Desde esta óptica, se entiende al desarrollo de software ágil como una serie de inspecciones constantes acompañadas de correcciones inmediatas, tanto en procesos internos como externos, monitoreando el entorno y ajustando en respuesta, en equipo colaborativo. Schwaber llama a esta forma de trabajar el proceso caórdico[37], y nota que espontáneamente, los equipos ágiles de trabajo se coordinan con muy poca intervención de entidades externas autorregulándose (ver gráfico derecho de la figura 3.9).

Estado de flujo

¿Has conocido o trabajado en empresas donde es común salir tarde del trabajo, con alta sobrecarga laboral, con muchos proyectos en paralelos, donde parece que se está en todo, pero no se termina nada, con trabajo multitarea, desorden y poco foco y con empleados que sienten que no pueden y que las responsabilidades se les escapan de las manos? Claramente son empresas que no están en estado de flujo.

La idea del flujo ronda el enfoque ágil, ya sea con Lean, Kanban y también con Scrum. En esta vía, Jeff Sutherland dijo: "Scrum se trata acerca de permitir el mayor flujo posible". Con este marco lo que se busca es que las personas fluyan sin gran esfuerzo, en un flujo de trabajo lo menos perturbado posible, en un proceso limpio (Lean), liviano y orgánico.

Figura 3.10: Estado de flujo

Las habilidades y las destrezas de un equipo, como de sus integrantes, deben estar en equilibrio con el reto de lo que se tiene que hacer. Cuando eso se logra, se alcanza una armonía de un proceso fluyente, con ritmo, con cadencia. Cuando se habla de cadencia se refiere a esta idea de fluir con ritmo. Desde un punto de vista sistémico, equivale a decir que debe existir cierta relación proporcional y estable entre el promedio de la tasa de entrada al sistema con el promedio de la tasa de salida (promedio de la velocidad), en relación con el tiempo. Para que ocurra el sistema debe comportarse como un flujo de trabajo con personas jalando tareas a un ritmo sostenible y armónico. Y para fluir con ritmo es necesario limpiar el proceso, es decir, hacerlo magro: limitando el trabajo en progreso, eliminar desperdicios, diluir problemas, mitigar riesgos, evadir obstáculos, etcétera. Un líder de Scrum es un facilitador, alguien que

---

37 Caórdico es una organización o sistema social auto-catalítico, autorregulado, adaptativo, no-lineal y complejo, cuyo comportamiento exhibe armoniosamente características tanto de orden como de caos.

facilita el flujo. Y para facilitar el flujo es necesario, entre otras cosas, disciplina. El marco Scrum es el marco disciplinario que encauza el flujo.

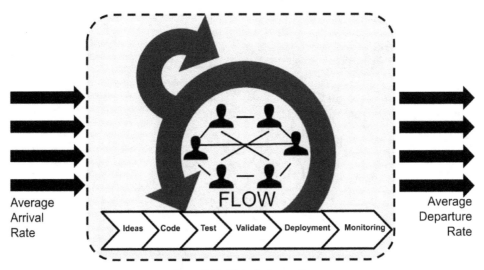

Figura 3.11: Flujo de desarrollo

Cuando algunos decimos "individuos e interacciones sobre procesos y herramientas", no es dejar de lado a los procesos, sino al contrario, es gestionar el flujo para desbloquear a las personas y mejorar la oferta de valor a los clientes (*customer value*). Se trata de lograr equipos y organizaciones en estado de flujo.

Figura 3.12: Gestiona el flujo en vez de a las personas.

4 NÚCLEO DEL SISTEMA SCRUM

Imagínese jugar un deporte de juego sin reglas. Por lo general, un sistema de deporte particular es un marco que brinda restricciones y guía para el juego. Para jugar al Rugby debemos conocer sus reglas. Scrum es eso para el desarrollo de software y de productos.

Scrum es un sistema compuesto por principios (tres pilares) y valores (el enfoque), como parte del sistema cultural, y tres conjuntos de componentes interrelacionados que forman el "Núcleo del Sistema Scrum"[38] (ver figura 4.1). Los tres conjuntos de componentes son: roles, eventos y artefactos. Los roles conforman un sistema de roles que determina las responsabilidades de los actores integrantes, sus relaciones recíprocas, sus restricciones y la relación con los demás componentes. Los eventos son las actividades formales que conforman la parte principal del sistema de procesos Scrum (Proceso Scrum) que determina las relaciones de organización entre eventos, roles y artefactos. Y los artefactos conforman el conjunto de almacenes o componentes de trabajo.

Todo el sistema busca asegurar una cadencia de trabajo que consta de una regularidad basada en iteraciones de tiempo fijo y eventos o actividades regulares que permiten la repetibilidad rítmica (predictibilidad del flujo de trabajo) bajo un grado de prestancia.

---

38 El núcleo de Scrum es determinado esencialmente por los organismos y autores que mantienen el scrum originario, o sea los autores (Ken y Jeff) y scrum.org mediante el libro Scrum Guide 2013 (Ken, 2013).

A continuación se describirán estos componentes y sus relaciones.

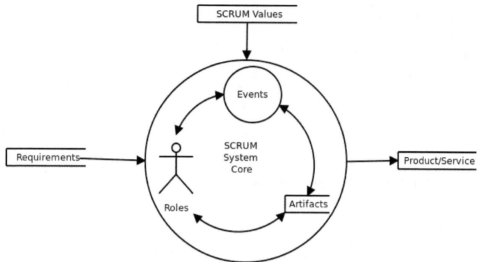

Figura 4.1: Diagrama del Núcleo del Sistema Scrum

Estructura del sistema Scrum

Este marco de trabajo está pensado como un sistema de trabajo para equipos con tres roles o responsabilidades principales: el Product Owner, el Scrum Master y el Development Team.

Cuando los integrantes de un equipo Scrum ejercen los roles mencionados en un flujo de trabajo o proceso Scrum, trabajan sobre tres artefactos esenciales: el Product Backlog (lo que queda por hacer), el Sprint Backlog (lo que se va a hacer en la iteración) y el Incremento de Producto potencialmente entregable (lo que logramos hacer y que se puede entregar). Estos artefactos son tratados en un flujo de trabajo en el cual se construyen productos en forma incremental y evolutiva, en una serie de ciclos cortos de tiempo llamados Sprints.

En cada ciclo Sprint del flujo de trabajo, se practican seis actividades: refinamiento de producto ('*Refinement*'), planificación ('*Planning*'), reunión diaria ('*Daily*'), desarrollo o construcción, revisión de producto ('*Review*') y retrospectiva ('*Retrospective*'). Se consideran eventos a las actividades de planificación, Daily, revisión de producto y retrospectiva. La actividad de refinamiento de producto ('*Refinement*') no suele tener un nombre unificado; pues, se la suele llamar "Backlog Grooming"[39] (aunque no se aconseja usar la palabra '*grooming*'),

---

[39] No se aconseja usar el término Grooming debido a que según el diccionario Oxford English Dictionary tiene connotaciones sexuales. Y no es el nombre oficial.

Mantenimiento de Backlog o Refinamiento (*'Refinement'*). El desarrollo o ejecución no es una reunión Scrum ya que constituye la actividad de producción del producto o servicio. O sea que es donde se produce el incremento de producto.

El flujo de Scrum se puede sintetizar como se muestra en la figura siguiente:

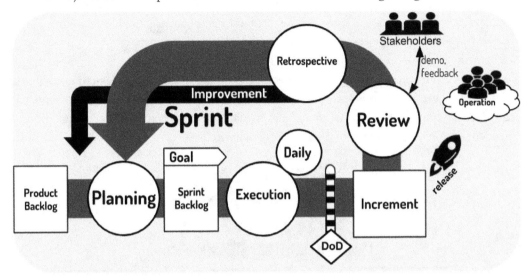

Figura 4.2: Flujo de Scrum básico según la Guía de Scrum de Scrum.org de 2017

Equipo Scrum

Así como en el Rugby son necesarias diferentes competencias y tipo de puestos de jugadores como Talonador (Hooker), Pilier derecho (Prop), Pilier izquierdo (Prop), etc. O como un equipo de fútbol no juega con puros delanteros. Son necesarios diferentes perfiles en un equipo que desarrolla software o productos, para que puedan cumplir su misión. Esto es porque en Scrum los equipos son orientados a misión y multifuncionales.

Scrum propone un equipo cross-functional o multifuncional, que está compuesto por miembros con diferentes habilidades y conocimientos para realizar todas las tareas necesarias para entregar un incremento de producto completo al final de cada iteración. De este modo se busca que un equipo sea autónomo y se pueda auto-organizar con el menor tipo de dependencias con otros equipos o áreas de la organización.

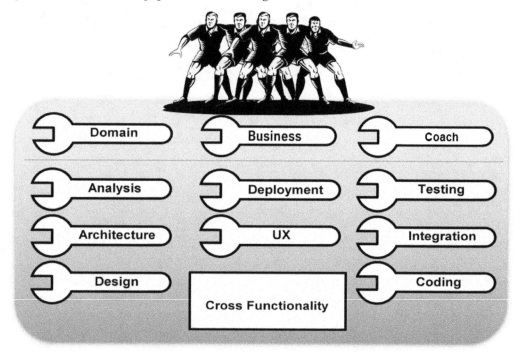

Scrum propone que un equipo debe trabajar de manera colaborativa, como una melé de Rugby, como un bloque, hombro a hombro, para sacar el trabajo que es de todos y cumplir la misión, la visión de producto y los objetivos planteados. Aunque hayan perfiles especializados en el equipo, no deben haber silos de trabajo, porque le trabajo es de todos.

Sistema de roles

El Sistema de Roles (ver figura 4.3), en el núcleo de Scrum, es el conjunto de roles y relaciones parte del sistema. Como se mencionó anteriormente, hay tres roles o responsabilidades principales: el Product Owner o dueño del producto, el Scrum Master o líder servicial del equipo y el Equipo de Desarrollo o Equipo a secas (*"Scrum Development Team"*, Miembros del Equipo de Desarrollo o Desarrolladores Scrum).

Los roles mencionados interactúan con otros acordes al contexto organizacional. Hay roles secundarios y externos, que aunque no son roles de Scrum es útil identificarlos, como el de '*Stakeholder*', expertos (equipo extendido y SME), vendedores y/o cuerpo de asesoramiento de Scrum ('*Agile Coaches*') o grupo de trabajo del negocio. El rol Stakeholder es el más importante de los roles secundarios e incluye a: los clientes y usuarios, los dueños de unidades de negocio ('*Business Owner*') quienes son responsables de la operación del producto y los patrocinadores ('*Business Sponsor*') quienes financian el producto o negocio[40].

Hay que tener en cuenta que este marco contempla solo estos tres roles principales como núcleo en el equipo Scrum y, cuando se implementa en forma ortodoxa, son los únicos roles permitidos. En el caso del Equipo de Desarrollo, cada integrante puede tener diferentes perfiles, características o roles especializados, pero bajo este marco sólo tiene el rol de Desarrollador. Cuando Scrum se integra con otras metodologías o esquemas de roles, los desarrolladores pueden cumplir otros roles que funcionan como sub-roles.

---

40 (SBOK, 2013)

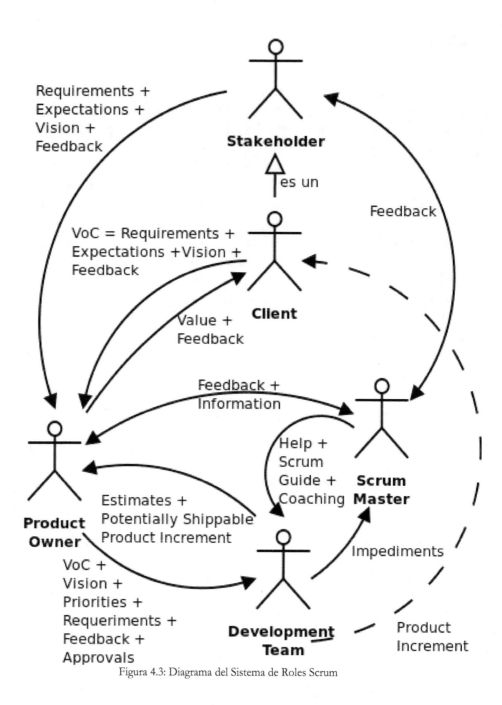

Figura 4.3: Diagrama del Sistema de Roles Scrum

A continuación, se listan los diferentes roles principales:

Desarrolladores

El Equipo de Desarrollo o desarrolladores son parte del Equipo Scrum y son los responsables de construir, o sea desarrollar el producto. Este y los siguientes roles son definidos en la '*Guía de Scrum*' de '*Scrum.org*'.

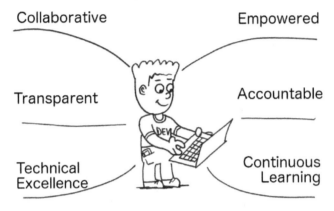

Collaborative   Empowered

Transparent   Accountable

Technical Excellence   Continuous Learning

Figura 4.3: Development Team

A continuación, podemos listar sugerencias que puedo recomendar para tener en cuenta:

- Respeta, entiende y sigue los valores ágiles y de Scrum.
- Crea y gestiona el desarrollo de software comprometiéndose a entregas o fechas de entregas estimadas por el equipo.
- Es responsable de la calidad técnica del producto.
- Debe buscar su desarrollo profesional para lograr excelencia técnica. Para ello debe, además, mantener el foco en el aprendizaje, la innovación y el mantenimiento de una actitud de mejora continua.
- Debe mantener foco y evitar trabajar en múltiples proyectos teniendo asignación 100 % en el proyecto.
- Debe priorizar y promover la comunicación cara a cara.
- Provee estimaciones de ítems de trabajo en forma colaborativa.
- Es responsable de gestionar su propio trabajo durante el Sprint.
- Buscar encontrar una cadencia sostenible para la entrega de incrementos potencialmente entregable de productos.
- No debe esperar a que le asignen tareas ya que debe seguir la forma "pull" de asignación que consiste en tomar tareas por sí mismo o por consenso de todo el equipo.

- Toma las mejores decisiones posibles para asegurar el progreso hacia la meta del Sprint, alineándose con el PO cuando esté disponible.
- Monitorea el progreso y el éxito con el resto de los roles del Scrum Team.
- Debe gestionar los riesgos y problemas junto con los demás roles. En esta vía debe levantar y buscar mitigar los riesgos técnicos.
- No debe ocultar impedimentos ni información.
- Debe evitar hacer tareas de otro rol Scrum. En el caso de una implementación ortodoxa no tiene otro rol que el de desarrollador.
- Debe procurar ser multidisciplinario aprendiendo del conocimiento de los compañeros, aplicando sus habilidades en diferentes tipos de tareas y no especializándose en una sola cosa donde se trabaja en forma estanco (cerrada y hermética).
- Debe procurar la estabilidad del equipo y su cadencia.
- Busca mantener el foco en los eventos orientados a cumplir los objetivos de las reuniones.
- Busca mantener el foco en el sprint haciendo que el equipo priorice y trabaje en sólo unos pocos elementos a la vez, acorde a la capacidad del equipo, en lugar de tener muchos trabajos abiertos en paralelo que pueden hacer peligrar el objetivo del sprint.
- Respeta los acuerdos de trabajo del equipo.

Product Owner

El "*Product Owner*" cumple la función de dueño del producto y es el responsable del negocio y la voz del cliente. O sea que, es el "responsable del Producto" o Servicio, quien vela por que el equipo tenga una visión clara y una estrategia de qué es lo que se va a hacer, para la creación de ese producto o servicio, para que aporte valor a los usuraios y clientes y genere beneficios a la organización. Según la guía de Scrum: "es responsable de maximizar el valor del producto resultante del trabajo del equipo". Una definición más grandilocuente es la siguiente: "Un gran Product Owner tiene que estar enfocado en producir experiencias e impactos sorprendentes en los clientes a la vez que soporta el cambio de la organización hacia la agilidad con un enfoque de producto brindando el soporte necesario para que el equipo de desarrollo pueda optimizar el trabajo que realiza"[41]. En otras palabras es quien gestiona el producto a desarrollar con agilidad y garantizar que el Backlog del equipo esté alineada con las necesidades del cliente y las partes interesadas.

[41] (FRANCIA HUAMBACHANO, JOEL. El Rol del Product Owner: Maximizar la entrega de valor. Scrum Profesional)

Un Product Owner trabaja en cuatro dimensiones principales: la de producto, cliente, stakeholders y equipo; y en dichas dimensiones ejerce un conjunto de posturas como: ser visionario, colaborador, unfluenciador, tomador de decisiones, representante del cliente y experimentador.

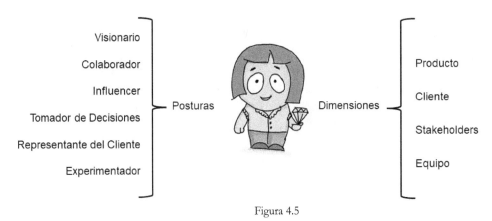

Figura 4.5

Para el cumplimiento del rol PO se pueden tener en cuenta las siguientes afirmaciones:

- Respeta, entiende y sigue los valores ágiles y de Scrum.
- Debe colaborar con el Scrum Master y con el Equipo de Desarrollo. Colabora con frecuencia con el equipo para poder tomar decisiones informadas para equilibrar el esfuerzo y el valor de los elementos pendientes del Backlog. También colabora con el equipo para que construyan incrementos teniendo en cuenta las preocupaciones del usuario final y las partes interesadas.
- Es quien busca determinar el mejor producto a conseguir.
- Es responsable de desarrollar una visión, comunicarla y promoverla.
- Dirige la estratégica del producto relacionada, entre otras cosas, a la penetración en el mercado, evolución y madurez del producto en el mercado y generación de nuevos mercados.
- Es responsable de la oportunidad de negocio, el caso de negocio, retorno de la inversión ROI, los resultados empresariales y/o valor resultado u outcome, evaluando continuamente el impacto en el negocio y clientes, buscando maximizar el valor.
- Trata de que se libere software a menudo, actualizando los indicadores clave de producto (KPI) o medidas de éxito, después de cada lanzamiento y usando esta información para ajustar el trabajo en el Backlog. De esta manera busca que el producto creado a través de Scrum sea exitoso.
- Es quien provee las "hipótesis requerimientos"[42], por lo que es responsable de entenderlas, escribirlas y transmitirlas en forma eficaz.

- Es dueño del artefacto Product Backlog y responsable de su orden, priorización y detalle.
- Es recomendable que esté asignado a un solo Scrum Team con un porcentaje de asignación mayor o igual a un 70 por ciento.
- Asegura la Colaboración efectiva y la participación de los Stakeholders en el proyecto, administrando sus expectativas y manteniendo una comunicación regular con ellos (representa la voz del cliente).
- Busca la alineación con otros Product Owners cuando sea necesario desde una perspectiva general de producto, empresa o cliente.
- Monitorea el progreso y el éxito con el resto de los roles del Scrum Team.
- Promueve la gestión del calendario de entregables o mapa de ruta del producto. Es dueño de responder ante el calendario planificado y estimado por el equipo.
- Busca la satisfacción de los usuarios finales.
- Ayuda a motivar al equipo para lograr el mejor producto posible.
- Hace análisis de sistema usando técnicas de modelado para lograr el mejor entendimiento del dominio del problema de negocio e impulsar el diseño del mejor producto posible[43].
- Es hábil para comprender el aspecto operacional del producto.
- Debe gestionar los riesgos y problemas junto con los demás roles. En esta vía debe levantar y buscar mitigar los riesgos de negocio.
- No estima, no provee estimaciones ni exige entregas obligadas por fechas.
- No gestiona el presupuesto de todo el proyecto pero puede gestionar el presupuesto del equipo.
- No es jefe ni gerente de proyecto.

Scrum Master

Así como equipos deportivos tienen un entrenador, en el desarrollo de software también se comenzó a usar una figura semejante. Sucedió en programación extrema, con la inclusión del rol entrenador (coach) y en Scrum con el rol de Scrum Master. En ambos casos se trata de un entrenador responsable del proceso global del equipo, experto en el marco de trabajo, guía de los miembros del equipo para aplicar las buenas prácticas el marco correctamente. Según la

---

42 Bajo el marco Scrum los requerimientos inicialmente constan de hipótesis a ser evaluadas. Son hipótesis porque son dinámicas, no son requerimientos finales sino que son deseos del cliente a ser refinados hasta convertirse en verdaderamente requerimientos.

43 Characteristics of a Great Scrum Team, Barry Overeem, InfoQ, 2016.

guía de Scrum, es responsable de la efectividad del equipo, ya que lo ayuda a mejorar la forma en que trabaja en conjunto para crear valor de manera continua.

El Scrum Master es un verdadero líder, facilitador y entrenador del equipo, que es guardián del marco de trabajo Scrum, responsable de mejorar el flujo de valor de entrega del equipo y procurando el éxito del mismo. Que sea guardián del marco de trabajo significa que es quien debe establecer el marco de trabajo como se define en la guía, concientizar sobre el enfoque seguido bajo el mismo, capacitar y entrenar al equipo de desarrollo, impulsar el cambio en función de mejorar, facilitar la resolución de impedimentos relacionados a la implementación de Scrum y liderar el proceso de desarrollo y mejora continua. Es decir que el SM es un rol integral que desarrolla ocho aspectos principales: removedor de obstáculos, facilitador, entrenador, profesor, líder servicial, administrador, mentor y agente de cambio.

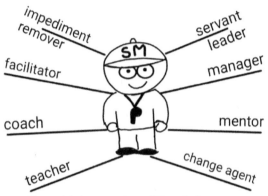

Figura 4.6: Aspectos de un SM según Scrum.org

Para el cumplimiento del rol SM se deben tener en cuenta las siguientes afirmaciones:

Líder servicial:
- Lidera, guía y "hace que las cosas pasen" desde la influencia, correspondencia, conocimiento, el ejemplo, autoridad ética y la experiencia, fomentando la colaboración, la confianza, la empatía y el uso ético del poder.
- Es un líder servicial cuyo enfoque se centra en las necesidades de los miembros del equipo, con el objetivo de lograr resultados alineados con los valores, principios y objetivos planteados.
- Debe ser guardián del equipo protegiéndolo de perturbaciones negativas externas (si un Manager, Stakeholder o agente externo trata de ordenar al equipo que haga algo obligatorio, orden arbitraria de hacer cambios de miembros, manejar el backlog y compromisos, dividir el equipo, re-priorizar el sprint backlog a mitad de un sprint, etc.).
- Busca lograr un entorno seguro y de apoyo que genere confianza y respeto mutuo (seguridad psicológica).

- Ayuda a lidiar con los conflictos personales liderando resoluciones para abordar actitudes proactivas, productivas y colaborativas.
- Procura lograr un equipo altamente motivado.
- Trabaja cuidadosamente para ayudar a construir un consenso creativo.
- Fomenta la contribución creativa de cada miembro del equipo en busca de resultados.
- Estimula el empoderamiento y la transparencia.
- Sirve de embajador del equipo ante la organización, obrando en ocasiones como mensajero, representante o interfaz.

Administrador:
- Busca conseguir que se haga el trabajo y que se logren lo objetivos.
- Monitorea el progreso y el éxito con el resto de los roles del Scrum Team.
- Busca transparentar y visualizar el progreso, indicadores y el logro de objetivos y metas.
- No es jefe, no es gerente de proyecto ni gestiona al Equipo de Desarrollo (desde una perspectiva tradicional) y no es responsable por la planificación del proyecto. Aunque si es responsable de asegurar mantener una integridad conceptual (orden) de la administración del equipo, proyecto, producto y desarrollo.
- Busca asegurar la integridad conceptual del backlog en conjunto con el PO.

Facilitador:
- Es el responsable de que se siga Scrum y brinda apoyo a sus prácticas.
- Busca establecer acuerdos claros y que se cumpla lo pactado.
- Facilita la colaboración y la sinergia en función de concretar los objetivos planteados.
- Considera diferentes formas de trabajar con el equipo Scrum buscando aplicar las más adecuadas según el contexto.
- Busca comprender la esencia de la comunicación en los diálogos del equipo Scrum y ayudar a concretar sus acciones y su entendimiento. O sea que debe facilitar la comprensión en los diálogos del equipo, detectar los ruidos de comunicación, hacer que todos se sepan expresar y se entiendan. Detectar cuando alguien no comprende y está quedando afuera de una idea o conversación para integrarlo. Facilita buscando lograr inteligencia enjambre en equipo.
- Facilita los diferentes eventos y reuniones del equipo en función de concretar resultados.
- Asegura el cumplimiento de los time-box facilitando la adopción de disciplina por parte del equipo.
- No hace el trabajo, sino que facilita que el trabajo se haga con buenas prácticas.

- No asigna tareas, sino que facilita la auto-organización haciendo que el equipo se las auto-asigne o las tome por voluntad.
- Facilita la colaboración entre los stakeholders del negocio y los desarrolladores para que trabajen juntos a diario y sean efectivos.
- Facilitar la integración del Scrum Team en toda la organización.
- Facilita la comunicación directa y la retroalimentación entre los diferentes miembros.

Removedor de impedimentos:
- Busca transparentar y visualizar los diferentes riesgos, problemas e impedimentos.
- Debe buscar remover, facilitar o guiar la remoción de obstáculos e impedimentos.
- Debe asegurar la gestión de los riesgos y problemas con el equipo. En esta vía debe prestar particular atención a los riesgos relacionados al proceso.
- Ayuda al equipo a encontrar una cadencia sostenible (con ritmo y naturalidad) para la entrega de incrementos entregables de productos.
- Comprende sobre el aspecto técnico del desarrollo manejando diferentes técnicas y prácticas de desarrollo para poder adelantarse a los problemas o saber encausar la solución de estos.

Agente de Cambio:
- Respeta, entiende y sigue los valores ágiles y de Scrum, como también así los fomenta.
- Necesita desempeñar su rol con coraje ya que, dentro del equipo, es el principal referente como agente de cambio, movilizador de cambios culturales que pueden ser disruptivos.
- Busca la mejora continua de los procesos y el sistema de trabajo.
- Busca que el equipo mejore continuamente avanzando en su madurez ágil y de excelencia técnica para lograr un equipo de alto desempeño.
- Un gran Maestro Scrum es un agente de cambio entendiendo que algunos cambios sólo se producirán si se es disruptivo. Está preparado para ser lo suficientemente disruptivo como para promover un cambio dentro de la organización[44].

Formador:
- Enseña, educa y capacita al equipo (incluido el PO) sobre los valores y principios del manifiesto Agile.
- Enseña, educa y capacita al equipo (incluido el PO) sobre el marco de trabajo Scrum y prácticas ágiles a fin.

44 Characteristics of a Great Scrum Team, Barry Overeem, InfoQ, 2016.

- Enseña, educa y capacita sobre buenas prácticas y otros marcos de trabajo (XP, Kanban, Lean, etc.).

Coach:

- Es un entrenador de los miembros del equipo con un enfoque en la cultura, mentalidad y el comportamiento.
- Busca cambiar la actitud, la mentalidad y el comportamiento que impiden que el equipo sea ágil y haga bien Scrum.
- Escucha profundamente para comprender las necesidades y preocupaciones de los demás.
- Practica el coaching en busca de la mejora profesional de los miembros del equipo.
- Estimula una mentalidad de mejora continua y una cultura de aprendizaje.

Mentor:

- Actúa como consejero y da consejos, en sesiones de mentoring, para ayudar profesionalmente a sus compañeros 'mentee', desde su profundo conocimiento y experiencia de algún tema determinado.
- Fomenta las prácticas de *mentoring* entre integrantes del equipo para ayudar a las personas a mejorar en su crecimiento personal.

En general y en resumen podemos decir que el PO se focaliza en maximizar el valor (*Customer Value & Business Value*), en la estrategia de negocio, la visión (reduce la brecha entre el *delivery* y la estrategia), en la voz del cliente, en el "por qué" y el "qué". El equipo de desarrollo (DEV) se responsabiliza principalmente del "cómo", de la entrega ágil (*Agile Delivery*), su autoorganización (*Autonomous Team*), la alta calidad técnica (excelencia técnica) y su multidisciplinariedad (trabajo colaborativo no especializado). El SM es dueño del proceso y éxito del equipo, por lo que se focaliza en el proceso de trabajo e ingeniería (liderazgo metodológico), la mejora continua del proceso, el desarrollo de autonomía y trabajo en equipo (*Autonomous Team Building*), la facilitación ágil (referente de '*Agile*' y de Scrum), eficiencia y salud del equipo.

Se puede ver un resumen del foco de las responsabilidades de los roles en la siguiente figura.

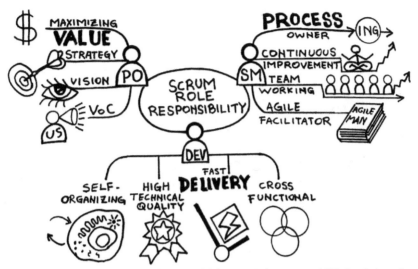

Figura 4.7: Mapa mental resumen didáctico del foco según las responsabilidades de los roles.

Proceso Scrum

En el proceso Scrum o sistema de flujo de e Scrum (ver figura 4.7) los miembros del equipo Scrum colaboran para crear una serie de Incrementos de Producto durante iteraciones de intervalos fijos de tiempo denominados Sprints. En cada iteración Sprint, se comienza por una Planificación del Sprint para producir un Backlog del Sprint a partir del Backlog de Producto, es decir un plan para el Sprint. El equipo se auto-organiza para realizar el Desarrollo, mediante reuniones Diarias de Scrum para coordinar y asegurarse de estar produciendo el mejor Incremento de Producto posible en el proceso de desarrollo del producto o servicio. Cada incremento satisface el criterio de aceptación del Product Owner y la Definición de Hecho o "*Definition of Done*" compartida por el equipo para satisfacer el criterio de tarea terminada. Junto al proceso de desarrollo se hace también un Refinamiento del Backlog ('*Refinement*') para prepararse para la reunión de planificación del próximo Sprint. Finalizando cada ciclo se termina el Sprint con una reunión de Revisión del Sprint y luego una reunión Retrospectiva del Sprint, revisando el producto y su proceso con una perspectiva crítica y de mejora continua.

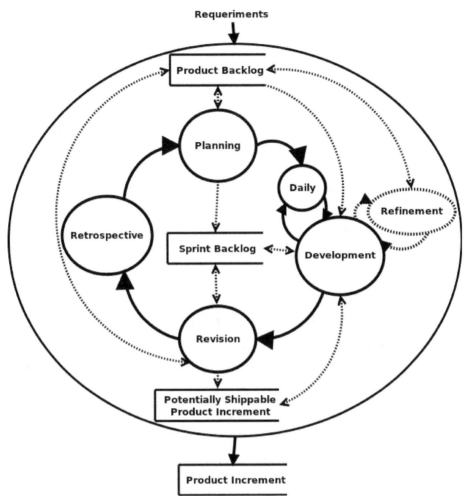

Figura 4.8: Diagrama de Flujo de Datos del Proceso Scrum

Reuniones principales

Como mencioné, los eventos son la planificación, la *daily*, la revisión y la retrospectiva. Si bien el refinamiento está planteado como una actividad en la ejecución del sprint, también se considera importante sin ser un evento oficial. A continuación se describen.

Planificación: es una actividad o una conversación de duración fija al principio de cada Sprint para decidir sobre lo que se terminará y se demostrará en la revisión. Esta reunión se divide generalmente en tres partes principales: una primera parte es estratégica o de negocio relacionada al "qué", una segunda parte táctica o técnica relacionada al "cómo" y una tercera relacionada al acuerdo de cierre.

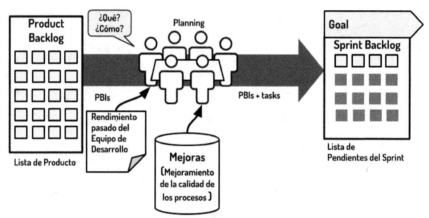

Figura 4.9: Evento de planeamiento

- **Planificación relacionada al "Qué":** La primera parte se propone responder a: ¿Qué trabajo será realizado? En esta parte se desarrolla la definición de lo que se necesita hacer, de cuáles hipótesis del Cliente se desean desarrollar. En este proceso se crean los ítems de Product Backlog o PBIs y los Criterio de Aceptación. Los PBIs son generalmente escritos por el PO y están diseñados para asegurar que las hipótesis de requisitos del Cliente estén claramente representadas y puedan ser plenamente comprendidas por todos los Stakeholders y los desarrolladores del equipo. En la dinámica de la reunión, el PO cuenta cuáles son los PBIs disponibles que pasan cierto criterio de completitud, para ser desarrollados en el Sprint y los explica para que sean comprendidos por el Equipo. Mientras sucede esto los integrantes del equipo hacen todas las preguntas que consideren necesarias para comprender los detalles de lo que se desea realizar y puedan, así, entregar una estimación del trabajo a comprometer. Luego de estimar se procede a una negociación entre el PO y el Equipo de cuáles son los PBIs que el Equipo se compromete a desarrollar para transformar en un incremento de producto potencialmente entregable. En este proceso el SM se encarga de facilitar el evento, moderar y tratar de asegurar de que todos los Stakeholder del proyecto que sean necesarios para para aclarar detalles estén presentes o sean contactados para hacer las respectivas aclaraciones. El resultado de este proceso es un conjunto de PBIs estimados y comprometidos inicialmente para ser trabajados en el Sprint.

- **Planificación relacionada al "Cómo":** En la segunda parte de la planificación se propone responder a: ¿Cómo será realizado el trabajo? Esta parte es táctica y por lo tanto más técnica por lo que no es necesaria la presencia del Product Owner, pero debe estar disponible para contestar preguntas y clarificar dudas surgidas sobre la marcha. En esta reunión el Equipo discute cómo implementará los PBIs, diseñando inicialmente, en forma general y abstracta (acuerdo de alto nivel), las soluciones y definiendo tareas implicadas.

- **Cierre de planificación como "Acuerdo":** Cuando termina la reunión relacionada al "Cómo", el Equipo debe decidir y elegir finalmente el alcance del Sprint formando un acuerdo con el Product Owner. El resultado de este proceso es un conjunto de PBIs que forman el alcance del Sprint, o sea el Sprint Backlog, el objetivo del Sprint y una visión de diseño o arquitectura a alto nivel de lo que se desea implementar junto con un conjunto de tareas planificadas para el Sprint.

Scrum Diario: la Daily Scrum, Stand-up meeting o simplemente Daily, es un evento o una reunión diaria del Equipo de Desarrollo, en el lugar de trabajo, con una duración fija, que sirve para coordinación y organización mediante una retroalimentación del estado de actividades de cada integrante del Equipo. Es un momento de inspección y adaptación que permite identificar impedimentos bloqueantes, actualizar artefactos, revisar el Sprint Backlog, ayudar a disminuir riesgos e identificar personas que pueden servir de ayuda a determinadas tareas. En esta reunión los miembros del equipo se reúnen para comentar sus progresos y bloqueos en el Sprint y planificar las actividades del día. Para ello pueden emplearse diferentes estructuras. Una de ellas es proporcionan información relacionadas a tres preguntas:

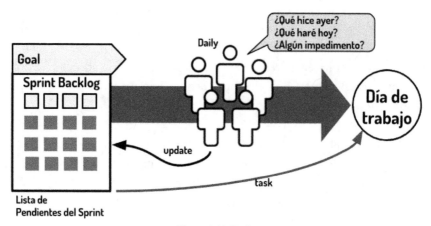

Figura 4.10: Daily

- ¿Qué hice ayer que ayudó a lograr el Objetivo del Sprint?
- ¿Qué haré hoy para ayudar a lograr el Objetivo del Sprint?
- Si tengo obstáculos: ¿Veo algún impedimento que evite que logremos el Objetivo del Sprint?

Es obligatorio que el Equipo de Desarrollo asista a esta reunión y es aconsejable que esté el SM para facilitarla, servir de moderador y detectar impedimentos. El PO puede asistir como oyente también para informarse del avance del trabajo durante la iteración o asiste si está trabajando activamente en elementos del Sprint Backlog o si los desarrolladores lo necesitan. Sin embargo, si se quiere lograr un mejor trabajo de equipo y mayor integración con el PO, es aconsejable que siga la dinámica junto al equipo, principalmente en equipos recién formados o principiantes.

Refinamiento: aunque es una reunión que no es un evento de Scrum original, es una actividad propuesta por la guía de Scrum útil para refinar la lista de PBIs o Product Backlog y que consiste en trabajar sobre las hipótesis de requerimientos, definirlas, analizarlas, añadirles detalles, granularizarlas, estimarlas y priorizarlas. Es un proceso continuo que hace el Product Owner, pero formalmente como reunión se desarrolla con participación del equipo en colaboración para examinar y revisar los elementos del Product Backlog. En esta reunión la responsabilidad recae en el PO y el Equipo colabora.

En la reunión que se hace con el equipo se desarrollan las siguientes actividades:

- El PO presenta los próximos ítems de backlog al equipo.
- Se conversa grupalmente aspectos sobre ítems de backlog:
  - ✓ Conversación, entendimiento y ajuste.
  - ✓ Búsqueda de posibilidad de granularización (slicing).
  - ✓ Identificación de dependencias.

✓ Detección de riesgos que pueden hacer que esas historias no se completen e identificación de actividades a realizar para mitigarlos.

• Estimación.

• Priorización.

Revisión: es un evento, actividad o conversación, de duración fija al final de cada Sprint para dar retroalimentación sobre el avance del producto. En esta reunión se evalúa el incremento funcional potencialmente entregable construido por el Equipo en el proceso de desarrollo. Para lograr hacer esto el Equipo de Desarrollo junto al PO y los Stakeholder involucrados, revisan los resultados funcionales y operativos (producto utilizable) del Sprint. El objetivo es recibir una retroalimentación de lo construido y aprobar o rechazar los PBIs que pasaron la DoD y son potencialmente entregables, para lo que los Stakeholder prueban el producto construido y proveen su feedback. En este proceso puede haber cambios o nuevas hipótesis de requisitos que surjan para agregarse en el Product Backlog.

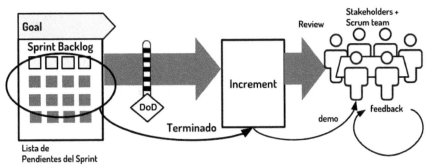

Figura 4.11: Revisión

Retrospectiva: es una actividad o una conversación de duración fija al final de cada Sprint para que el Equipo reflexione y busque mejoras procedimentales. En esta reunión se intentan responder tres preguntas relacionadas al "proceso": ¿qué se hizo mal?; ¿qué se hizo bien? y ¿qué se puede mejorar?

De esta reunión deberían quedar lecciones aprendidas y un listado de acciones a tomar para mejorar la forma de trabajar. Las acciones a tomar deben ser desarrolladas en el siguiente Sprint y analizadas en la retrospectiva del mismo. También se puede editar el DoD si se considera necesario adaptarlo.

En esta reunión es obligatoria la asistencia del Equipo Scrum (con el SM y el PO).

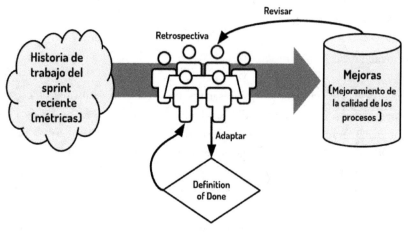

Figura 4.12: Retrospectiva

Flujo de artefactos

Los artefactos ítems de trabajo fluyen como balones desde que se definen en el Backlog de Producto hasta que se transforman en incremento de producto.

Ítem de Producto (Story)

Como en el rugby nos pasamos un balón para completar nuestro trabajo y anotar 'try'. Claro, en esta analogía el balón es algún work item, PBI, story, elemento de trabajo o como quiera llamarlo.

Pues, todo inicia con algún ítem de trabajo (Product Backlog Item o Work Item). Estos ítems pueden crearse en alguna actividad inicial del desarrollo (como alguna inception), en el refinamiento o en una planning. Pero nunca se crean todos ni completos. Y digo todos porque trabajamos con más de un balón. Estos balones son como intenciones de trabajo desglosado y a pulir. Estos ítems de trabajo son ítems de valor para el cliente que comienzan su nacimiento como ítems de backlog. Debido a que el dueño del Backlog de Producto es el Product Owner, es él quien crea los balones PBIs, ya sea por trabajo individual o con la colaboración del Equipo de Desarrollo. Estos balones o PBIs son requerimientos que pueden escribirse de diferente manera. Es común escribir los PBIs en forma de Historias de Usuario (Cohn, 2004) o Story, pero no es un requisito de Scrum.

Product Backlog

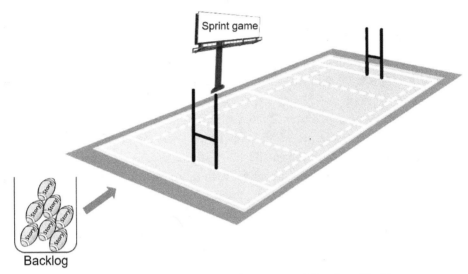

Cuando tenemos un conjunto de PBIs formamos el Product Backlog que es como el almacén inicial de trabajo o pila de trabajo del producto (Work Item List) o proyecto. Estos PBIs son refinados por el evento de Refinamiento de Backlog hecha por el PO y el Equipo de Desarrollo mientras se practica el desarrollo de un Sprint y son priorizados por el Product Owner. Es decir que el Product Backlog tendría PBIs ordenados por prioridad, donde los primeros son los más próximos a desarrollarse ya sea porque son factibles técnicamente, aportan mayor valor y tienen baja incertidumbre o incertidumbre aceptable para poder desarrollarse dentro de un Sprint.

Definición de listo para desarrollar

Siguiendo con la analogía de Rugby, cada vez que se inicia un partido, antes se validan los balones a usarse. Pues, el balón de rugby debe ser de competición profesional, con excelente grip, que cumple las medidas oficiales según la world rugby (peso y presión de aire) y que está en buen estado para resistir un partido. Si el balón no cumple los criterios de calidad se descarta para el partido. Bien, con nuestras historias o PBIs sucede lo mismo para iniciar un Sprint: "no dejaremos pasar al Sprint historias que no pasan un mínimo de calidad".

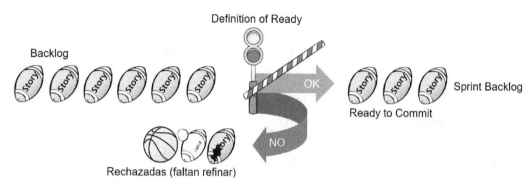

A esta barrera de control de calidad antes de comprometer una historia se la llama Definition of Ready (DoR), definición de listo para desarrollo o definición de preparado. La definición de listo es un tipo de Definición de Terminado particular (previo al desarrollo) que indica que su refinamiento está terminado. Si bien no es parte de la guía de Scrum original, es particularmente útil. Pues, se corresponde con las condiciones para que una historia (PBI) pueda pasar a formar parte de un Sprint Backlog. Si una historia no cumple con su DoR no puede ser tomado en una planificación para ser ítem de trabajo del Sprint planeado, ya que es un ítem que no está suficientemente preparado para ser comprometido para el desarrollo. Es decir, necesita más refinamiento. O sea que, la definición de preparado permite entonces tener un punto de acuerdo entre el PO y el Equipo, permitiendo conocer cuándo una historia de usuario está realmente lista para evaluar su factibilidad de desarrollo en una reunión de planeamiento y ser llevada a un Sprint.

Un ejemplo de DoR puede ser el que sigue:

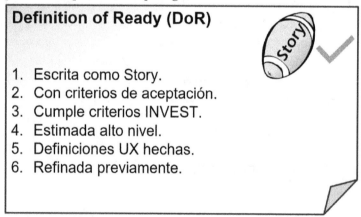

Figura 8.2: Ejemplo de una DoR simple (solo orientativa)

Sprint Backlog

En la reunión de planificación *'Planning'* se toman PBIs priorizados que cumplan algún criterio que minimiza el riesgo para su efectivo desarrollo, como la definición de listo o *"Definition of Ready"*[45] (2 *"Selection"*) para ser incluidos en la lista de pendientes del Sprint o *"Sprint Backlog"* (Iteration Backlog) y el Equipo de Desarrollo pueda trabajar en ellos en el Sprint. Entonces el equipo puede comenzar su Sprint con un conjunto de PBIs en su Sprint Backlog para desarrollar dentro del Sprint. A medida que el Equipo de Desarrollo termina un ítem *"Sprint Backlog"* cumpliendo el criterio de aceptación y un *"Definition of Done"* (3 *"increment"*) se genera un Incremento de Producto candidato potencialmente entregable (*"Potentially Shippable Product Increment"*).

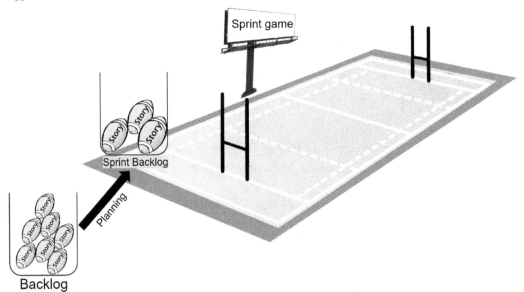

Iteración Sprint

Las iteraciones o Sprint son nuestros partidos a jugar. Como dice la guía: "donde las ideas se convierten en valor". Cuantas más anotaciones 'try' de valor hagamos, en una iteración, mejor. Pero lo más importante es hacer 'try' de valor. Porque ganar partidos es lograr incrementos que realmente aporten valor. Las iteraciones son períodos de tiempo fijos, lo que dura el partido, durante los cuales se lleva a cabo el trabajo de desarrollo. Las iteraciones son de corta duración y permiten una entrega incremental y frecuente de valor (Potentially Shippable Product Increent). Por lo general se usan iteraciones de dos semanas, aunque pueden ser de una, dos, tres o cuatro semanas. Una iteración comienza inmediatamente después de la conclusión de la anterior. El equipo va de juego en juego, iteración a iteración.

---

45 El Definition of Ready (DoR) no es un artefacto de Scrum ni está oficialmente prescripto por Scrum, aunque suele ser recomendable su uso.

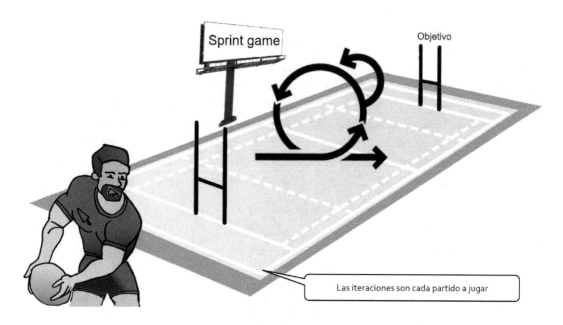

Cada juego tiene un objetivo a cumplir. Somos equipos que jugamos por misión. Todo el trabajo necesario para lograr el Objetivo, incluida la Planning, Daily, Review y Retrospective, ocurre dentro de estas iteraciones.

Los Sprint son ciclos de aprendizaje que nos permiten inspeccionar y adaptar el curso del desarrollo del producto. En cada Sprint podemos desistir, pivotar o perseverar las ideas incrementales que vamos desarrollando en el ciclo de vida de un producto. Cada Sprint puede considerarse un proyecto corto. Idealmente no un proyecto cascada, más bien un proyecto donde hayan fases de desarrollo superpuestas.

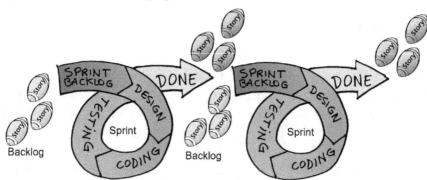

Las fases dentro de un Sprint son la integración de diferentes profesionales de una cadena de valor para lograr objetivos comunes, en vez del trabajo aislado y en secuencia como en 'Waterfall'. Siguiendo la idea del rugby, las fases se superponen considerablemente, lo que permite que el grupo absorba la vibración o "ruido" generado a lo largo del proceso de desarrollo trabajando como bloque unido. Un equipo trata de recorrer la distancia como una unidad, pasándose el balón de un lado a otro, hacia adelante y hacia atrás, en equipo.

Hay que tener en cuenta que para mantener el foco dentro de un Sprint y aumentar la probabilidad del éxito es recomendable proteger el Sprint. Para que el equipo pueda ser efectivo y cumplir el objetivo y su compromiso de Sprint Backlog, la iteración debe ser "bloqueada" o protegida. Esto quiere decir que "no se realizan cambios que pongan en peligro el Objetivo del Sprint" y "la calidad no disminuye". El alcance se puede aclarar y renegociar con el Product Owner a medida que se aprende más o en caso de que realmente sea necesario hacer cambios en el alcance se debe buscar compensar y balancear (trade-off). Cuando esto no ocurre se pueden dar malas prácticas como el anti-patrón "The Sudden Specification Shift", que significa que cambios repentinos en la especificación del producto afectan el alcance del Sprint Activo (generalmente aumentan el tamaño de alcance) y sobrecargan al equipo, le sacan foco o generan perturbaciones que perjudican la planificación del Sprint y el cumplimiento del objetivo.

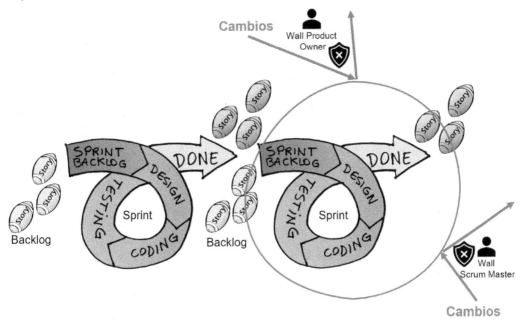

Es el Producto Owner el guardia de la puerta de entrada de trabajo al equipo. Solo por medio de él puede entrar trabajo al equipo. Y es quien debe evaluar si un cambio realmente merece cambiar el plan o tratarse en futuros Sprint. El Scrum Master también ayuda a proteger el Sprint intermediando pedidos imprevistos e interrupciones de stakeholders.

Incremento de Producto

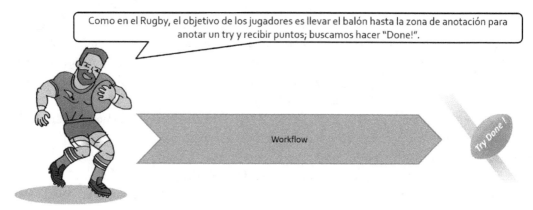

> Como en el Rugby, el objetivo de los jugadores es llevar el balón hasta la zona de anotación para anotar un try y recibir puntos; buscamos hacer "Done!".

Como en el Rugby, que el objetivo de los jugadores es llevar el balón hasta la zona de anotación para anotar un try y recibir puntos; nuestro objetivo es hacer 'Done!' con nuestros elementos de trabajo y lograr incremento de producto.

Este incremento de producto potencialmente entregable (*"Potentially Shippable Product Increment"*) es potencialmente entregable porque no está en manos del cliente o en producción. Es producto listo para poder entregarse. El incremento potencialmente entregable debe estar en condiciones de utilizarse sin importar si el PO decide liberarlo o no (Scrum.org llama a esto directamente Incremento). Para ser desplegado en producción debe primero ser revisado, validado y aprobado por el PO. Luego, en la revisión del PO se acepta el Incremento de Producto candidato pasando a ser parte efectivamente de un Incremento de Producto listo para ser entregado o desplegado a producción, para "*Release*" (4 "*releasing*"). Es decir que el Incremento de Producto es la suma de todos los elementos de la Lista de Producto completados durante un Sprint listos para ser desplegados en producción.

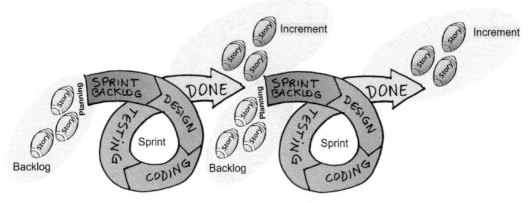

En caso de que el ítem de trabajo no sea aprobado (5 "*Rejection*") y ya se expiró el tiempo para poder terminarse dentro del Sprint, pasa nuevamente al Product Backlog para ser tenido en cuenta en el próximo Sprint o en futuras Planning. Los ítems de "*Sprint Backlog*" que no se lograron terminar también vuelven ("*comeback*") al "*Product Backlog*". A este trabajo no terminado se le suele llamar '*carry over*'. Esto se inspecciona formalmente en la revisión o Review[46].

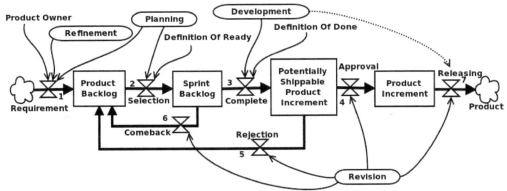

Figura 4.13: Diagrama de Flujo de Stock de artefactos Scrum ejemplo

Este flujo de artefactos se relaciona al flujo de desarrollo que el equipo lleva y que habitualmente es parte reflejada en sus tableros de trabajo. El equipo también puede reflejar este flujo en los diagramas de flujo o workflow en herramientas informáticas para gestión de proyectos (como Jira de Atlassian). Pero esto ya es parte de la autogestión del equipo o de los acuerdos del área de trabajo en el que se encuentre.

En general un flujo hiper resumido puede ser algo como el siguiente: Backlog, Sprint Backlog (Selected For Development), In Progress (Development) y Done (Increment).

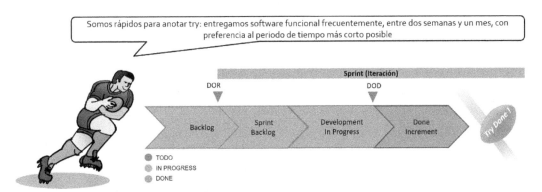

Un tablero simple sería como el siguiente.

---

46 Martin Alaimo, 2014.

En la herramienta Jira (de Atlassian) es conocido el siguiente flujo de trabajo.

A diferencia del Rugby, nosotros trabajamos con varios balones a la vez como trabajo en progreso. Si tuviéramos solo un balón, estaríamos limitando nuestro trabajo en progreso en uno y como equipo estaríamos trabajando en modo enjambre, técnica conocida como 'Swarming'. Cada equipo buscará su límite de trabajo en progreso y trabajará con su propio esquema de estados en los que un PBI (un balón) puede fluir. Por ejemplo, uno en desarrollo de software puede ser el siguiente.

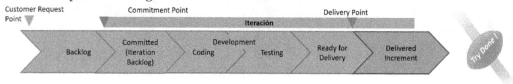

Los estados del flujo de trabajo serían los siguientes.

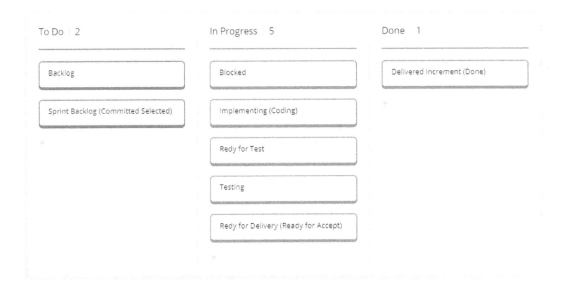

A efectos de DoD simple, un ítem se considera entregado si cumple el DoD. En ocasiones ocurre una mala práctica que se da cuando el equipo termina elementos iteración a iteración, pero no libera en producción, acumulando elementos en inventario sin entregar a cliente final. Por esta razón un equipo (end-to-end) puede querer visibilizar el flujo completo hasta ser liberado en producción.

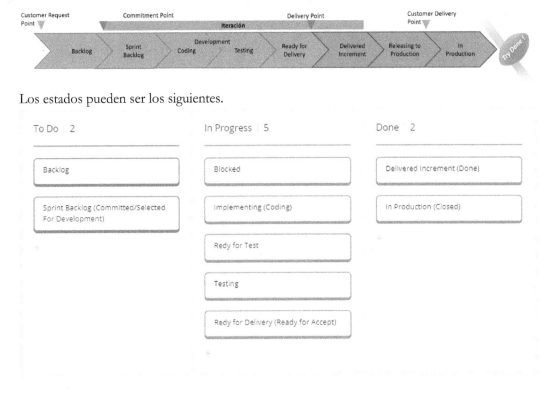

Los estados pueden ser los siguientes.

Este es solo un ejemplo simple y orientativo. Cada equipo puede acordar y trabajar con su flujo y su tablero respectivo, personalizados a su propia realidad. Los equipos deberían inspeccionar y adaptar sus flujos y tableros en las retrospectivas.

Definición de terminado (DoD)

En rugby, un "try" es una forma de anotar puntos y se otorga cuando un jugador coloca el balón con control y presión en el suelo (con las manos o el brazo) detrás de la línea de ensayo (try-line) del equipo contrario. Para que un try sea válido, deben cumplirse ciertas condiciones: el jugador debe tener el control del balón, presión sobre el balón, detrás de la línea de ensayo del equipo contrario y sin cometer infracciones. Del mismo modo sucede en un Sprint, no se puede dar por terminada cualquier historia, se debe validar una lista de criterios para poder darla por terminada en desarrollo. Podemos marcar try, ¡hacer Done!, si cumplimos los criterios del "Definition of Done".

En otras palabras, la definición de terminado es nuestra línea de anotación del desarrollo para hacer 'try'. Por ejemplo, para que un ítem pase del Stock de Sprint Backlog a Incremento de Producto Potencialmente Entregable debe cumplir esta definición de terminado. Normalmente se suele considerar que el DoD es una lista de criterios (checklist) que cada elemento de trabajo debe cumplir para poder ser considerado potencialmente entregable para un cliente dado y conforma un "entendimiento compartido de lo que significa que el trabajo esté completado"[47]. La organización de desarrollo puede ser quien sugiera el DoD base estándar o es el propio equipo quien lo define y quien lo mejora. La retrospectiva también es un buen momento para mejorar estas políticas.

---

47 (Beck, 2013).

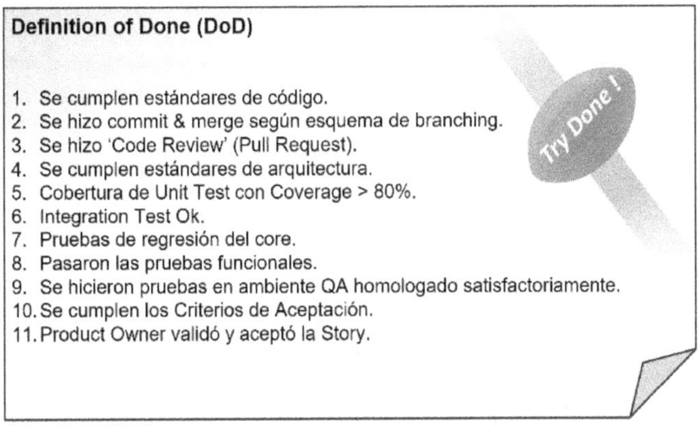

Definition of Done (DoD)

1. Se cumplen estándares de código.
2. Se hizo commit & merge según esquema de branching.
3. Se hizo 'Code Review' (Pull Request).
4. Se cumplen estándares de arquitectura.
5. Cobertura de Unit Test con Coverage > 80%.
6. Integration Test Ok.
7. Pruebas de regresión del core.
8. Pasaron las pruebas funcionales.
9. Se hicieron pruebas en ambiente QA homologado satisfactoriamente.
10. Se cumplen los Criterios de Aceptación.
11. Product Owner validó y aceptó la Story.

Figura 4.15: Ejemplo de una DoD (solo orientativo)

Reglas y consideraciones

Además, se establecen algunas consideraciones relacionadas a tiempos y tamaños.

Tamaño de equipo

Se aconseja un tamaño de equipo de desarrollo mayor a 4 miembros y menor a diez (7 +- 2), o sea entre cinco y nueve (ver figura 1.14)[48]. Las Scrum Guide (Ken, 2017)[49] recomienda más de 3 y menos de 9 miembros en el equipo de desarrollo (sin PO y SM). Con menos de 4 integrantes de equipo de desarrollo se tiene un equipo pobre que puede brindar un producto pobre. Por sobre 9 miembros se aumenta la complejidad de gestión y coordinación del equipo disminuyendo el funcionamiento apropiado tras la metodología planteada. Como sugerencia general no se recomiendan equipos mayores a 10 personas (guía de Scrum 2020).

---

48 El estudio de Lawrence Putnam sugiere 7 miembros de equipo óptimo con más o menos dos personas (2013). Algunos estudios dicen que el equipo debe rondar las 8 a 10 personas (Emery and Emery 1975, Bayer and Highsrriith 1994).

49 La Guía de Scrum 2017.

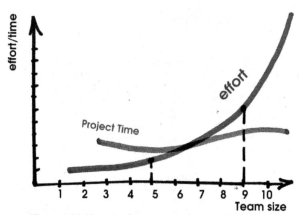

Figura 1.16: Tamaño de equipo óptimo según Putnam.

Tiempos de Timebox

También se recomienda una duración de Sprint no mayor a un mes (Ken, 2017). La Reunión de Planificación de Sprint debería tener un máximo de duración de ocho horas para un Sprint de un mes. El Scrum Diario o "daily" es una reunión con un bloque de tiempo de 15 minutos para que el Equipo de Desarrollo sincronice sus actividades y cree un plan para el día. Por ejemplo, una daily mayor de 15 minutos se puede considerar larga y en 15 minutos es complicado que más de 15 personas puedan exponer lo que hicieron, lo que harán y si tienen bloqueos. Por eso se aconseja, como máximo, nueve personas en el equipo de desarrollo. En lo que concierne a la Revisión, el tiempo estipulado es de cuatro horas para Sprints de un mes o dos horas para uno de una quincena. La reunión de Retrospectiva debería estar restringida a un bloque de tiempo de tres horas para Sprints de un mes o a una hora y media para los de una quincena. Las reuniones de Planificación, Revisión y Retrospectiva deberían ser proporcionales a la duración del Sprint.

	Duración de eventos según sprint			
Sprint	1 semana	2 semanas	3 semanas	1 mes
Planning	2 horas	4 horas	6 horas	8 horas
Daily	15 min	15 min	15 min	15 min
Review	1 horas	2 horas	3 horas	4 horas
Retrospective	45 min.	1 h 30 min.	2 h 15 min.	3 horas

Figura 4.17: Tiempos máximos Time-box según Scrum Guide 2017 (Scrum.org)

5 GESTIÓN DE PRODUCTO BASADA EN EVIDENCIA

Scrum está orientado a productos, pues: "es un marco de trabajo para desarrollar, entregar y mantener productos complejos"[50]. Sin embargo, en las organizaciones de gestión tradicional, los productos se desarrollan mediante la administración de proyectos. Entonces, bajo ese enfoque orientado a proyectos, Scrum puede verse como un marco ágil de gestión de proyectos para el desarrollo iterativo e incremental de productos, valiéndose de equipos auto-organizados.

Es en esta vía que en esta sección vine a ofrecer una interpretación y perspectiva comparativa y conciliadora con un enfoque de proyectos, para luego mostrar que Scrum (según la Scrum Guide 2017) no trata sobre proyectos, sino más bien de productos. Es el PMI con la Agile Alliance quienes formalizan la idea de Agilidad y el uso de Scrum en la gestión de proyectos de alta incertidumbre, mediante la Agile Practice Guide[51]. Aunque en el camino de cambio cultural en el área de gestión, Scrum nos ayuda a tener una mirada más orientada hacia producto, una gestión basada en evidencia, para mejorar la entrega y propuesta de valor basada en el trabajo colaborativo. A continuación revisaremos algunos temas en esta perspectiva.

---

50 Scrum Guide 2017 (Scrum.org).

51 Agile Practice Guide, PMI and Agile Alliance, 2017.

Proyecto en Scrum

Las organizaciones tradicionalmente manejan proyectos, es por eso que muchas veces sucede que Scrum suele implementarse en un ámbito donde se gestionan proyectos. De principio, puedo decir que Scrum se lleva mal con Waterfall, si queremos forzarlo a convivir con gestión orientada a proyectos tradicional. Aunque sí se puede trabajar con Scrum gestionando proyectos de manera empírica y presupuestando como proyectos. Un proyecto, en ingeniería de software, es un esfuerzo temporal que se lleva a cabo para crear un sistema, software o resultado único[52]. Los proyectos son organizados, en una empresa u organización, por el proceso de administración de proyectos. Según este proceso, el ciclo de vida de los proyectos se puede dividir en tres fases: inicio, ejecución y cierre (ver fig. 2.4). Aquí ya encontramos un problema, los proyectos tienen cierre porque se planifica su fin, es decir que se debe conocer la fecha de fin y en un producto no se conoce la fecha de fin de un producto. De todos modos, se puede hacer un desarrollo donde se plantea: ¿qué alcance de mayor valor podemos desarrollar en el plazo de un proyecto? Y ese alcance se va descubriendo hasta que se venza el plazo del proyecto. De este modo se puede implementar este proceso en una forma ágil, haciendo el inicio de forma '*Lean*', iterando el desarrollo en iteraciones Sprints de ejecución hasta llegar a un cierre donde el producto se mantiene, se traspasa, discontinua (ver fig. 5.1) o se sigue evolucionando con otro proyecto.

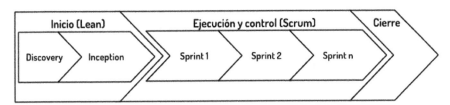

Figura 5.1: Ciclo de vida de un proyecto Scrum.

Esto puede llegar a funcionar si no se cae en las malas prácticas y el anti-patrón llamado "Scrumfall", que significa mezclar Scrum y Waterfall. Es un PMI vieja escuela y Cascada en iteraciones y al final no se hace Scrum, solo se hace cartas Gantt en iteraciones y el equipo trabaja como "software factory". Muchas empresas caen en este anti-patrón al trabajar esquemas híbridos pero con una cultura tradicional fuerte.

Actualmente PMI se actualizó y se agilizó un poco. Ahora 'PMI Agile' propone trabajar en productos formados por múltiples mini proyectos que alimentarían la pila de trabajo de un equipo Scrum. Por ejemplo, el marco de trabajo Disciplined Agile propone hacer 'inception' y

---

52 Se parafrasea la definición del PMBOOK (PMBOK, 2004).

luego iteraciones Scrum. Es como un paso intermedio a trabajar verdaderamente orientado a productos.

Inicio de Proyecto

En una organización ágil, en la fase de inicio se inicia un producto o servicio mediante dos actividades principales: el descubrimiento (*'discovery'*) y la incepción (*'inception'*). Estas etapas no están formalizadas en un marco ágil, aunque en la práctica, y en la mía en particular, sí se suelen emplear y son aceptadas en diferentes corrientes del movimiento ágil. Son fases y prácticas que provienen de RUP, Design Thinking y Lean. En este contexto, es deseable que el inicio alimente al desarrollo con Scrum con un primer Backlog y cierta claridad para comenzar con baja incertidumbre una primera iteración Sprint.

Descubrimiento

En el desarrollo Lean nos debemos enfocar en traer al cliente al proceso de desarrollo del producto para que se construya algo que, además de querer pagarlo, lo quiera y tenga experiencias de usuario memorables. Necesitamos descubrir lo que la gente quiere o necesita o un problema a resolver. Esto lo hacemos en el descubrimiento (*'discovery'*) que se enfoca en iniciar un desarrollo lean y es parte, en la organización, del descubrimiento de iniciativas de proyectos o productos. Pues, es aquí donde nace el proyecto.

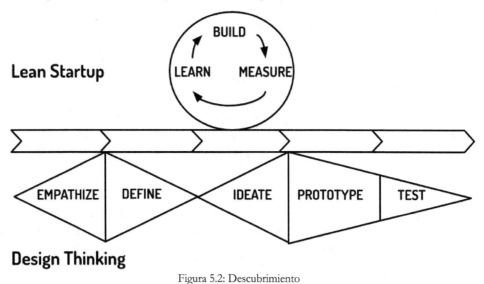

Figura 5.2: Descubrimiento

En una organización lean, donde se implementan descubrimientos con el método científico en el negocio mediante *"Lean Startup"* combinado con algún otro método o fases, como *"Design Thinking"*, es donde nacen las primeras "macro hipótesis" como parte de la iniciativa del proyecto. Es en este momento en donde se asocia, aunque sea temporalmente, alguna "métrica de éxito" (KPI) que nos permita validar la macro hipótesis. En esta etapa se comienza a empatizar, entender (*'empathize'*) y definir (*'define'*) al cliente y se hace una investigación de cliente ("customer research") para ello. Para esto se comienza a analizar el viaje del cliente en el producto o servicio (*"Customer Journey"*). También se revisan temas de factibilidad técnica. Se idean posibles soluciones o propuestas de valor (*'ideate'*), se prototipa (*'prototype'*) y se prueba (*'test'*). Todo en un conjunto de ciclos de construcción, medición y aprendizaje (*'Build-Measure-Learn'*).

El resultado de esta etapa será la entrada para la etapa de *'inception'*. En la organización es la etapa donde se genera la definición de la oportunidad de negocio en una evaluación de oportunidad (*"Opportunity Assessment"*) o caso de negocio (*"Business case"*) que sirve de entrada para evaluación de iniciativas de proyectos (en la PMO si existiera) y presupuestación (en caso de que se trabaje bajo presupuestación).

Claro que este es el esbozo de una manera, pueden haber muchas otras.

Incepción

En la incepción (*'inception'*) es donde se responde el por qué, qué y cómo, a alto nivel, para posibilitar el desarrollo posterior. Al inicio se hace el lanzamiento del producto o servicio (*'Kickoff'*), aclarando el por qué se hace el producto, el contexto, la visión y buscando lograr el compromiso de los interesados. Se dilucida a alto nivel las necesidades del cliente, las características del producto o servicio a alto nivel, una arquitectura o metáfora del producto a alto nivel, supuestos y estimaciones relativas iniciales. En aproximadamente una semana de trabajo, el equipo va a entender los objetivos del producto, al usuario o cliente objetivo, el alcance y una guía inicial o *'roadmap'* para el desarrollo evolutivo. De aquí saldrá el Backlog inicial para comenzar a trabajar con Scrum, en la etapa de ejecución del proyecto, con el sprint 1. En resumen, el objetivo principal de la *'inception'* es lograr que el equipo converse, defina y entienda, colaborativamente, lo que se va a desarrollar[53].

Planificación y ciclo de vida

---

53   (Caroli, 2017)

En la administración de proyectos es necesario planificar y dicha actividad se suele hacer en la fase de inicio ("*Starting phase*" o "*Project Start*"). Pero, a diferencia de la metodología clásica predictiva (ver fig. 2.4) en que la planificación estaba siempre al inicio y el desarrollo en la fase de ejecución, en el marco Scrum la planificación se distribuye durante todo el ciclo de vida del proyecto y en la fase de ejecución se hace el desarrollo iterativo e incremental de productos (por incrementos de producto) en iteraciones cortas, llamadas Sprint, donde cada iteración tiene su respectiva planificación (ver fig. 5.2) y su incremento de producto, en caso de haberlo logrado (idealmente producto integrado y funcionando de cara al usuario o cliente).

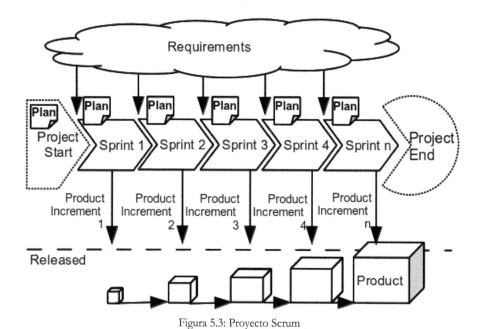

Figura 5.3: Proyecto Scrum

En un sentido, es como si un proyecto se dividiera en muchos pequeñitos, donde "cada Sprint puede considerarse un proyecto con un horizonte no mayor de un mes"[54]. Entonces, podemos decir que en Scrum se piensa en muchos planes periódicos (a corto plazo). Los mismo pueden estar en un plan mayor a largo plazo, aunque de carácter flexible e interactivo. También se puede realizar un plan global de entregables en base a los incrementos de producto estimados. Pero, desde esta perspectiva, hay que considerar que, aunque se trabaje con planificaciones, los planes no son contratos a respetar a rajatabla, debido a la planeación empírica que se promueve aquí.

Niveles de planificación

---

[54] Scrum Guide 2017 (Scrum.org).

En resumen, se puede decir que se suelen usar tres niveles de planificación, de los cuales dos son prescriptos por Scrum: Daily y Sprint Planning. La Daily es la planificación a corto plazo, diaria. La Sprint Planning es la planificación a mediano plazo donde se planifica la iteración. En la práctica, se puede utilizar una planificación a largo plazo ("*Long-term Planning*") de la cual se puede obtener un '*roadmap*' o un "*Release Plan*". Esta última puede iniciarse al inicio del proyecto y refinarse en los refinamientos o como una actividad parte de la ejecución.

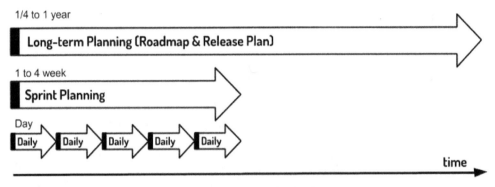

Figura 5.4: Niveles de planificación

Plan de ruta

El plan de ruta o '*roadmap*' (hoja de ruta) de un producto es un plan de alto nivel que describe como el producto va a ir evolucionando en el futuro, de algo simple a algo complejo. Nos permite proyectar en el tiempo donde queremos que esté el producto en el futuro. El objetivo del roadmap es ser una especie de borrador guía para comunicar, mostrar, reflexionar sobre el futuro del producto, alinear la estrategia y guiar la construcción del mismo. Es una herramienta de planificación dinámica e interactiva, no un contrato para trabajar orientados a '*deadline*'. En este sentido, las fechas son orientativas, no obligaciones. En extremo, un roadmap podría no tener fechas incluidas.

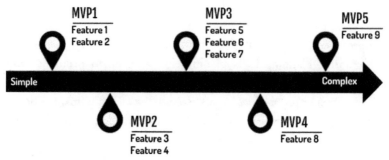

Figura 5.5: Roadmap ejemplo

Planificación de entregables

Con este marco de trabajo no es necesario hacer una entrega final (o *'releasing'*) ya que se pueden hacer entregas paulatinas. En cada Sprint se puede entregar valor según lo planificado dentro del mismo sprint (*'planning'*). Además, para hacer diversas entregas intermedias planificadas se puede crear un plan de muy alto nivel para múltiples Sprints durante una planificación de lanzamientos llamado "*Release Plan*". Este plan de entregables o de lanzamientos es una guía con la que se pretende reflejar las expectativas sobre qué funcionalidad se implementará y cuándo, aproximadamente, se completará[55]. También sirve como una base para monitorear el progreso dentro del proyecto. Pero siempre hay que considerar que no es un plan equivalente a un plan clásico, los hitos de releases no deberían ser compromisos rígidos y contractuales y, además, el desarrollo del proyecto no debería centrarse en respetar el plan. Por este motivo el plan de lanzamiento no es un plan estático o rígido; pues, se cambia durante todo el proyecto cuando nuevos requerimientos o conocimientos están disponible y, por ejemplo, cuando entradas PBIs en el Scrum Product Backlog cambian y se re-estiman. Por lo tanto, este plan debe ser revisado y actualizado colaborativamente en intervalos regulares, por ejemplo, después de cada Sprint (en refinamientos o reuniones acordadas).

Release plan

Un plan de entregas o "*Release Plan*" ágil es, normalmente, un conjunto de historias de usuario (o épicas) agrupadas por "*releases*" (versiones del producto) que se ponen a disposición de los usuarios [56] o agrupadas por Sprints (ver fig. 5.5). En otras palabras, es una planificación a

---

55 (Scrum Institute, 2015)

56 Release plan, jmbeas, 2011; Agile Estimating and Planning, Mike Cohn.

media distancia como una proyección hacia adelante en una serie de Sprints[57] en dónde proyectamos un conjunto de releases (liberaciones).

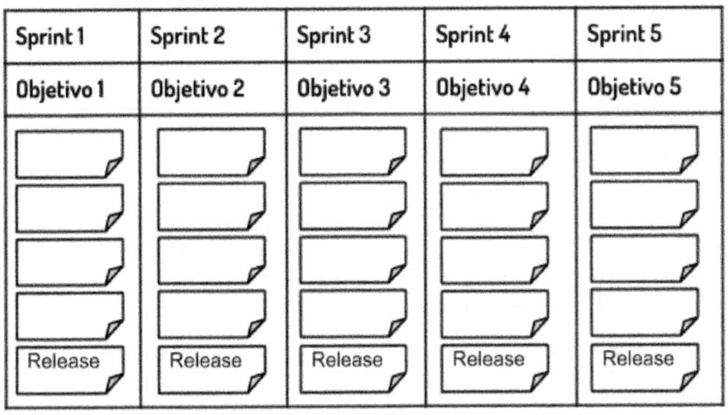
Sprint 1
Sprint 2
Sprint 3
Sprint 4
Sprint 5
Objetivo 1
Objetivo 2
Objetivo 3
Objetivo 4
Objetivo 5
Release
Release
Release
Release
Release

Figura 5.6.1: Release plan en Sprints ejemplo

Para poder hacer un release plan es necesario pensar en algunas *features* de un MVP o una aplicación o servicio, ya sea usando un '*Customer Journey*', '*Value Stream*' o algún diagrama de sistemas, para luego desglosarlas en historias, estimarlas a alto nivel y proyectarla en un conjunto de Sprints.

57 Release Planning, Retiring the Term but not the Technique, Mike Cohn, 2012.

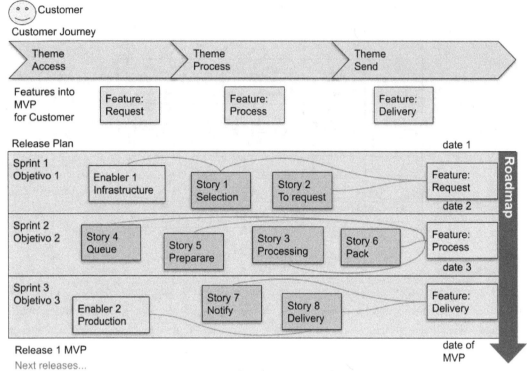

Figura 5.6.2: Release plan basado en 'Customer Journey' de ejemplo

Esta planificación es algo valiosa de hacer cuando se usa el marco Scrum, pero no es requerido por el "núcleo Scrum" o el "Scrum originario"[58]. Se puede utilizar Scrum con éxito sin necesidad de utilizar "Release Planning".

Hay que remarcar que si decide usar "Release Planning" bajo el marco Scrum, debería hacer un documento minimalista (buscando el principio de simplicidad), pensado para MVPs (producto de mínimo valor) o releases de entregas frecuentes (respetando el valor de software funcionando), abierto a modificaciones constantes (adaptabilidad y desarrollo evolutivo), consensuado con el equipo (transparencia) y desarrollado por el PO en colaboración con el cliente y con el equipo de desarrollo (priorizando la conversación y no la relación contractual).

Luego hay que tener en cuenta que para crearlo se deben tener disponibles las siguientes cosas:

- Un Product Backlog priorizado y estimado.
- La velocidad estimada del Equipo Scrum.

---

58 Gone are Release Planning and the Release Burndown, Ralph Jocham and Henk Jan Huizer in Community Publications, Scrum.org, Saturday, October 01, 2011; Ken Schwaber and Jeff Sutherland Release Updated Scrum Guide, David Bulkin, Infoq.com on Jul 27, 2011.

- Las condiciones de satisfacción (metas para la agenda, el alcance, los recursos) o impacto deseado.

Triángulo de la gestión de proyectos ágil

Bajo el marco Agile y Scrum se cambia la idea relacionada al triángulo clásico de la gestión de proyectos (o triángulo de hierro). Se interpreta de otra manera el compromiso entre las restricciones del presupuesto (costo), tiempo (agenda) y funcionalidad (alcance)[59] (ver figura 5.6). Tradicionalmente se ha intentado fijar el alcance para negociar y variar el presupuesto y el tiempo. En cambio, desde la perspectiva ágil, se intentan mantener fijos el tiempo y el presupuesto, mientras se varía el alcance[60]. Cuando consideramos el presupuesto fijo (costo del equipo), pretendemos mantener al equipo fijo (equipo estable). Pues se desea equipos estables que maduren, se fortalezcan y, en consecuencia, se transformen en equipos de alto rendimiento. Por otro lado, una manera de trabajar con tiempos fijos es que el equipo se comprometa a trabajar en iteraciones fijas (sprints). Además el equipo podría fijar releases o bloques temáticos dado un tiempo. Y esto no es trabajar bajo *'deadlines'*, ya que el enfoque no es trabajar orientados a fechas, sino a valor de negocio y de cliente. Entonces nos queda el alcance, descompuesto en ítems de Backlog, y la pregunta ahora es: ¿cuánto puedes hacer en este tiempo y bajo un costo fijo para alcanzar los objetivos de negocio?

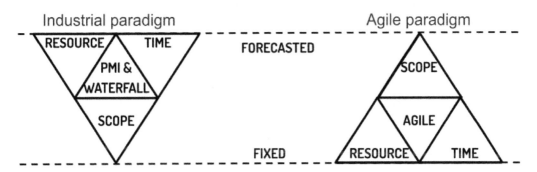

Figura 5.7: Triángulo de Gestión de Proyectos Waterfall vs. Agile-Scrum. Gráfico basado en (Michael de la Maza, 2018).

Por otro lado, Jim Highsmith[61], uno de los firmantes del manifiesto ágil, sugirió que si aplicamos el enfoque Ágil al Triángulo de hierro encontraríamos los siguientes vértices: Valor,

---

59 The iron triangle of planning, Atlassian, Tareq Aljaber, 2017.

60 (Alaimo, 2014)

Calidad y Restricciones (alcance, tiempo y costo). Lo importante es el valor para el cliente y la organización. Para el usuario en términos de un producto que se pueda distribuir y cuyo uso genere beneficios para la organización. La calidad, para entregar continuamente valor al usuario en términos de un producto confiable y adaptativo. Y las restricciones de las cuales hablé anteriormente (alcance, tiempo y costo). De este modo, las restricciones siguen siendo parámetros importantes de un proyecto pero no constituyen el objetivo del mismo. En cambio, el Valor y la Calidad son el foco del proyecto.

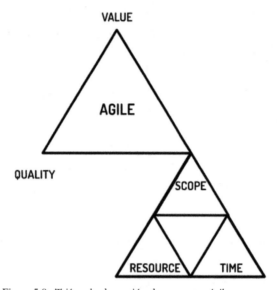

Figura 5.8: Triángulo de gestión de proyectos ágil

Outcome sobre output

Lo bueno del triángulo de gestión de proyectos ágil es que movemos el foco al alcance, calidad y valor más que al cumplimiento de fechas o solo en alcance. El dilema anterior entre el triángulo de hierro tradicional y el ágil lo podemos apreciar en las siguientes preguntas: ¿cuán productivos queremos que sea nuestro equipo Scrum? ¿qué entregue más funcionalidades, más historias de usuario, Story Points o puntos de función? ¿o queremos que genere funcionalidades útiles y valiosas para el usuario o cliente y que impulse algo bueno para la organización? ¿Que "produzca más" o que entregue más valor? La respuesta determina si somos partidarios a inclinarnos más por el 'output' del equipo o por el 'outcome'.

---

61 Highsmith, Jim. (2004). Agile Project Management.

Cuando buscamos que el equipo entregue más historias de usuario Sprint a Sprint o que se comprometa a entregar las funcionalidades pactadas para una fecha, estamos gestionando según el paradigma industrial, orientados al *output*. En cambio, cuando hacemos que un equipo comience a tratar de entregar algo útil, valioso para el cliente (*Customer Value*) y que genere retorno para la organización (*Business Value*) en un Sprint estamos buscando resultados de valor. Esto último representa el cambio de enfoque. Hacia un enfoque de "outcomes sobre outputs" es decir, "resultados sobre entrega" o "valor sobre productividad". Si hacemos esto, el equipo buscará resultados que impacten positivamente en los clientes y en la empresa. El equipo se enfoca en desarrollar técnicamente objetivos de negocio, entregar rápidamente software funcionando (o producto) y recibir feedback de los usuarios y clientes rápidamente para validar que se entregó algo útil y valioso. Y, en función del feedback, reajustar el triángulo de gestión de proyectos ágil. Puede reajustar qué considera valor, que calidad es necesaria en ese momento y cuál es el alcance para el valor deseado. En mi experiencia, un equipo Scrum de alto rendimiento trabaja orientado al valor.

Priorización trade-off

Al trabajar orientados al valor nos podemos preguntar... ¿Cual es el máximo valor que podemos desarrollar en un tiempo dado? Aquí entra el concepto de priorización '*trade-off*', que se lleva a cabo en la ejecución del proyecto (o construcción de un producto). *Trade-off* es un acuerdo en el cual se deja algo fuera para priorizar otra cosa que se desea más. Pues, ante cambios, se prioriza un ítem reemplazando por otro de esfuerzo semejante para cumplir con entregar valor. Si en una iteración llega un cambio rompe fila, entonces vemos qué podemos sacar del sprint con mismo peso de esfuerzo. Lo mismo si queremos cumplir con un objetivo deseado en un tiempo planificado y necesitamos introducir un nuevo trabajo, pues revisaremos qué podemos sacar de esfuerzo semejante y cuyo valor podemos despriorizar en relación al cambio deseado.

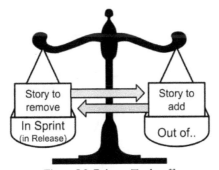

Figura 5.9: Balance Trade-off

Como vemos, aquí el enfoque viró rotundamente en relación a la administración clásica. En vez de asfixiar a los equipos para que lleguen a cumplir con una fecha, por lo general impuesta arbitrariamente, se les permite tener cierta autonomía (con un responsable de negocio) para que prioricen qué valor de negocio pueden entregar, para un objetivo planeado, con colaboración y participación del equipo mismo.

Gestión orientada a producto

El marco Scrum nos condiciona o conduce desde una gestión de proyectos tradicional a una gestión orientada a producto. En la gestión orientada a producto nos centramos en iniciativas que evolucionan productos. Entendiendo producto como productos software, servicios, recursos compartidos, suscripciones, agencia, aportación de público, etcétera; basado en software y que ofrece algún tipo de experiencia digital que satisface alguna necesidad o deseo o resuelve un problema, por el cual alguien está dispuesto a pagar. Este tipo de productos pasan por etapas de descubrimiento, desarrollo, marketing y operación. Solo que esta secuencia no es estrictamente en una sola secuencia en cascada, sino más bien en múltiples ciclos de aprendizaje y desarrollo iterativo, incremental y evolutivo, a partir de hipótesis, prototipos y MVPs, como a continuación se explica.

Producto mínimo viable

El verdadero objetivo de Scrum es conseguir un producto mínimo viable o MVP en manos de los futuros clientes cuán rápido sea posible y obtener sus comentarios como feedback temprano[62]. MVP es una estrategia para el aprendizaje de forma iterativa sobre sus clientes para poner a prueba las hipótesis fundamentales del negocio[63]. Validamos una propuesta de valor (*Customer Value*) con un conjunto de características, probando la experiencia del usuario con un conjunto de clientes representativos de un segmento de mercado. Es un incremento de producto, subconjunto del 20 % de '*features*' que representan parte del 80 % de valor[64]. Las características o '*features*' del MVP representan conceptualmente al producto final completo (aunque no sea el producto final) y se prueba con un grupo de usuarios tempranos o "*early adopters*". Las pruebas deben ser medibles y se hacen sobre las hipótesis fundamentales del producto como negocio. Cabe aclarar que, originariamente, el MVP es el primer producto mínimo viable en una cadena evolutiva de entregables.

---

62 (Sutherland, 2016)

63 (Gehrich, 2012)

64 (Sutherland, 2016)

Figura 5.10: El MVP

Evolución de un MVP

Hay una evolución desde una idea, prototipos, MVP, hasta que un producto es vendible (MMP) y calza con el mercado. Habitualmente, en la práctica y por simplicidad explicativa, hay quienes denominan MVP a cualquier incremento conceptual, funcional y evolutivo del producto como un todo. La verdad que, a los fines explicativos de este libro, no importa qué terminología use (Versión, *Release*, MVP, etc.), lo importante es que todos los implicados tengan la misma comprensión de los conceptos usados en la evolución del producto.

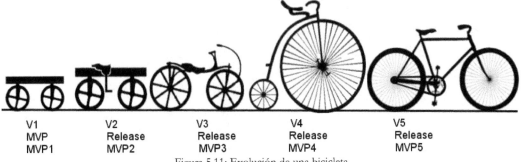

Figura 5.11: Evolución de una bicicleta

Oferta mínima viable económicamente

Por otro lado, hay otro concepto que se maneja en el ámbito de la agilidad, el mínimo producto vendible o MMP (*"Minimal Marketable Product"*). El MMP es el producto con el más pequeño posible conjunto de *'features'* y que crea la experiencia del usuario deseada, y por lo tanto puede ser comercializado y vendido, tempranamente, con éxito. Hay quienes lo denominan mínimo producto viable económicamente o EMVP, ya que es la oferta mínima viable económicamente en un mercado. A partir de un MMP es que se llega, posteriormente, a lograr el ajuste con el mercado o *'Market-Fit'*, que es la puesta a punto del motor de la propuesta de valor mediante el desarrollo, la venta y la comercialización, impulsando la demanda a los clientes mayoritarios.

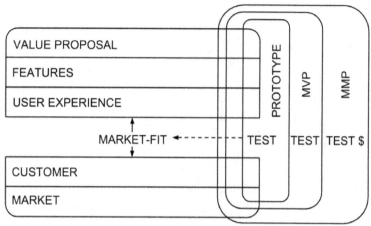

Figura 5.12: Ajuste de mercado, MVP y MMP

Ciclo de vida del producto

Resumidamente, la gestión de proyecto se orienta al producto y su ciclo de vida. Un producto puede evolucionar mediante una secuencia de *releases*, de los cuales algunos entregan valor directamente de cara al público (*Customer Value*). Después de una etapa de creatividad y prototipado (si el producto es nuevo y/o novedoso), tendremos uno o una secuencia de entregables MVPs hasta llegar a un MMP, que será el mínimo producto que se lanza al mercado como tal. De allí en adelante comienza el crecimiento en escalamiento (*Growth*) e incremento de funcionalidad hasta alcanzar una madurez (*Maturity*), para finalmente constituir un producto final estable o '*Commodity*'[65].

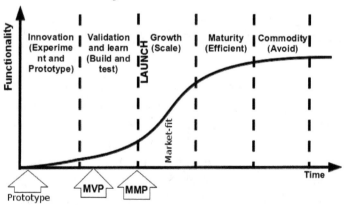

Figura 5.13.a: Crecimiento del producto

---

[65] (Gehrich, 2012)

Tradicionalmente se ha planteado un ciclo de vida lineal y en cascada, hasta que el producto declina y muere. Sin embargo, podemos ver un ciclo continuo, como una concatenación de curvas S de difusión de innovaciones[66], en un proceso continuo de adaptación y búsqueda del mejoramiento de la aptitud o prestancia del producto. Esto se puede abstraer en un ciclo infinito o *Ecociclo* de David Hurt[67].

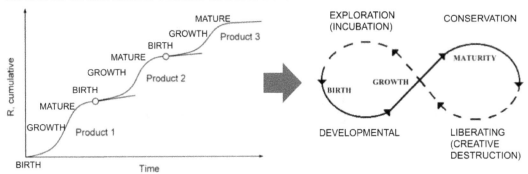

Figura 5.13.b: Crecimiento evolutivo

Tres aspectos de evolución de producto (PRO-CUS-MAR)

Cuando nos enfocamos en el producto y no en el proyecto comenzamos a prestar atención a otros aspectos más externos y no tan internalistas. Por ejemplo en los tres aspectos de la evolución de producto: el producto como tal, los cliente y el mercado. El producto evolucionará de menos a más. Primero buscaremos la solution-fit con un grupo reducido de usuarios, como los innovadores. Luego buscaremos el market-fit con adoptadores tempranos, primero y luego con la mayoría temprana. Luego el producto crecerá junto a que lo hará el mercado para pensar en el escalamiento. El producto llegará a su estado de decaimiento y antes de eso pensaremos en el escalamiento o en las posibles innovaciones del mismo. No hay una única manera de administrar el producto, sus clientes y el mercado, pero si se recomienda que cualquiera de ellas se centre en producto evolutivo y no en proyecto finito.

---

66 Everett Rogers. Diffusion of Innovations, 1962.

67 Ecociclo de David Hurt o ciclo adaptativo de Holling.

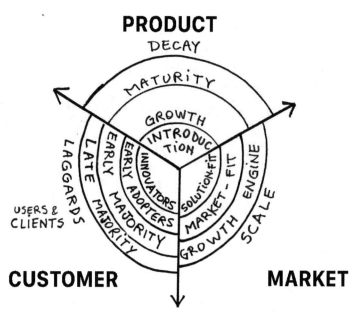

Figura 5.14: Tres aspectos de la evolución de producto (Product-Customer-Market)

De este modo el trabajo se enfoca en descubrir un producto que sea valioso para el mercado (aspecto de negocio), utilizable para los usuarios (aspecto de experiencia de usuario) y factible (aspecto técnico). El autor Martin Eriksson, en su definición de gestión de productos, lo llama la intersección entre el negocio, la experiencia del usuario y la tecnología. Un equipo de desarrollo de software incluye tres tipos de profesionales según esos aspectos: PO, UX y Devs. Y posiblemente, además del PO, un gerente de producto colaborando con el equipo que lidere y se centre en la optimización de un producto o familia de productos para lograr los objetivos comerciales y maximizar el retorno de la inversión.

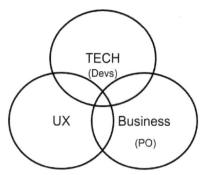

Figura 5.15: Esquema según Martin Eriksson (2011)

Llevar trabajo a los equipos

Al cambiar la perspectiva hacia estar orientados a productos y mantener equipos estables, cambia el enfoque de la gestión de proyectos tradicional. Ya no buscamos recursos humanos para proyectos, desarmando y armando equipos en función de proyectos. Lo que se busca hacer, entre otras cosas, es llevar trabajo a los equipos, buscando productos para equipos. Buscamos alinear a equipos en función de objetivos estratégicos. Mantener productos o servicios de valor para objetivos estratégicos. Donde los equipos son activos de la empresa y que buscan siempre maximizar el valor entregado. Esto puede llevar a cambiar toda la dinámica de funcionamiento de una PMO e, inclusive, desarrollar independientemente de presupuestos (tema que queda fuera del alcance de este libro).

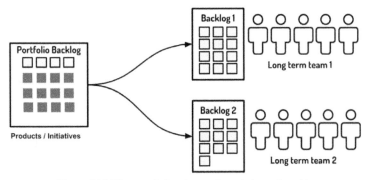

Figura 5.16: Llevar trabajo a los equipos de larga duración

Gestión de riesgos

Si bien la gestión de riesgos no es parte formal de Scrum y un facilitador no se encarga de la gestión al modo tradicional como la gestión de riesgos en PMI, sí debería velar por mitigar los problemas que surjan en el desarrollo de producto y apoyar, en consecuencia, a la gestión de riesgos. En este sentido, no solo se encargaría de ayudar a desbloquear problemas y reducir impedimentos para que el sistema de trabajo fluya, sino que también puede preocuparse de prever '*issues*' para anticiparse a los problemas y controlar así, de antemano y en la medida de lo posible, los riesgos asociados a bloqueos del flujo de trabajo que atentan contra los objetivos estratégicos. Lo difícil es lograr una gestión de riesgos ágil en vez de una gestión pesada, dificultosa y que demande mucho esfuerzo de gestión. Una manera minimalista de hacer la gestión de riesgos es no llevar una administración formal, sino que mediante Scrum y sus eventos los riesgos se gestionan por el equipo de forma práctica y su administración depende de como el equipo lo decida. Otra vía es decidir mantener una administración formal mínima. En esta vía, es preferible mantener un simple registro de riesgos con información concisa. Los datos principales a registrar de un riesgo, además de su nombre, pueden ser: descripción, probabilidad (*probability*), impacto (*severity*), criticidad (*criticality*), acciones de mitigación, dueño y estado.

Algo simple que se puede lograr trabajando con criticidad es usar tres valores en la probabilidad de ocurrencia y en el impacto (1, 2 y 3). El impacto representa la severidad de la ocurrencia de un problema asociado al riesgo o el tiempo perdido (*"size of loss"*). Por otro lado, la criticidad representa la prioridad del riesgo o el grado en que ese riesgo afecta negativamente al proyecto (*exposure*). El mismo será resultado del producto entre la probabilidad y el impacto. En consecuencia, la criticidad podría ser: 1, 2, 3, 4, 6, 9.

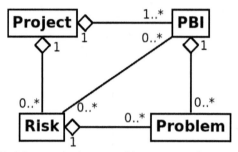

Figura 5.17: Diagrama de riesgos, problemas e ítems del proyecto (PBIs).

Las herramientas gráficas que se pueden usar para dar visibilidad de los riesgos son: a) la "matriz de riesgos"; b) el "histórico de criticidad"; c) o el gráfico de curva de riesgo quemado (*"Risk Burn-down Chart"*).

La gestión de riesgos no es independiente de la gestión de impedimento o de problemas (*issues* o *problem*). Muchos de los problemas surgidos en el proyecto están asociados a riesgos identificados. Por tal motivo, la gestión de riesgos es útil, porque podemos mitigar los problemas de antemano. Por dicha razón, puede ser valioso llevar un registro de los *issues* y su relación con los riesgos. Siempre sin perder de vista no caer en el énfasis de la documentación ni en el afán de reportar. Si considera necesario no formalizar en registros esta gestión, no lo haga, puede ser un trabajo desperdiciado. Se debe buscar la simplicidad y el foco en el flujo de trabajo sin impedimentos.

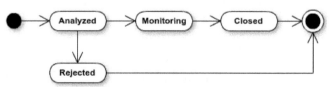

Figura 5.18: Estados posibles de un riesgo.

Gestión Basada en Evidencia (EBM)

En esta corriente de cambio desde la gestión tradicional a una ágil, Scrum.org propone la "Gestión Basada en la Evidencia" o en inglés *"Evidence-Based Management"* o EBM (**EBM Guide, 2019**). El marco EBM es propuesto para ayudar a que las organizaciones puedan medir, administrar y aumentar el valor que obtienen de la entrega de sus productos. La misma consiste en seguir el empirismo propuesto por Scrum, aplicando métodos científicos a problemas complejos en la organización y en el desarrollo de productos. Con EBM se busca mejorar las capacidad para crear valor para los clientes y partes interesadas. Para ello se proponen cuatro áreas claves a tener en cuenta: valor actual, *'Time-to-Market'*, valor no realizado y habilidad para innovar. Bajos estas áreas claves se hace necesaria la gestión de métricas. En el siguiente capítulo trataremos los temas relacionados a métricas.

.

6 MÉTRICAS PARA UNA GESTIÓN BASADA EN EVIDENCIA

¿Para qué medir? Si no medimos no podemos adaptarnos bajo un marco empírico como propone Scrum. Desde Scrum.org se propone un marco empírico para una "Gestión Basada en la Evidencia" (EBM). Medimos en forma transparente y en procesos de inspección y adaptación. Las métricas ayudan al equipo a evaluar su propio desempeño en el proceso de trabajo, para poder hacer cambios basados en hechos. También es un soporte a la gestión de proyecto/producto para poder medir el progreso en cuanto a impacto de negocio (no a seguir un plan), tomar decisiones de negocio, revisar la actividad de generación de valor y el desempeño[68] del equipo en cuanto a grado de madurez, evolución o resultados de valor. Además hay indicadores de calidad de producto que nos pueden señalar aspectos claves de prestancia y salud de un producto. Se puede ver a las métricas como parte del monitoreo de salud del equipo, sistema de trabajo, producto y negocio; y parte del sistema de estabilización de la empresa y del sistema de mejora continua y aprendizaje. En esta sección veremos cómo manejar diferentes métricas en Scrum y finalmente revisaremos un resumen de EBM.

---

68 Las métricas se pueden usar para medir desempeño, pero no se deben utilizar en forma punitiva ni tampoco en sistemas de evaluación de desempeño de empleados.

Métricas

Diferentes marcos (incluso el EBM) y autores proponen diferentes formas de categorizar métricas y cuáles consideran más relevantes. Desde mi experiencia, en cuanto a categoría, encuentro útil diferenciar a las métricas en cuatro aspectos: 1) métricas de equipo (*team metrics*); 2) métricas de proceso de trabajo (*process metrics*); 3) métricas de calidad de producto (*product metrics*); 4) métricas de resultados de negocio (*outcome metrics*).

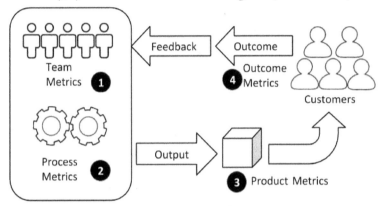

Figura 6.1: Modelo de 4 categoría de métricas o KPIs.

Métricas de equipo

El trabajo colaborativo es uno de los cuatro aspectos claves de la agilidad. Por tal motivo podemos medirlo de alguna manera simple para ayudar en la mejora continua del equipo. A continuación, puedo mostrar algunas sugerencias.

Team Happiness: Un estudio de Harvard muestra que la felicidad aumenta la producción de cualquier tipo de trabajo, pues "la gente feliz es 12 % más productiva"[69]. Además, un principio de la agilidad es desarrollar en torno a individuos motivados. En base a esto podemos intentar medir la felicidad Sprint a Sprint[70].

---

69 Group of U.K. Researchers (2014). Happiness and Productivity. (UK University, 2014)

70 Article: Q&A with Jeff Sutherland on Scrum: The Art of Doing Twice the Work in Half the Time. (Sutherland, 2014a)

La felicidad del equipo es un indicativo de la salud del equipo en relación a su capacidad de entrega de valor. Para medir la felicidad del equipo podemos hacer encuestas o responder las siguientes preguntas:

- ¿Cómo me siento acerca de mi trabajo? Se puede usar una escala de 1 a 5.

Otra escala para medir felicidad puede ser de siete puntos. Por ejemplo a la pregunta... ¿Cómo calificaría su felicidad en este momento? Se puede responder con 1 que es totalmente triste, 2 es muy triste , 3 es triste, 4 es ni feliz ni triste, 5 es bastante feliz, 6 es muy feliz y 7 es completamente feliz[71].

- ¿Qué va a hacer que me sienta mejor?
  Cuando tenemos la información de cada miembro del equipo, el equipo puede hacer una lluvia de ideas de cómo hacer para mejorar y aumentar la felicidad en el siguiente Sprint y darle curso y seguimiento a las acciones propuestas.

Team Morale: Indicador moral de equipo dice cómo está la moral en tu equipo. La moral del equipo es una medida más estable y confiable que la felicidad del equipo[72]. Esta métrica mide el orgullo, entusiasmo, energía, resiliencia, disposición para ayudarse mutuamente y motivación por el significado y propósito. Se puede medir mediante encuestas periódicas. Un cuestionario simple y práctico puede ser el siguiente (Las preguntas individuales se califican en una escala de 1 a 7 o de 1 a 5):
  1. ¿Me siento bien (siento que encajo) y me siento fortalecido en mi equipo?
  2. ¿Estoy orgulloso del trabajo que hago para mi equipo?
  3. ¿Estoy entusiasmado con el trabajo que hago para mi equipo?
  4. ¿Encuentro el trabajo que hago para mi equipo de significado y con propósito?

Team Stability: Se considera que se logra buena colaboración con equipos estables. Por ese motivo, bajo el marco ágil, se prioriza a los equipos estables por sobre los proyectos[73]. Es decir que se recomienda mantener a los equipos estables y evitar mezclar personas entre equipos o desarmar equipos para asignar a otros proyectos (la rotación). Los equipos estables tienden a conocer mejor su capacidad, lo que permite cierta capacidad de predicción y mayor sinergia.

---

71 Group of U.K. Researchers (2014). Happiness and Productivity. (UK University, 2014)

72 Agile Teams: Don't use happiness metrics, measure Team Morale. Agilistic, Christiaan Verwijs, 2014.

73 The Disciplined Agile (DA) Framework.

Los miembros del equipo deben dedicarse a un solo equipo siempre que sea posible. Pero esto no siempre se logra por la rotación laboral o necesidades de la empresa. Por eso es útil medir el aspecto de "Team Stability" o de rotación. Pues hay que mantener una rotación baja saludable. Una forma de indicador puede ser: número de integrantes que salen del equipo al año / la media del número de integrantes de ese año o período.

Team Skill Balance: Si existe un desbalance de conocimientos y de esfuerzo en el equipo puede provocar la fatiga de algunos integrantes, problemas por eslabones débiles (en contingencias, entrevistas, solución de problemas, etc.), dependencias sobre alguna persona o desavenencias por percepción de in-equidad de esfuerzos. Un indicador de balance de competencias del equipo (*"Team Skill Balance Average"*) podría ayudar a que el equipo sea capaz de trabajar como una unidad integrada. Cada integrante debe ser un poco más multifuncional, colaborando en tareas o actividades que no son su fuerte o especialidad.

Métricas del proceso de trabajo

La entrega de valor fluida y continua es otro de los cuatro aspectos claves de la agilidad. Para mejorar este flujo de valor se busca, entre otras cosas, un flujo estable, sostenible y en un proceso de trabajo limpio (sin impedimentos ni desperdicios). En este sentido hay muchos indicadores clave del proceso de trabajo, de rendimiento, internos del equipo, que nos pueden ser de utilidad para monitorear el proceso de desarrollo y que nos permita la inspección y adaptación constante, como por ejemplo los siguientes[74]:

Velocity: La 'velocidad'[75] es el número de unidades de trabajo o puntos de historia SP estimados y aceptados por un equipo en una iteración Sprint. En otras palabras, es el conjunto de puntos de historia totales conseguidos (aceptados) por el equipo al final de cada Sprint[76]. Aquí hay que tener en cuenta que el *"Story Points"* o SP es una unidad de medida que indica una cantidad de alcance o trabajo que puede ser entregado o tamaño de producto estimado para entregar. Representa la complejidad o esfuerzo necesario para terminar las tareas de una historia[77]. El SP sirve como estimación de la complejidad en forma relativa y sumativa que

---

74 Scott y Jeff (Downey & Sutherland, 2013) y la Scrum Alliance en un artículo llamado "Velocity, How to Calculate and Use Velocity to Help Your Team and Your Projects", por Catia Oliveira (6 February 2014).

75 "Sum of original estimates of all accepted work" (Downey & Sutherland, 2013).

76 (Jipson, 2015)

77 (Jipson, 2015)

hacen los desarrolladores. También hay que tener en cuenta que es una unidad subjetiva que depende de qué equipo hace la estimación de medida.

Esta definición es la clásica y es algo genérica. Hay tres formas más específicas de interpretar y medir la velocidad:

1. **Velocidad de trabajo:** cuando la velocidad muestra la cantidad de trabajo o funcionalidad que un equipo entrega (aceptada) en un sprint[78], incluyendo las de valor indirecto. En este sentido, las historias de usuarios completadas (tomadas del Backlog técnico) que tienen valor indirecto para el cliente, las correcciones de errores, deuda técnica, migraciones y re-factorizaciones ('*refactoring*') sí cuentan en la velocidad. En este caso, la velocidad del equipo da pocas indicaciones sobre el verdadero valor de negocio entregado y más sobre la capacidad que puede producir. Pues la velocidad, en este sentido, no suele tener relación directa con el valor de negocio entregado. Como no se suele aclarar bien la definición de velocidad se suele entender que se trata de esta perspectiva pero, sin embargo, en Scrum clásico se sobreentiende que los equipos deben entregar valor de punta a punta, por lo que la velocidad debería estar ligada al valor como la siguiente definición.

2. **Velocity en nueva funcionalidad**: cuando la velocidad muestra solo la cantidad de funcionalidad de valor para el negocio que un equipo entrega (aceptada) en un sprint. En este sentido, las historias de usuarios que no tienen ningún valor para el cliente o incompletas, las correcciones de errores y las refactorizaciones no cuentan en la velocidad[79]. En este caso, la velocidad del equipo da un indicio sobre el valor de negocio entregado por el equipo. En Scrum original o clásico se sobre-entiende que las historias son las que aportan valor, por tal motivo a veces no se aclara explícitamente esto.

3. **Value Velocity:** es una forma interesante para medir la productividad (sugerida por James Shore[80] similar a la velocidad tradicional o velocidad de trabajo, excepto que se basa en estimaciones de valor de negocio (Business Value Point) hechas por el PO antes de la planeación.

Average Velocity: De la velocity de cada Sprint se calcula la velocidad promedio o "*Average Velocity*" que es el número de unidades de trabajo o SP promedio estimados y aceptados por un equipo en un conjunto de iteraciones Sprint. En un equipo ágil de velocidad estable, la velocidad promedio (por ejemplo de los últimos 4 Sprints) es un indicador adelantado de la

---

78 Velocidad en la que el equipo pueda completar el trabajo en un Sprint, número de funcionalidades entregadas en un sólo Sprint o Número de Story Points hecho en un determinado Sprint" (SBOK, 2013).

79 (Koontz, 2014)

80 (Shore, 2015)

velocidad estimada para el próximo Sprint (bajo las mismas condiciones de los Sprints usados para calcularla).

Work Capacity: La Capacidad es la suma de todos los trabajos reportados durante el Sprint, estén terminados o no[81]. La capacidad es generalmente igual o superior a la Velocity. Aunque la Capacidad puede, en raras ocasiones, caer por debajo de la velocidad. Esto se debe a que la velocidad se calcula en base a las estimaciones originales de trabajo, mientras que la capacidad se calcula en base a la suma de trabajo real reportado[82]. Por lo que en el caso de que esto suceda, lo que indica es que el equipo ha sobre estimado la complejidad de los trabajos solicitados. También existen otras formas de calcular o entender la capacidad. Por ejemplo:

- **Capacity done:** la capacidad hecha aceptada por el PO, es el trabajo total potencialmente entregable aceptado que incluye Historias de Usuario e Historias Técnicas. Se suele usar cuando se hace la distinción entre Historias de Usuario y técnicas.
- **Capacidad en puntos ideales:** La capacidad puede ser una idealización basada en la velocidad promedio, o sea, los puntos de la historia que se pueden considerar gastar en la próxima carrera de velocidad[83].
- **Capacidad en horas:** La capacidad puede ser calculada en horas basados en la cantidad de miembros y la cantidad de horas efectivas de trabajo en un Sprint. Por ejemplo en un equipo de 8 miembros, con 6 horas de trabajo efectivo y un Sprint de 10 días, la capacidad en horas es igual a 480 hs (8 x 6 hs x 10).

Cuando se definió el marco de trabajo, como algo mínimo de cosas para que funcione, se dejó lo más simple posible. Debido a ello, el concepto de Velocity es partes del marco de trabajo aceptada por la comunidad, pero "Working Capacity" no lo es del todo aceptado, aunque es ampliamente usado.

---

81 Scott y Jeff (Scott & Jeff, 2013)

82 (Downey & Sutherland, 2013)

83 (Satish-Thatte, 2013)

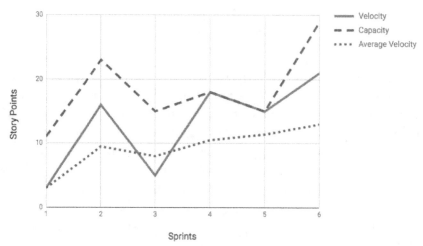

Figura 6.3: Gráfico de velocidad, capacidad y velocidad promedio

Sprint	Velocity Forecast	Capacity Forecast	Velocity	Capacity	Average Velocity	Member count
1	3	21	3	11	3	5
2	16	30	16	23	9,5	6
3	5	21	5	15	8	6
4	18	18	18	18	10,5	6
5	15	15	15	15	11,4	6
6	21	29	21	29	13	6

Figura 6.4: Datos del gráfico de velocidad, capacidad y velocidad promedio

Adopted Work: ¿Cuánto trabajo añadimos al Sprint después de la Planificación? Medir esta métrica nos ayuda a detectar anti-patrones que pueden estar afectando a nuestra efectividad de Sprint.

Focus Factor: El factor de foco revela el foco que el equipo ha tenido para entregar valor y su prestancia. El mismo es la relación entre la velocidad y la capacidad (o capacidad de trabajo): (Velocity / Capacity) x 100 %. La misma debe permanecer, según recomendación, en la vecindad de 80 % en promedio para un equipo saludable. En el caso de contemplar la capacidad de trabajo (*Work Capacity*), estos puntos de datos por debajo del 80 por ciento indican un equipo que está interrumpido o incapaz de convertir su trabajo estimado en trabajo aceptado mostrando poca previsibilidad. Cuando el valor es alto, cercano al 100, el equipo ha estado bajo la previsión de su capacidad, aunque esto no indica necesariamente que están trabajando bien. Por ejemplo, el equipo puede estar aparentando ser perfecto forzando la coincidencia. Si lo que se usa es la capacidad aceptada (*Capacity done*), puede ser un indicativo de que cuanto se ha trabajado en historias de usuario en relación a historias técnicas.

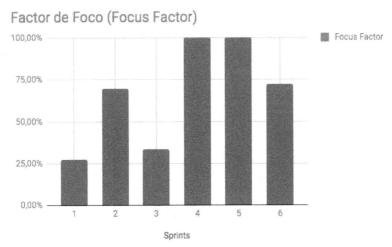

Figura 6.5: Gráfico de factor de foco

Targeted Value Increase (TVI+): El TVI+ responde a cuánto cambio ha habido en la velocidad del equipo a través del tiempo desde el primer Sprint. Es la *Velocity* del Sprint actual dividido la *Velocity* Original (velocity del primer sprint): (*"Current Sprint's Velocity"* / *"Original Velocity"*) x 100%. Sirve para medir el aumento de la contribución de valor de un equipo en base a su velocidad origen Sprint a Sprint.

Por ejemplo, si el resultado es 200% significa que el equipo ha duplicado su capacidad de resolver con éxito la complejidad requerida.

Effectiveness: La efectividad de un sprint medida como historias entregadas (aceptadas o completed work) versus las elegidas en la *planning*, las que se tomaron en el sprint (*forecasting o commited*). También se podría medir la efectividad relacionada con si se cumplió con el objetivo del sprint (Sprint Goal Success Rate).

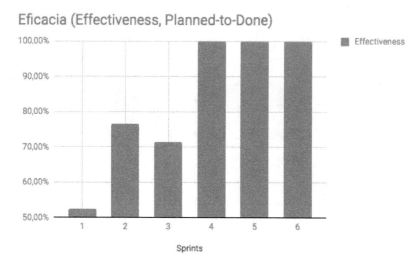

Figura 6.6: Gráfico de efectividad

Sprint	Velocity Forecast	Capacity Forecast	Velocity	Capacity	Focus Factor	Effectiveness	Average Velocity	Member count
1	3	21	3	11	27,27%	52,38%	3	5
2	16	30	16	23	69,57%	76,67%	9,5	6
3	5	21	5	15	33,33%	71,43%	8	6
4	18	18	18	18	100,00%	100,00%	10,5	6
5	15	15	15	15	100,00%	100,00%	11,4	6
6	21	29	21	29	72,41%	100,00%	13	6

Figura 6.7: Metricas_de_Proceso_Datos

Con esta métrica se podría ver el nivel de efectividad histórica de un equipo.

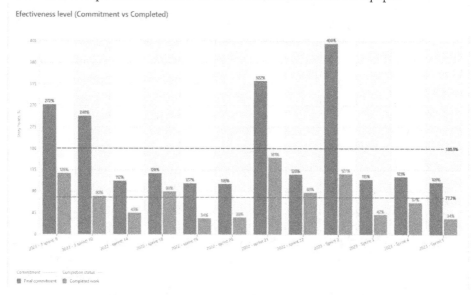

Delivery Frequency: ¿Con qué frecuencia se despliega el código a producción? La "frecuencia de entrega" (*Delivery Frequency*[84]) o la "tasa de entrega" (*Delivery rate*) es un indicador que nos puede servir para ver la evolución de los tiempos de entrega, que impacta en el tiempo de salida al mercado. Es un buen indicador cuando importa más el *outcome* que el *output* del equipo. Nos puede ayudar a mejorar el *Continuous Delivery*. Se puede calcular como tiempo promedio entre subidas a producción o como cantidad de subidas promedio en un período de tiempo (por ejemplo por sprint). La fórmula más simple puede ser, uno sobre el promedio de los períodos de despliegues.

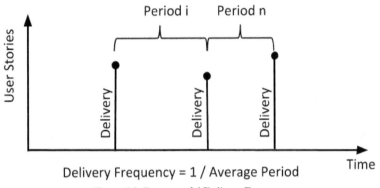

Figura 6.8: Esquema del Delivery Frequency

Stories Inventory: El "inventario de historias" mide el inventario de código o producto potencialmente entregable. Es decir, mide las historias que se terminaron pero no se subieron a producción para que estén funcionando de cara al cliente. En Scrum se busca un flujo limpio (lean) y el código no entregado a producción es un inventario, que es una forma de grasa del sistema de producción y que queremos reducir. Esta métrica, al igual que el Delivery rate, nos puede ayudar a visibilizar esta grasa para mejorar el *Continuous Delivery*.

---

84 (Humble, 2018)

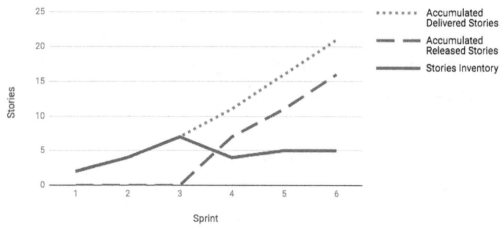

Figura 6.9: Gráfico de Stories Inventory

Sprint	Delivered Stories	Released Stories	Accumulated Delivered Stories	Accumulated Released Stories	Stories Inventory
1	2	0	2	0	2
2	2	0	4	0	4
3	3	0	7	0	7
4	4	7	11	7	4
5	5	4	16	11	5
6	5	5	21	16	5

Figura 6.10: Datos consolidados del gráfico Stories Inventory

Mean Time To Restore (MTTR): Cuánto tiempo lleva generalmente restaurar el servicio para la aplicación principal o el servicio en el que trabajan cuando ocurre un incidente de servicio[85].

Métricas de flujo: Scrum no prescribe métricas, por lo que bien podrían usarse métricas de flujo en vez de las basadas en SP, tomando cosas del método *kanban*. Algunas de ellas son el *Throughput*, el *Cycle time* (Ct) y el *Lead time* (Lt). Siendo el *Throughput* la velocidad, como número medio de unidades procesadas en un tiempo determinado. El *Cycle time*, tiempo real de trabajo sobre una unidad sin los tiempos de cola o espera. Y el *Lead time*, tiempo total en que una unidad pasa por el sistema de trabajo.

Development Lead Time: El lead time del desarrollo de software se puede calcular como el tiempo desde que una historia queda lista para desarrollar hasta que es desplegada en producción[86]. Este lead time también es un buen indicador cuando se prioriza el *outcome* sobre

---

85 (Humble, 2018)

el *output* del equipo, indicando parcialmente cuán rápidos somos para salir al mercado para obtener resultados.

Delivery Lead Time: Desde el punto de vista de DevOps se puede medir el *Lead Time* desde que se hace el primer *'commit'* hasta que el código se despliega en producción[87].

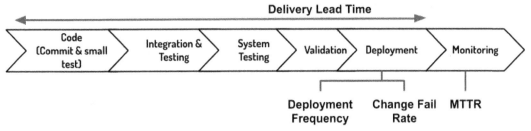

Figura 6.11: DevOps pipeline y sus métricas

Es recomendable tener en cuenta que estas métricas (las que seleccione el equipo) deben ser de uso interno del equipo, principalmente las de velocidad. En el caso que se requiera medir output (para evaluar la performance) de varios equipos, una tribu o una organización, se pueden usar métricas como las sugeridas por Jez Humble en su libro Accelerate[88]: *Delivery Lead Time, Delivery Frequency, Mean Time To Restore* (MTTR) y *Change Failure Rate*. De este modo se puede evaluar la prestancia del sistema de desarrollo de software y no medir equipos.

QA Cycle Time: el tiempo total dedicado a pruebas de aseguramiento de calidad.

Métricas de calidad de producto

Bajo el marco ágil buscamos la excelencia técnica y en esa vía buscamos productos de calidad excelente. Pues bien, como se imaginan, tendremos que medir de algún modo la calidad de nuestro producto, ya sea calidad interna o del producto operando. Podemos citar algunos indicadores.

Maintainability: Hay métricas asociadas a la mantenibilidad, como lo son: *Test Coverage*, CLOC, *issues, complexity, Technical Debt*, etcétera.

---

86 Agile Alliance Resources 2018.

87 (Humble, 2018)

88 (Humble, 2018)

- **Test Coverage:** Por ejemplo la cobertura de prueba es una herramienta útil para encontrar partes no probadas de una base de código, lo cual nos ayuda a saber si se están realizando pruebas suficientes para apoyar el aseguramiento de calidad.
- **Accumulated Technical Debt:** La deuda técnica creada es una forma de inventario no deseado y que debemos manejar adecuadamente, para tener una buena calidad. Medir la deuda técnica acumulada versus la resuelta acumulada nos da una visibilidad de este inventario.

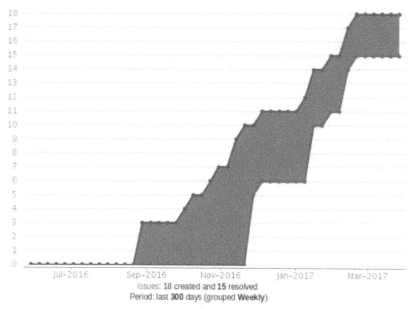

Figura 6.12: Gráfico de deuda técnica acumulada versus resuelta

Reliability: La fiabilidad es una medida de qué tan robusta es una aplicación. Puede ser medida con otros KPI indirectos como defectos escapados (*Escaped Defects*), tasa de errores (*Error Rate*) o tiempo medio entre fallos (*Mean Time Between Failures*).

- **Escaped defects:** Un defecto escapado es un defecto que no fue encontrado por el equipo en el proceso de desarrollo y que escapó al control de calidad interno del equipo. Por lo general, esos problemas son incidentes en operaciones (OPCON), es decir que los encuentran los usuarios finales una vez que la versión de *release* fue publicada y puesta a su disposición. Su cálculo más simple es cantidad en un período dado (por ejemplo cantidad de OPCON por sprint). Como mencionamos antes, es una medida de fiabilidad, cuanto menos defectos más fiable.
- **Change Failure Rate:** El porcentaje de cambios a producción (*releases* o cambios) que dan como resultado un servicio degradado o fallo y posteriormente requieren remediación (*Hotfix*, *Rollback*, *Fix-forward*, *Patch*, etc.). Esta métrica también puede usarse como prestancia o calidad del proceso de desarrollo[89].

Performance: Las métricas de prestancia o rendimiento de aplicación nos ayudan a detectar problemas o posibles mejoras en la experiencia del usuario. En el caso de aplicaciones web hay una infinidad de indicadores que se pueden usar como: *"Availability"*, *"Uptime"*, *"Loading time"* o *"Time to Load"* (TTL), *"Time to Interact"* (TTI), "Average Application Response Time", "Peak Response Time", etcétera. El equipo debe elegir los necesarios para el contexto de operatividad y objetivos de negocio.

Security: Métricas relacionadas a seguridad como: *"Dynamic analysis issues"* o *"Static analysis issues"*.

Estas métricas listadas son solo una guía para investigar otras y analizar cuáles pueden ser necesarias para algún caso particular.

Métricas de resultados de negocio

Siguiendo una de las claves de la agilidad, el flujo de entrega de valor continuo, es que podemos suponer que la verdadera medida de éxito en Scrum es el incremento de producto que es valioso, que genera resultados valiosos. Pero, ¿qué es valioso y para quién? Cabe aclarar que, el valor de negocio (*Business Value*) no se refiere solo a valor monetario, también puede ser de valor intangible, como el posicionamiento de una marca o el valor dado por mejorar la experiencia del usuario, siendo un beneficio para el usuario o cliente y, en consecuencia, también para la compañía. El valor es lo valioso para la compañía (*Business Value*) y para el cliente (*Customer Value*). Si estamos centrados en el cliente debemos pensar en qué es valioso para él. Pues bien, ¿cómo medir qué es valioso?

Scrum no prescribe métricas de resultados de (*Outcome*) o indicadores clave de impacto (*Impact*[90]), aunque es necesario usarlos para saber si realmente estamos entregando valor, midiendo los resultados y el impacto provocado.

El PO tiene el poder de tomar la decisión de negocio del producto del cual es responsable y necesita datos empíricos para hacerlo. Además, en el proceso de inspección y adaptación, para construir el producto adecuado, el equipo con el PO necesita observar indicadores de producto, orientarse, decidir y actuar, en busca de maximizar el valor:

89 (Humble, 2018)

90 Se considera al impacto o *impact* como las consecuencias de los resultados *outcome* a mayor alcance y distancia en el tiempo, sean externos (que afectan a clientes, mercado y sociedad) o internos (que afecta a la empresa y el negocio).

"maximizar el *outcome* con el mínimo *output*". En esta vía, el PO tiene la posibilidad de manejar un conjunto mínimo y suficiente de indicadores, que se los suele llamar KPIs (*Outcome* KPIs), y que podemos interpretarlos como indicadores claves del impacto del producto o indicadores de resultados del negocio.

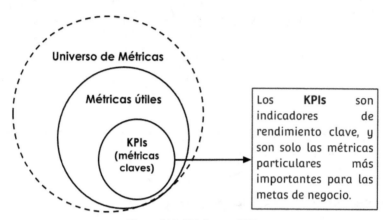

Figura 6.13: Métricas vs. KPIs

Lo importante de los indicadores que elijamos es que deben estar alineados a la visión y objetivos que hayamos definido para el producto. Algunos son los siguientes.

Sh-SAT: Grado de satisfacción de los *Stakeholders*. Se puede medir la felicidad de los *Stakeholder* como indicador de grado de satisfacción que indica qué tan contentos estuvieron con los resultados del Sprint, con la Review o producto. Este relevamiento relacionado a la percepción de valor entregado se puede hacer en la misma Review. Este es un KPI indirecto e interno del equipo de trabajo.

C-SAT: El *Customer Satisfaction* es el índice de grado de satisfacción de los usuarios o clientes. Por ejemplo, es el porcentaje de usuarios que respondieron "sí" para encontrar el servicio o producto útil en la encuesta de comentarios en comparación con el número total de encuestados.

NPS: El Puntaje Neto de Promotores (*Net Promoter Score*) mide la lealtad general de los clientes hacia un producto o servicio (fidelización). Mide qué probabilidad hay de que el cliente recomiende la compañía y, de forma indirecta, la propensión del consumidor a seguir siéndolo y resistir irse a la competencia. Sus valores varían entre -100 y 100 y es la resta entre el porcentaje de promotores y detractores. Es recomendable que sea mayor a 50.

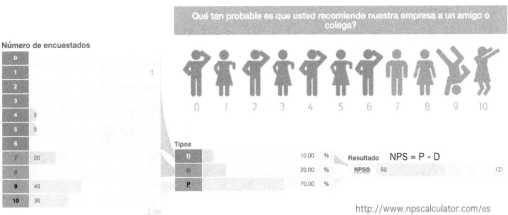

Figura 6.14: Ejemplo de cálculo de NPS

TTM (o T2M): El *Time-To-Market* es el tiempo que toma un nuevo producto/servicios desde que fue ideado o comenzó a ser conceptualizado, hasta que llega al mercado, disponible al cliente.

El TTM es fundamental para el negocio en un entorno empresarial global altamente competitivo, ya que a un tiempo más corto ganamos una ventaja competitiva. La agilidad ayuda a entregar valor en forma temprana, por lo que este KPI debería mejorar en una empresa ágil.

Revenue: Es un indicador de valor interno de negocio que indica los beneficios o ingresos obtenidos en un período dado. Hay que tener en cuenta que esta medida puede ser multifactorial, o sea que el resultado de su aumento o disminución puede ser causado por múltiples agentes (como marketing). Por este motivo, tener un enfoque reduccionista basado exclusivamente en el beneficio, no necesariamente se correlaciona con el valor realmente entregado.

Cost Saving: Es un indicador de valor interno de negocio que indica la reducción de costos como el impacto monetario resultado de economizar recursos o reducir gastos. Hay productos o servicios que impactan en la disminución de costos, prescindiendo de recursos, insumos o servicios que representan un costo para la organización. Como por ejemplo los costos de contact-center, arriendo de infraestructura, licencias de software, horas hombre, atrasos (*"Cost of Delay"*), desperdicios (por errores o merma), gasto de un servicio de un tercero, etcétera.

Conversion Rate: La tasa de conversión (CR) mide cuántos usuarios de los que entran a la aplicación hacen la acción objetivo querida, es decir que, es el porcentaje de usuarios que realizan una acción específica, como una consulta, compra, descarga, registro o una reserva. Por ejemplo, si 20.000 visitas generaron 300 ventas, entonces la CR es 300 / 20.000 (objetivos conseguidos / número total de visitas), igual a 1,5%. También nos sirve para hacer un embudo de conversión en una aplicación que tiene varios pasos o acciones objetivos principales.

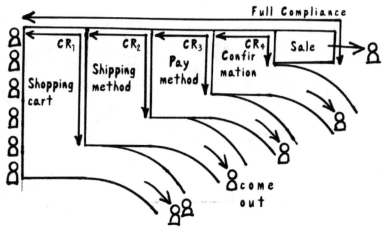

Figura 6.15: Embudo de conversión (conversion funnel)

Full Compliance: La tasa de finalización o cumplimiento es una tasa de conversión que mide el porcentaje de usuarios que finaliza con éxito o generan un resultado exitosamente, después de hacer un conjunto de acciones desde un inicio. Se calcula dividiendo el número total de interacciones completadas con éxito por el número total de interacciones iniciadas. También hay quienes lo llaman "*Completion Rate*", como el porcentaje de visitantes a un sitio web que cumplen el objetivo del sitio, por ejemplo, tasa de finalización de compra (ver fig. 6.15).

Volume of Use: El volumen de uso representa a cuantos usuarios usan nuestra aplicación.

Digital take-up: La aceptación digital o tasa de adopción para el servicio digital[91]. Es decir que es el porcentaje de personas que usaron el canal digital en un período dado en relación con el uso de otros canales, por ejemplo, papel o teléfono. Este KPI representa el porcentaje de la audiencia objetivo que se ha alcanzado con el canal digital, calculado como la cantidad de transacciones digitales completadas durante un período fijo, dividido por el número total de transacciones de todos los canales.

Adoption: La adopción, penetración o '*take-up*', es algo similar a la adopción digital, aunque usada en forma más genérica. Indica cuántos usuarios, de los que ya son clientes, usan nuestra aplicación del volumen total que usan dicho servicio en relación a todos los canales. Esto marca la parte del "*Volume of Use*" que crece por que los usuarios dejan de usar otros canales.

Market Share: Es un índice de competitividad que indica el nivel de desempeño de la aplicación o empresa en relación a su competencia relativa al mercado objetivo. Esta se puede

91 Performance Dashboard del gobierno de Australia (dashboard.gov.au)

118

cuantificar de diversas maneras dependiendo del mercado. Por ejemplo, cuántos usuarios, de los usuarios que no son clientes, fueron captados del mercado objetivo. O sea, que puede indicar la cantidad de usuarios nuevos captados de la competencia o del mercado. Esto marca si el *"Volume of Use"* crece por captación de nuevos usuarios o no. Esta métrica guarda cierta similitud con la penetración en el mercado o IPM (*Market Penetration Index*) que establece la posición relativa de la aplicación o empresa respecto a la competencia.

Acquisition: Nuevos usuarios que vienen de otros canales o usuarios que bajan y usan la aplicación por primera vez.

Activation: Usuario que se sienten feliz al usar la aplicación y que realmente están conectados con la aplicación o que firman y hacen una orden para hacerse clientes. O sea que son los usuarios que se activan como clientes. De aquí se puede calcular la tasa de conversión de clientes como clientes potenciales que se han convertido finalmente en clientes.

Engagement: grado de compromiso o incremento de órdenes o valor de cuenta por cliente.

Retention: La retención es un KPI de fidelización que indica usuarios recurrentes o clientes que vuelven a usar la aplicación o que firman y hacen órdenes mensualmente, permaneciendo como clientes. De este KPI se puede obtener una tasa de retención o *"retention rate"* que nos permite saber el porcentaje de clientes que repiten o se quedan con nosotros año tras año. La forma simple de cálculo es el 100% menos la tasa de deserción.

Referral: Usuarios felices que se lo dicen a sus amigos, es decir que recomiendan la aplicación.

ROI: El ROI (*Return Over Investment*) es un indicador de valor interno. Es una técnica como una métrica e indica el retorno de una inversión, es decir, la cifra que evalúa el rendimiento del capital en una acción. Pues, nos permite cuantificar económicamente el beneficio de la iniciativa de producto o servicio. Su fórmula es: ROI = (IP - CP) / CP; Donde IP es el ingresos del proyecto o período, entendido como beneficios económicos esperados estimados, y CP es el Costo del proyecto o período como costo de desarrollo.

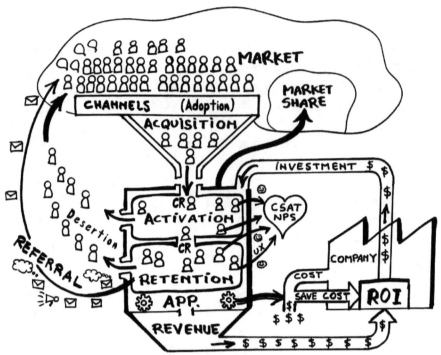

Figura 6.16: Modelo de KPIs de impacto de negocio.

Cabe recalcar que puede haber muchos otros KPIs, como indicadores contables comúnmente manejados en el sistema económico-financiero de una empresa (indicadores de valor interno o *Business Value*) y como modelos de indicadores de valor de cliente existan (*Customer Value Models*). Existen diferentes modelos de KPIs de valor de cliente que podemos utilizar como los siguientes:

- Modelo orientado a usuario (Users metrics): MAU (*Monthly Active Users*), DAU (*Daily Active Users*), User Stickiness, ARPU (*Average Revenue Per User*), ARPPU (*Average Revenue Per Paying User*), *Churn Rate*, CPS, CLTV, etcétera;
- Modelo AARRR (*Pirate metrics*);
- Modelo del Embudo de Compra (*Sales Funnel KPIs*) y;
- El Modelo RFM (*Recency, Frequency, Monetary*).

También cabe recordar que, los KPIs que elijamos, sean lo justo y necesario; y actúen como una brújula, que nos posibilite decidir si debemos continuar con el mismo rumbo o tenemos que cambiarlo.

Dashboard

Las métricas o KPIs, que intervienen en la consecución de los objetivos, son representadas gráficamente mediante el dashboard. Este debe ser útil, simple de entender (limpio y ordenado), visible a todos los interesados y de propiedad compartida del equipo. Debe servirle al equipo, en su conjunto, para monitorear, analizar y pivotar en función de corregir desviaciones o aprender de experimentos.

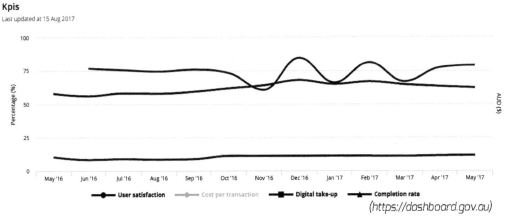

(https://dashboard.gov.au)

Figura 6.17: KPIs del dashboard del gobierno de Australia

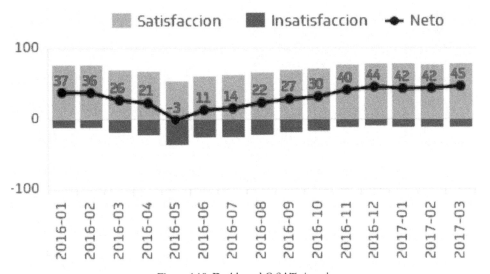

Figura 6.18: Dashboard C-SAT ejemplo

Se recomienda que el equipo mantenga un monitoreo de sus dashboard visible y fácilmente accesible por cualquier *stakeholder* interesado (como la fig. 6.19). Por ejemplo, a continuación podemos ver un dashboard con el embudo de compra adaptado a un chatbot donde se pueden ver: las sesiones web, sesiones con chat abierto, consultas de productos, agregar al carro y transacciones. Y el equipo puede ver sistemas operativos, usuarios nuevos y la evolución del DAU, WAU y MAU, entre otras cosas.

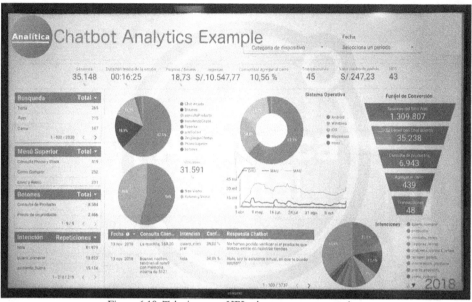

Figura 6.19: Televisor con KPI relevantes para un equipo.

Se puede usar un esquema como el siguiente.

Metas			Q1			Q2			Q3			Q4		
KPI	Valor original	Valor objetivo	1	2	3	4	5	6	7	8	9	10	11	12
KPI 1	Valor	Valor												
KPI 2	Valor	Valor												
KPI 3	Valor	Valor												
Dashboard KPI 1			Dashboard KPI 2						Dashboard KPI 3					

Figura 6.20: Monitoreo de Dashboards

Pero independientemente del formato la información debe ser útil al equipo y a posibles *stakeholders* interesados.

Figura 6.21: Un equipo (Sierra India en LATAM Airlines) con su Dashboard visible

En próximos capítulos vamos a ver irradiadores visuales que pueden servir como dashboard simples para uso bajo el marco Scrum.

Métricas ágiles

Luego de haber revisado métricas puntuales, hay que tener en cuenta que para que las métricas estén bajo un marco Scrum deben respetar los principios de la agilidad. La medida principal es el software funcionando. Las métricas deben ser un medio de comunicación efectiva e impulsar la transparencia. Deben servir al equipo para que se auto organice en procesos de corrección de desvíos y mejora continua, apoyando la reflexión sobre cómo ser más efectivos. Y, principalmente, se debe buscar siempre la simplicidad. Las métricas que agregan complejidad innecesaria o sobre-información no son acordes a la agilidad. Lo difícil es encontrar el equilibrio entre un Scrum minimalista y hacer ingeniería. Si no medimos, no podemos hacer análisis del sistema de trabajo, o sistema productivo, para mejorar con datos empíricos como lo requiere el trabajo ingenieril; pero si medimos excesivamente, podemos estar generando desperdicio (burocracia y trabajo no relevante) y ruido informativo (datos que no generan información útil). Los KPIs no se deben convertir en objetivos que deben lograrse por el solo hecho de cumplir un plan ni en herramienta de control de empleados. Las métricas son parte del proceso de aprendizaje, de los ciclos de inspección y adaptación, es decir, de aplicar el método científico en la empresa (*Lean Startup*).

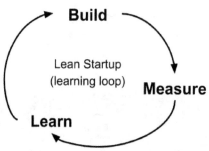

Figura 6.22: Métricas en Lean Startup

Marco EBM

Como mencioné en el capítulo anterior, Scrum.org propone una gestión empírica en su marco EBM[92] (*Evidence-Based Management*). Este marco busca brindar a las organizaciones la capacidad de medir el valor que entregan a los clientes y los medios por los cuales entregan ese valor, y de utilizar esas medidas para guiar mejoras. Con este marco se busca medir el valor de negocio (*Agility Business Value*) basado en cuatro áreas claves de Valor (**KVA**) a tener en cuenta: 'valor actual' (CV) que es valor entregado al cliente hoy, '*Time-to-Market*' (T2M), 'valor no realizado' (UV) que es el valor que podría realizarse al satisfacer todas las necesidades potenciales del cliente y 'habilidad para innovar' (A2I) que es la capacidad de entregar nuevas funcionalidades a los clientes. Bajo cada una de estas áreas claves se eligen un conjunto de métricas (KVMs) para medir ese área. Y siguiendo un proceso de aprendizaje similar a Lean Startup, llamado bucle de aprendizaje EBM (EBM *learning loop*), entramos en un proceso de: 1) cuantificar en métricas KVMs, 2) medir las métrica KVMs, 3) elegir un área clave a mejorar KVA, 4) realizar experimentos de práctica para mejorar los KVA específicos y 5) evaluar resultados. Para más información se puede consultar la guía EBM en Scrum.org[93].

---

92   (EBM Guide, 2019)

93   (EBM Guide, 2019)

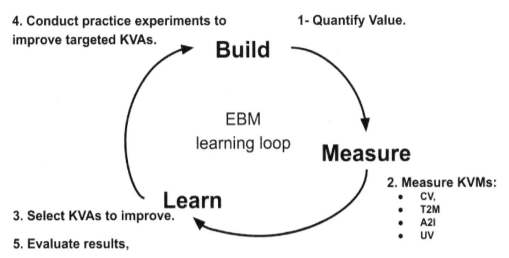

4. Conduct practice experiments to improve targeted KVAs.

1- Quantify Value.

Build

EBM
learning loop

Measure

Learn

3. Select KVAs to improve.

5. Evaluate results,

2. Measure KVMs:
- CV,
- T2M
- A2I
- UV

Figura 6.23: Bucle de aprendizaje EBM

Gestión Basada en Evidencia

En general, la gestión basada en evidencia es a lo que comúnmente se llama gestión basada en datos. Pienso que se puede tomar el modelo EBM propuesto por Scrum.org, que no es otra cosa que aplicar *Lean Startup*, para mejorar basándonos en un conjunto de métricas que consideremos adecuadas para nuestro contexto. En este capítulo compartí un conjunto de métricas útiles, maneras de categorizarlas y un método simple para poder hacer una gestión ágil basada   en   evidencias.

7 EL EQUIPO Y LA ORGANIZACIÓN

Scrum es aconsejable para ser óptimo en equipos chicos y proyectos pequeños, con agrupación de personas de múltiples disciplinas en un solo equipo para maximizar el ancho de banda de las comunicaciones, la visibilidad y la confianza. Esto sucede porque cuando los equipos son grandes aumenta el acoplamiento de individuos complejizando las comunicaciones y dificultando la coordinación y el buen desarrollo de las reuniones Scrum. Además se desprende del principio o Ley de Brooks, que dice que cuando se agregan personas a un proyecto o equipo aumentan los canales de comunicación pudiendo generar sobrecarga de comunicación[94]. Por este motivo y desde un punto de vista purista, cuando se quiere implementar Scrum en proyectos grandes que requieren muchas personas, en su forma ortodoxa, no es recomendable. Pero se han encontrado maneras organizativas para aplicar Scrum en estos casos, como así también en grandes organizaciones. Un equipo no es una isla, su funcionamiento depende en alguna medida de la organización de la que es parte. Por eso es necesaria una apropiada integración a ella. A esto se llama "Scaling Scrum" o escalamiento de Scrum.

En "*Scaling Scrum*" los desafíos más importantes son: manejar las dependencias e integrar el trabajo en todos los niveles. En general Scrum se escala mediante reproducción de equipos con configuraciones adecuadas y la cohesión y acoplamiento mediante algún sistema de integración ágil, como el uso de "*Scrum de Scrum*", equipos de Product Owners, equipo de integración, etcétera. Hay varios casos que se pueden investigar, como por ejemplo las implementaciones de: Google, Spotify, Adobe, Nexus, etc. como también así diferentes frameworks, modelos y casos de estudio. Veremos algunas aproximaciones en este capítulo.

---

[94] (Cohn, 2009)

Formación de equipos

Cuando iniciamos una organización o migramos desde una tradicional, de "management 1.0" orientada a proyectos o paradigma industrial, a una ágil basada en equipos orientados por misión, tal vez uno de los desafíos más relevantes y difíciles es el de organizar equipos. ¿Cómo juntamos a las personas apropiadas en forma sostenida en el tiempo? ¿Cuál es la configuración adecuada de equipos? ¿Cómo los diferenciamos, integramos y coordinamos?

Identidad y cohesión funcional

Como en el Rugby, el juego se basa en equipo y el equipo en cumplir una misión. Primero que nada, podemos considerar que para que un equipo sea uno, debe tener un nombre y un propósito o misión clara y distinguible de otro de la compañía. Esto es parte de la identidad del equipo. Y, en consecuencia, debería tener todas las habilidades y competencias necesarias para cumplir el propósito o su misión de forma sostenida en el tiempo. Cuando ya tenemos equipos Scrum formados, tal vez la tarea sea más fácil. Pues, en el escalado o 'Scaling' los equipos funcionan como células que, a medida que la organización se expande, se clonan sus estructuras como en reproducción celular. Las estructuras de las células dependen del problema que se quiere resolver en cada caso y según los nuevos propósitos que surjan.

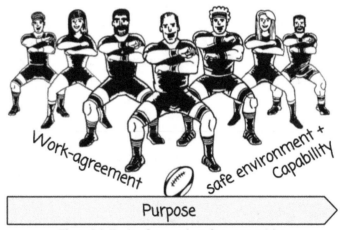

Figura 7.1: Equipo Scrum orientado por propósito

De esta idea se desprende la pregunta de ¿qué propósito damos a cada equipo? o ¿cómo estructuramos a los equipos según qué propósitos? Una manera de hacerlo, pensando en productos y en el sector de producción de la compañía, es tomando una unidad de negocio o producto y ver si su alcance o tamaño es suficiente para un equipo o para varios. Si es para varios, una forma es analizar la jornada (*journey*), flujo de experiencia del producto, o embudo de compra y determinar sus espacios de dominio funcional. De allí determinar los KPIs involucrados en los dominio y desglosar en subproductos con sus KPIs asociados. Así, cada equipo puede ser responsable de un subproducto y de impactar según los KPIs identificados. Esta es una manera de hacerlo de arriba hacia abajo y orientados a producto.

Cohesión versus acoplamiento

Luego, otra pregunta que surge es: ¿cómo los estructuramos según perfiles, competencias y/o relaciones? Bien, si el equipo es de producción como el desarrollo de software de productos, con trabajo 'planificable' y divisible en lotes, Scrum viene como anillo al dedo. Es algo en que la mayoría está de acuerdo. O sea que necesitamos a un SM y un PO en el equipo. Además, un equipo Scrum puede estar formado por diferentes roles de desarrollo con las competencias necesarias para cumplir el propósito, tales como: UX/UI Designer, SM, PO, QA, Frontend Dev, Backend Dev, etcétera. Por ejemplo, un equipo puede estar formado por las siguientes estructuras ejemplo:

- **Equipo ejemplo 1**: Product Owner, Scrum Master, UX/UI Designer, Tech Lead, 2 FE Dev, 2 BE Dev y un Fullstack Dev;
- **Equipo ejemplo 2**: Product Owner, Scrum Master, UX/UI Designer, QA Automation, Tech Lead, 2 FE Dev y 2 BE Dev.

O sea que podemos tener una infinidad de configuraciones. ¿Cuál puede ser la más apropiada? No solo depende del propósito, sino de cómo desarrollaremos ese propósito o cuán autónomos somos en relación a él –o cómo se relacionará el equipo con otros equipos–.

Cuando diseñamos sistemas de equipos, tomamos decisiones sobre mecanismos de diferenciación, coordinación e integración. Y basándonos en la 'Ley de Conway'[95] que dice que las organizaciones dedicadas al diseño de software producen diseños que son copias de las estructuras de comunicación de dichas organizaciones; podemos aplicar la ley a la inversa y tomar diseños de software y aplicarlos a la organización. Y en este sentido, en el diseño de equipos se puede pensar similar como lo hacemos en el diseño de programación orientada a objetos, que: buscamos disminuir acoplamiento y aumentar la cohesión. En cuanto a que la 'cohesión' se relaciona a la diferenciación (responsabilidades y topología de equipos) y el 'acoplamiento' a la coordinación e integración.

A continuación aclaro un poco estos conceptos.

---

95 Melvin Conway, 1967.

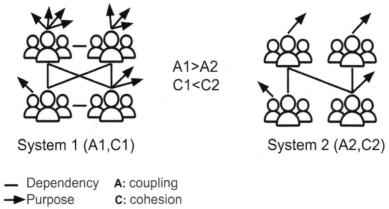

System 1 (A1,C1)   System 2 (A2,C2)

A1>A2
C1<C2

— Dependency   **A:** coupling
➤ Purpose   **C:** cohesion

Figura 7.2: Acoplamiento versus cohesión entre dos configuraciones

Cohesión

La cohesión se relaciona a las responsabilidades de un equipo y a su carga cognitiva. Es decir que la cohesión refleja el grado de foco y de carga cognitiva que tiene un equipo. Tener las competencias óptimas necesarias dentro del equipo y un propósito claro aumentan la cohesión. Un equipo con muchos propósitos será un equipo con baja cohesión (que repercute en poco foco y alta carga cognitiva). El foco también aumenta la cohesión, tener foco en pocos objetivos y pocos dominios de problemas aumenta la cohesión –y disminuye la carga cognitiva–. Tener miembros asignados a muchos equipos también puede bajar la cohesión ya que puede bajar el compromiso de los miembros y su foco. Luego, en la evolución del equipo, podrá ir ganando más cohesión a medida que aumenten la confianza de los miembros, la sinergia, la unidad y el trabajo en equipo. O sea que el factor humano también repercute en la cohesión. Por eso es que la alta rotación o los malos climas laborales disminuyen la cohesión.

Acoplamiento

Por otro lado, el acoplamiento depende más de las dependencias que tenga el equipo con otros equipos y de su autonomía. Las dependencias dependen de las relaciones de facilitación (brindar apoyo, soporte o consultoría), colaboración (trabajo conjunto con otros equipos o integrantes de otros equipos) y servicio (relaciones cliente servidor)[96]. Pues, mientras más autónomo y menos dependencias, menos será el acoplamiento. Esto último dependerá del diseño de integración entre equipos y del escalamiento de Scrum. La dependencia con miembros del equipo sin disponibilidad también colabora en aumentar el acoplamiento. Tener miembros asignados a muchos equipos también puede aumentar el acoplamiento ínter-equipo.

---

96 Team Topologies (Skelton, 2019).

Como vemos es importante evaluar la formación de un equipo en cuanto a características internas como a la integración y coordinación que tendrá con otros equipos en el área de la organización que se desarrollará.

Lineamientos básicos en la formación

Resumiendo, para formar el equipo, podemos pensar en características necesarias para un buen equipo o las cuestiones principales a tener en cuenta. En esto Mike Cohn nos ayuda en su libro llamado "Éxito con Agile: desarrollo de software con Scrum"[97]. A continuación le listo nueve recomendaciones a la hora de crear un equipo:

1. Mantener el equipo chico (de 5 a 9 miembros).

2. El equipo debe tener un propósito y foco claro (alta cohesión).

3. Incluir todas las disciplinas o competencias necesarias.

4. Equilibrar los niveles de habilidad técnica.

5. Equilibrar el conocimiento del dominio.

6. Buscar la diversidad.

7. Pensar en un equipo de larga vida con miembros unidos.

8. Dedicación de cada miembro al equipo cerca del 100%.

9. Con pocas dependencias con otros equipos (bajo acoplamiento).

Luego de pensar las características internas del equipo debemos pensar en el tipo de equipo y la relación con el sistema mayor que se desarrolla.

Tipología de equipos

Cuando formamos un equipo o nos encontramos con uno... ¿Será un equipo de desarrollo, de servicio o mixto? ¿Con qué tipos de equipos trabajamos? Hay diferentes topologías de equipos que hay que tener presente o considerar a la hora de diseñar equipos. Por ejemplo, Skelton –en su libro Topología de equipos[98]– propone cuatro tipos de equipos:

---

97 Succeeding with Agile: Software Development Using Scrum (Cohn, 2009)

equipo alineado a cadena de valor o '*Stream-Aligned Team*', equipo de subsistemas complicados o '*Complicated-Subsystem Team*', equipo habilitador o '*Enabling Team*' y equipo de plataforma o '*Platform Team*'. Otro ejemplo es *Atlassian* que define en su *Team Playbook*[99] a cuatro tipos: proyecto (desarrollo), soporte (basado en colas de peticiones), liderazgo (guía y toma de desiciones) y cualquiera (ninguno de los anteriores). Es necesario elegir alguna topología útil para el diseño apropiado de equipos y para la sugerencia de prácticas acordes.

En mi experiencia en organizaciones no puramente de desarrollo de software, me ha sido útil pensar en tipos semejantes a los de *Atlassian* pensando en los equipos según su tipo de trabajo, que pueden ser: desarrollo, servicio, liderazgo y rutinario.

- **Desarrollo**: es el trabajo de producción, desarrollo creativo, el de proyectos, que desarrolla nuevas características de software (nuevas funcionalidades o mejoras significativas) y/o el que tiene a cargo un producto o cadena de valor del negocio.
- **Servicios**: trabajo de soporte o mantenimiento, como es el de mantener un software ya funcionando (corrección de errores, contingencias, etc.) o mantener determinadas capacidades organizacionales (mantener plataforma, asegurar seguridad, mantener equipos tecnológicos, etc.).
- **Liderazgo**: es un trabajo de servicio y liderazgo apoyando a otros en áreas específicas. Los equipos de liderazgo son expertos facilitadores de capacidades a otros equipos, disminuyendo la brecha de habilidades que exista, capacitando, orientando y guiando en misiones específicas bajo demanda.
- **Rutinario**: que es el trabajo mecánico, repetitivo y de rutina.

Todos los equipos desarrollan en algún porcentaje todos estos tipos de trabajo y según a que le dedican más tiempo y le prestan más foco indicará el tipo de equipo que es.

El tipo de equipo se puede averiguar haciendo preguntas sobre el tipo de trabajo que hace o hará el equipo y sus porcentajes de dedicación en esos tipos de trabajo. Como por ejemplo mediante la matriz siguiente:

---

98   Team Topologies (Skelton, 2019).

99   URL: https://www.atlassian.com/es/team-playbook

	Desarrollo	Servicio	Liderazgo	Rutinario
Integrante 1	p1 %	s1 %	l1 %	r1 %
Integrante 2	p2 %	s2 %	l2 %	r2 %
Integrante 3	p3 %	s3 %	l3 %	r3 %
Integrante 4	p4 %	s4 %	l4 %	r4 %
Integrante 5	p5 %	s5 %	l5 %	r5 %
Integrante 6	p6 %	s6 %	l6 %	r6 %
Integrante 7	p7 %	s7 %	l7 %	r7 %
Integrante 8	p8 %	s8 %	l8 %	r8 %
Suma	pt%	st%	lt%	rt%

Figura 7.3: Matriz de porcentajes de tipo de trabajo del equipo

Según esto, los equipos que dedican más tiempo al trabajo de producción o desarrollo serán equipos de desarrollo puros. Es el claro ejemplo de un *Stream-Aligned Team* según Skelton. Los equipos de servicios son aquellos que dedican más tiempo al mantenimiento (equipos de plataforma, base de datos, etc.) o al soporte (equipos de seguridad, de liderazgo, de redes, etc.). El tipo *Complicated-Subsystem Team* y el *Platform Team* se pueden ajustar a este tipo de equipos, si es que están teniendo más actividad de mantenimiento y soporte. El *Complicated-Subsystem Team* suele mantener sub-sistemas legacy y el *Platform Team* crear y mantener determinados componentes o plataformas transversales, además de brindar soporte. Se pueden considerar de servicio en cuanto a que su actividad no sea mayoritariamente de desarrollo.

Los equipos de liderazgo pueden ser equipos de gerencia o de expertos. Los *Enabling Teams* pueden ser un ejemplo de este tipo de equipo. Y un equipo con mayor trabajo rutinario es probable que no desarrolle software y que se trate de un equipo más de primera línea o de operaciones de bajo nivel del negocio u organización.

Aquí cabe aclarar que Scrum se lleva mejor con los equipos de desarrollo o los *Stream-Aligned Teams*. Sí, Scrum no es para implementarse en cualquier tipo de equipo. A la hora de evaluar usar Scrum, hay que tener en cuenta tanto el tipo de equipo, como también el tipo de producto, iniciativa o servicio en el que trabajará.

Tipos de equipo según responsabilidad sobre el producto

Luego de pensar en el tipo de equipo y en el caso de ser de desarrollo, cabe preguntarse: ¿estará dedicado a qué parte del software completo a desarrollar? O mejor dicho: ¿estará dedicado a qué parte de solución a desarrollar? En esta vía tenemos dos aproximaciones: la tradicional orientada a proyectos (de administración PMI) o la más ágil orientada a producto o dominio de problemas a resolver. Luego podemos pensar en tres lineamientos básicos de configuración: equipos Scrum de características, equipos Scrum de componentes o mixto. Y cada una de estas modalidades pueden tener diversas configuraciones de roles.

Equipos orientados a dominio de problemas

Abordar el problema de soluciones grandes puede hacerse mediante equipos de dominio de problemas con "equipos Scrum de características". Esto consiste en la conformación de equipos totalmente multi-funcionales con un enfoque "*Whole Team*"[100] con características de miembros '*Full Stack*', capaces de operar en todos los niveles de la arquitectura del producto con el fin de ofrecer las características centradas en el cliente y de abordar un subdominio de problema determinado ('*boundary context*' en DDD). También incluye a equipos habilitadores que pueden ser basados en componentes.

Esto cambia radicalmente la forma de pensar la conformación de equipos. En vez de pensar equipos basados en proyectos (algo que tradicionalmente se hace en una administración ortodoxa basada en PMI), los creamos basados en dominios de problema (bajo una administración ágil basada en productos). Cada sub-dominio de problema dentro de una organización resuelve un conjunto de problemas relacionados a un contexto determinado.

Por ejemplo, en una empresa de logística y distribución, podría ser que una parte del modelo (subdominio) se encargará de gestionar ordenes de pedidos (OMS), otra parte del modelo se encargará de gestionar el inventario de almacenes (WMS), otra de gestionar el transporte (TMS), otro de gestionar la logística de distribución de paquetes y otra de gestionar la primera y última milla (Pickup & Delivery). Cada uno de estos subdominios puede tener como responsable de desarrollar sus soluciones a uno o más equipos, dependiendo del tamaño y complejidad de las soluciones a resolver.

---

100 En un enfoque Whole Team todos pueden hacer, hasta cierta medida, alguna tarea de otro(Gabardini, 2015).

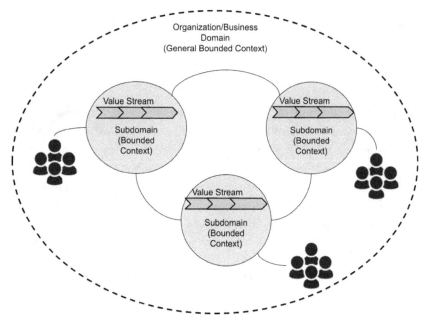

Figura 7.4-a: Rodaja vertical *(Vertical Slice in Clean Architecture)*

Equipos de características

Los equipos de características son equipos pensados para resolver o dar solución a un dominio de problema con un enfoque orientado a características *(features)*. O sea que cada equipo trabaja sobre determinadas características de producto *(features)* o PBIs desarrollando todos los niveles de capas del sistema a desarrollar *(end-to-end)*. Estos equipos trabajan en funcionalidades como rebanadas verticales conocido como "vertical slice" dentro de un dominio o subdominio de problema (un dominio de negocio).

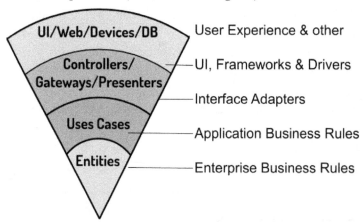

Figura 7.4-b: Rodaja vertical *(Vertical Slice in Clean Architecture)*

En este sentidos, los equipos son homogéneos entre sí pero heterogéneos internamente, con integrantes de habilidades diversas y características profesionales multi-disciplinares. Para lograr esto se debe conformar una organización de aprendizaje donde los equipos practican el aprendizaje continuo, donde aprenden para abarcar los componentes arquitectónicos.

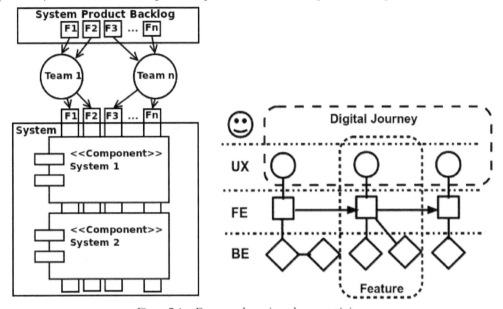

Figura 7.4-c: Esquema de equipos de características

En esta arquitectura de organización es necesario coordinar el trabajo de los diferentes equipos. Los Scrum Master deben reunirse con regularidad, promoviendo la transformación a través de una lista visible de los impedimentos de organización. Los Scrum Master, además deberán estar familiarizados con biografía relacionada a este problema de escalabilidad como "Scaling Lean and Agile Development"[101].

Equipos de componentes

Abordar el problema de proyectos grandes con "Equipos Scrum de componentes" consiste en que cada equipo sólo es responsable de la ejecución de ciertos componentes dedicados en el sistema de los cuales el equipo es dueño de su desarrollo. Desde esta perspectiva se pueden tener equipos dedicados por capas (capa front-end, capa de servicios, capa de persistencia) y por componentes de arquitectura de software (diferentes componentes como librerías, servicios o sub-sistemas).

---

101 (Larman & Vodde, 2008)

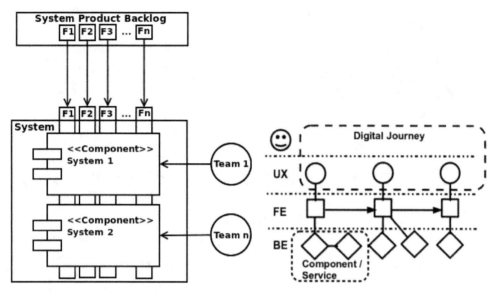

Figura 7.5: Esquema de equipos de componentes

Para terminar una PBI o historia de usuario hay en la mayoría de los casos la necesidad de dividir las historias en partes más pequeñas que podrían ser implementadas dentro de un solo componente. Además se genera dependencias entre los diferentes equipos haciendo necesario procesos de integración periódica y coordinación de equipos. En muchos casos, una sola historia de usuario no se puede implementar dentro de un único sprint y, en su defecto, depende de los resultados de otras historias desarrolladas por otro equipo que aún no están disponibles. A esto se lo llama "*pipeline*" y debe evitarse en lo posible o gestionarse apropiadamente.

La ventaja de utilizar equipos de componentes es que es más fácil asegurar una determinada arquitectura del sistema. Por ejemplo si se quiere asegurar una Arquitectura SOA o una de '*Microservicios*' que está orientada a componentes. Esta idea está, entre otras cosas, basada en la "Ley de Conway"[102] que sugiere que las organizaciones pueden replicar su arquitectura en los productos que ellas producen[103].

Por otro lado, puede tener como desventaja que las personas se pueden especializar sólo en pequeñas partes del sistema y el conocimiento global sobre el sistema en su conjunto podría perderse[104]. En este caso podría tener lugar una optimización local, ya que el equipo a veces

---

102 Conway's Law (Conway, 1968), no es exactamente una ley, sino que es más bien una observación que Conway publicó en 1968.

103 (Fowler, 2014)

puede tomar decisiones que están optimizadas para el componente individual, pero las mejores soluciones desde una perspectiva del sistema total podrían haber sido desestimadas u obviadas.

Equipos mixtos

Tener solo equipos de desarrollo de características aumenta la carga cognitiva en los equipos y puede relentizar la cadena de valor. Y, por otro lado, tener una configuración basada en equipos de componentes genera un alto acoplamiento que puede relentizar también la cadena de valor y disminuir la cohesión global. En este sentido, una solución media es factible. Es posible la configuración de equipos mixtos que son la combinación de equipos de características y de componentes (ver figura 7.4).

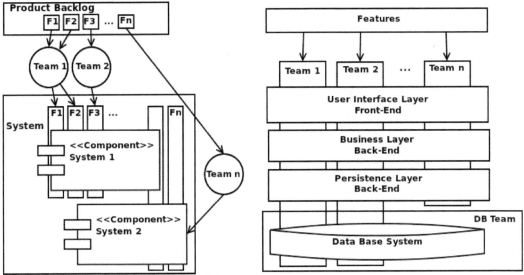

Figura 7.6: Ejemplo de equipos mixtos.

Un ejemplo es la configuración de equipos de desarrollo orientados a la cadena de valor o Aligned Team con equipos más orientados a sub-sistemas como lo son *Complicated-Subsystem Teams* y *Platform Teams*.

Clasificación de Team Topology

En busca de la simplicidad pregonada por el manifiesto ágil, a la hora de armar equipos podemos pensar en el libro "Team Topologies", escrito por Matthew Skelton y Manuel País, el cuál propone cuatro tipos de equipos: Stream-aligned team (Equipo alineado con una cadena de valor), Enabling team (Equipo habilitador), Complicated subsystem team (Equipo de subsistema complicado) y Platform team (Equipo de plataforma). Según estos tipos de equipo, Scrum se lleva mejor para implementar en los equipos Stream-aligned, por estar más orientados a valor y producto, y se puede ver algo forzoso el ser utilizado en los equipos de tipo Enabling, ya que estos equipos tienen un enfoque más reactivo y están más orientados a responder a las necesidades de otros equipos. Posiblemente Kanban puede ser un marco de trabajo más adecuado para los equipos habilitadores, ya que su enfoque en la entrega de trabajo bajo demanda y en el control del flujo de trabajo se alinea bien con las necesidades de este tipo de equipo.

Integración y coordinación

Miembros de equipo compartidos

Una posible estrategia para la gestión proactiva de dependencias entre equipos es compartir algún miembro entre dos equipos. Pues, compartir algunas personas entre equipos puede ser una buena manera de garantizar la comunicación entre equipos[105]. Pero abusar de compartir personas genera pérdida de foco, desperdicio de tiempos por 'multitasking', demoras por poca disponibilidad de personas compartidas, bajo compromiso de miembro de equipos, etcétera. Aunque bien pensado, analizando sus pro y contras, puede llegar a ser una buena estrategia cuando es probable que existan dependencias entre equipos de características y equipos de componentes y buscamos lograr mayor fluidez de trabajo entre esos equipos. En mi experiencia recomiendo que de elegir esta estrategia, el miembro compartido tenga su equipo principal (con mayor asignación de tiempo) y un equipo secundario (con menor asignación de tiempo).

Scrum de Scrum

Scrum de Scrum es una forma de organización y técnica para escalar Scrum a grupos grandes de personas u organizaciones con proyectos grandes, programas o '*portfolios*'. Consiste en distinguir un integrante con el rol de Embajador, denominado '*Ambassador*', por cada Equipo Scrum[106]. El Embajador será quien participará en reuniones Daily con Embajadores de otros equipos. A esta reunión de Embajadores se la llama "Scrum de Scrum" o SoS. Habitualmente se usa que el rol de Embajador lo desempeñe el Scrum Master, pero puede ser desempeñado por otro integrante del Equipo de Desarrollo. También puede ser desempeñado por un integrante del Equipo acompañado del Scrum Master.

La reunión SoS se comporta como una *Daily* donde los Embajadores reportan la situación de su equipo y sus impedimentos. El embajador de cada equipo comenta la respuesta a las siguientes tres preguntas:

* ¿Qué hicimos ayer?

---

105 (Cohn, 2009)

106 (Stefanini-2013)

- ¿Qué vamos a hacer hoy?
- ¿Tenemos obstáculos? Es decir: ¿Qué impedimentos tenemos? ¿Qué impedimentos tenemos a nivel de equipo? ¿Si algún otro equipo nos bloquea para algo? ¿Si bloqueamos en algo a algún otro equipo?

La SoS puede ser facilitada y moderada por una persona que puede desempeñar un rol de facilitador, coordinador e integrador ínter-equipos. Este rol puede tener diferentes nombres y el SBOK lo denomina *Chief Scrum Master* o CSM. El CSM apoyará y brindará soporte a los SM de diferentes equipos.

Scrum de Scrum de Scrum

En organizaciones donde hay muchos Equipo Scrums trabajando en varias partes de un proyecto o producto grande, puede ser necesario otro nivel más de coordinación, ya que hay equipos que no participan en SoS de otras áreas. Aquí es cuando se aplica la "Scrum of Scrum of Scrum"[107] o SoSoS, que consiste en una reunión frecuente a un nivel superior de la SoS.

Comunidades

En una organización grande, independientemente de Scrum, se suelen formar comunidades. Estas comunidades se dan por especialidades técnicas o roles. Las mismas son útiles para colaboración entre equipos, generación de discusiones globales y resolución de problemas transversales. Es aconsejable que se den en forma orgánica. Aunque son particularmente útiles las comunidades de SM y de PO. La de SM es una posibilidad de mejora continua del marco de trabajo y la de PO puede funcionar como equipos de PO para tratar temas del negocio transversal y administrar Backlog en conjunto.

---

[107] (SBOK, 2013)

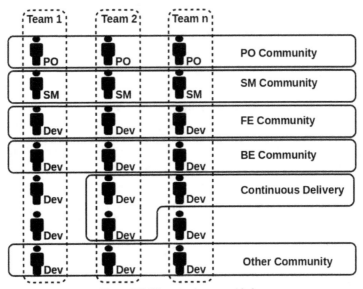

Figura 7.7: Ejemplo de comunidades

Integración UX

Un desafío a la hora de hacer Scrum es incorporar UX en el desarrollo incremental por sprints. Se pueden adoptar, entre otras, dos estrategias principales: desarrollo UX distribuido y gobernado; o desarrollo UX centralizado (equipo externo).

Desarrollo UX Distribuido y Gobernado

Una estrategia es tener 'UXer', como miembros de equipo Scrum, distribuidos en cada equipo. Esto permite empoderamiento y velocidad, pero puede generar una UX poco unificada o con poca "integridad conceptual". Para resolver este problema de unificación se puede acudir a la estandarización UX. La misma podría ser generada y mantenida por los equipos o mediante un equipo externo responsabilizado de la integridad conceptual y experiencia unificada (equipo de estandarización UX transversal) y usar un sistema de versionado de estándares que sirve como otra herramienta de coordinación.

Desarrollo UX Centralizado

Otra estrategia es tener un equipo externo de UX que agrupe a todos los 'UXer' y que provea, como un equipo de servicios, los diseños UX a los equipos de desarrollo. Sin embargo, es probable que el equipo central se convierta en un "cuello de botella" para los equipos de desarrollo y, además, pueda generar más "dependencias" que deben ser abordadas. Para mitigar

141

estos problemas, un modelo híbrido a menudo puede ser aplicado, además de mecanismos de coordinación entre el equipo central y los equipos restantes.

Mecanismo de coordinación de tarea UX en una historia

En ambas propuestas es necesario coordinar e integrar el flujo de trabajo UX con el flujo de desarrollo Scrum. Esto sucede principalmente porque el flujo de trabajo UX no suele entrar dentro de un sprint corto (dos semanas) para que las historias puedan ser finalizadas. Lo que se puede hacer, es que el trabajo UX sea previo al sprint (adelantado al sprint) como parte de la etapa de refinamiento, o como etapa previa al compromiso de *planning* de sprint. La historia no se termina de refinar o no se compromete en un sprint, hasta que no se considera el trabajo UX lo suficientemente maduro como para que sea abordada para desarrollo. Una manera de hacer esta sincronización es agregando una cláusula de completitud de tarea UX al DoR de la historia. Y, además, asociando a las historias tareas UX que, a su vez, tengan DoR y DoD propios. De este modo, una tarea UX no se considera terminada, para que su historia asociada sea abordada en un sprint, si no cumple su "DoD UX". Además, para trabajar a sprint adelantado hay que considerara que antes del sprint 1 debería hacerse un sprint 0 (sprint metáfora y/o inception).

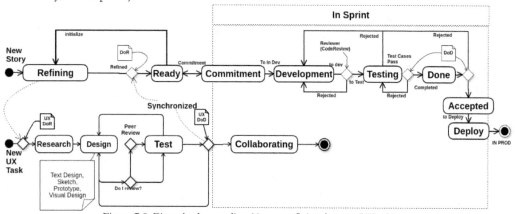

Figura 7.8: Ejemplo de coordinación entre flujos de tarea UX e historia

Scrum y DevOps

La integración a escala para que una '*Software Factory*' o un centro digital de desarrollo de software sea ágil y lleve adelante uno de sus principios, el "*Continuous Delivery*", es lo que se denomina DevOps. DevOps es la integración de Ingeniería de Desarrollo de Software con la Ingeniería de Operaciones, que es todo el soporte IT y de plataforma para posibilitar que el proceso de desarrollo sea ágil, haciendo entregas frecuentes de calidad y logrando la colaboración entre el personal de desarrollo y el personal de operaciones a lo largo de todas las etapas del ciclo de vida de producción de software. La cultura DevOps es una parte central de la agilidad en la entrega de software eficiente, por medio de la integración de equipos, metodologías ágiles, técnicas y stack tecnológico como una sola organización. El objetivo principal de DevOps es minimizar los cuellos de botella en el 'pipeline' de entrega, haciéndolo más eficiente y ágil[108].

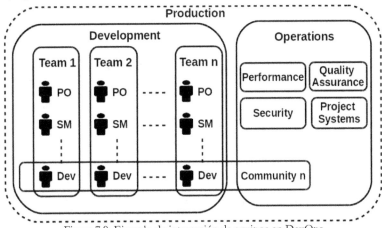

Figura 7.9: Ejemplo de integración de equipos en DevOps

Como primer estrategia, los propios equipos pueden responsabilizarse de practicar DevOps y de su propio 'pipeline' de *Continuous Integration* y *Continuous Delivery*, ya sea trabajando colaborativamente entre los desarrolladores, QA y operadores (SysAdmin, SRE, Cybersec Engineer, etc.) o con perfiles de trabajo especializados en DevOps, como son los ingenieros de confiabilidad del sitio o SRE ('*Site Reliability Engineer*'). Algunas organizaciones usan esta estrategia, la de no contar con equipos de desarrollo y operaciones separados. En su lugar, tienen un único equipo "NoOps" que asume ambas responsabilidades.

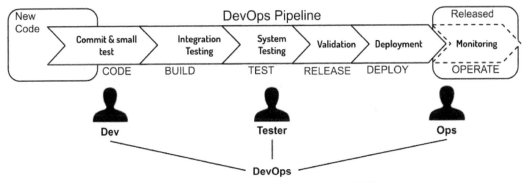

Figura 7.10: DevOps = Dev + Tester + Ops (SRE)

---

108 DevOps for dummies, 2015.

Por otro lado, como segunda estrategia, se puede mantener el área de operaciones (o equipo de infraestructura) el cual no necesita implementar Scrum, pero sí puede llevar en práctica sus valores, ser ágil (con DevOps, Lean, Kanban, DAD, etc.) y tener en cuenta los ciclos Scrum de los equipos de desarrollo. Además de mantener herramientas compartidas, misma cultura, comunidades en común, procesos ágiles compartidos, comunicación estandarizada, etcétera. Este equipo, más que trabajar como auditor, rector y bajo demanda (un modo push) deberían trabajar más en un modo facilitador, líder y como soporte (un modo 'pull') de los equipos de desarrollo, promoviendo un sistema de autogestión (donde los equipos puedan auto-gestionar sus sistemas CI/CD, incluyendo su plataforma e infraestructura).

De esto se desprende una tercer estrategia plausible, que consta en que la organización tenga equipos de infraestructura dedicados e intermediarios, que desarrollan herramientas comunes, pipelines CI/CD, infraestructura como código (IaC), crean estándares, solucionan conflictos y fomentan la colaboración ínter-equipo. Estos equipos funcionarían como centro de excelencia DevOps (DevOps CoE) o equipo de sistema habilitador ('Enabler System Team') sin añadir burocracia ni convertirse dueños de DevOps, sin tener que hacer frente a todos los problemas relacionados solos; porque se podría transformar en un cuello de botella por sobrecarga.

La cultura DevOps, como parte de ingeniería de software, es sólo un paso importante para unirse a la cultura general de la colaboración ágil e involucrar a todas las disciplinas, en una organización, en busca de entregar software funcional en entregas más pequeñas y frecuentes. Buscamos entregar software funcionando frecuentemente, entre dos semanas y dos meses, con preferencia al periodo de tiempo más corto posible.

Modelos de escalamiento

Existen diversos modelos, marcos y frameworks para escalamiento como lo son Scrum@Scale, el caso Spotify, SAFe, LeSS, Nexus, DAD, EDGE, Flight level, Lean Management, Agile Portfolio Management (APM), Recipes for Agile Governance in the Enterprise (RAGE) y otros. A continuación, una breve reseña de algunos de ellos.

Scrum@Scale

El framework Scrum@Scale fue creado por Jeff Sutherland para integrar múltiples equipos, que crecen en forma orgánica y sostenible. Y se basa en formar estructuras de equipos (distribuidos) integradas en organización fractal mediante dos mecanismos de reuniones: escalar SoS de SMs (SoS, SoSoS y Executive Action Team) y escalar SoS de POs (CPO, CCPO y Executive Meta Scrum). Para más información se puede consultar la "Scrum@Scale Guide" (Sutherland & Scrum Inc, 2019).

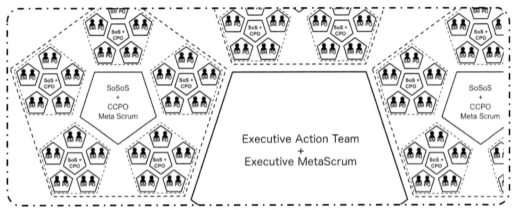

Fgura 7.11: Modelo Scrum@Scale

Spotify

Spotify es un caso de estudio que demuestra que puede ser aplicado más allá de pequeñas empresas o *startup*, sino en empresas más grandes (Spotify constaba en 2014 de aproximadamente de 250 personas en tres países). Por este motivo es un modelo o caso de referencia. El caso de Spotify consta de equipos escuadrones (*squad*), equivalentes a Equipos Scrum, con un PO y un SM llamado también *Team Facilitator* (*Coach* del equipo). Los escuadrones relacionados se agrupan en tribus (tribe) de no más de 100 personas, conformando un área de producto (como por ejemplo un tipo de producto) o área funcional (como por ejemplo infraestructura). La tribu tiene un líder de tribu (*Tribe lead*) quien se encarga de asegurar un alto rendimiento de la tribu, dar soporte a los líderes de los capítulos, facilitar y entrenar a los SM y construir liderazgo dentro de la tribu.

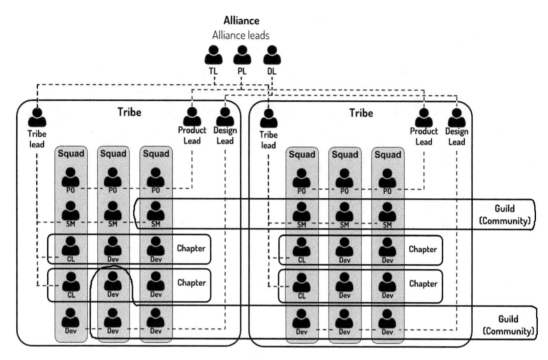

Figura 7.12: Modelo organizacional Spotify

La tribu también tiene un líder de producto (PL) y uno de diseño (DL). Dentro de cada tribu hay capítulos (*Chapter*) y cada uno engloba un área funcional técnica de ingeniería, agrupando a los miembros de diferentes escuadrones con habilidades similares y que trabajan dentro del mismo área de competencia (por ejemplo el capítulo QA, BE, FE, etc.). Cada capítulo tiene un líder del capítulo ("*Chapter lead*" o CL) quien se encarga del desarrollo profesional, la cultura de la ingeniería, el apoyo del escuadrón y en asegurar la contratación de las personas adecuadas. Los líderes de capítulo suelen ser desarrolladores a tiempo parcial, por lo general se sientan en uno de los escuadrones de la tribu.

Las diferentes tribus se pueden relacionar de diferentes maneras. Dos de ellas son la alianza (*Alliance*) y las comunidades (*Guild*). Una comunidad es una "comunidad de interés" (explicadas anteriormente). Los capítulos siempre son locales para una tribu, mientras que una comunidad generalmente es transversal a varias tribus. Cada comunidad puede tener un "coordinador de comunidad" y su alcance es más flexible. Y por último, la alianza une a diferentes comunidades por cohesión funcional de producto y tiene tres líderes serviciales (TL, PL y DL) quienes facilitan el trabajo de los líderes de las tribus unidas y el funcionamiento de las tribus, en general.

SAFe

El marco de trabajo *'Scaled Agile Framework'* o SAFe consiste en una base de conocimientos de patrones integrados modulares, por niveles organizativos, destinados al desarrollo Lean-Agile a escala empresarial. Scrum se integra en SAFe en el primer nivel inferior organizativo, el nivel de equipo. En su versión simple, a este nivel le siguen los niveles de programa (coordinación diferentes equipos en un tren de desarrollo de soluciones) y portafolio (gestión de iniciativas). SAFe propone elementos opcionales de integración, un nuevo rol llamado Product Manager quien dirige a los POs de los equipos, otro nuevo rol llamado *'Release Train Engineer'* quien coordina a los SMs, la coordinación de *Backlogs* por medio de un *Backlog* a nivel programa y la coordinación entre equipos por medio de eventos conjuntos y refinamientos, eventos trimestrales, System Team, Scrum of Scrums, Team Backlog y Team PO. SAFe propone que los equipos deben tener sus iteraciones sincronizadas y a tiempos periódicos deben tener una iteración de integración y planificación de todos los equipos o productos (se planifican trenes de *releases*). O sea que los equipos desarrollan en iteraciones de equipo (entre 1 semana a un mes) dentro de iteraciones de programa de mayor duración (entre 2 o 3 meses).

Para más información hay que remitirse a la guía y definición de prácticas dada por el sitio web de SAFe[109].

LeSS

Por otro lado tenemos al framework *Large-Scale Scrum* o LeSS que es un marco de desarrollo de productos que extiende Scrum con reglas de escalado y directrices sin perder los propósitos originales de Scrum. LeSS tiene un conjunto de principios alineados a Scrum y sumado el pensamiento sistémico. Además tiene alrededor de 28 reglas disponibles en 3 libros y propone diferentes mecanismos de coordinación como eventos conjuntos y refinamiento, CoP, SoS, Integración de código, *feature teams* y Area Product Owner. LeSS también propone subdivisiones de la organización por áreas de valor o Customer Value. Para más información hay que buscar en la guía del sitio web *"less.works"* y en diferentes libros que tratan el tema, como por ejemplo: *"Large-Scale Scrum*, More with LeSS" de Craig Larman y Bas Vodde.

Modelo Nexus

---

109 Sitio web de SAFe: https://www.scaledagileframework.com

Nexus es un marco de trabajo para desarrollar y mantener iniciativas a escala de desarrollo de productos y software basado en Scrum. Fue creado por Ken Schwaber y Scrum.org. Es un exoesqueleto cuyo corazón es un conjunto de Equipos Scrum combinados para crear un Incremento Integrado, usando una única Lista de Producto Backlog, manteniendo "Listas de Pendientes" por Sprint y apoyados por un "Equipo de Integración Nexus" quien brinda soporte para asegurar que se produzca un Incremento Integrado. Para más información basta leer la "Guía Nexus" publicada en Scrum.org[110] o profundizar en el libro de Kurt Bittner (Bittner, 2017).

DAD

El marco de decisiones de procesos "Disciplined Agile Delivery" o DAD, brinda una orientación ligera para ayudar a las organizaciones a escalar agilidad y buscar optimizar sus procesos de tecnología de la información (IT) de una manera sensible al contexto ágil y DevOps. Para ello, muestra cómo las diversas actividades, como la entrega de soluciones, las operaciones, la arquitectura empresarial, la gestión de cartera y otros equipos y áreas trabajan juntas. Las reglas implicadas en este marco hacen que la empresa busque ser consciente y escalable. La referencia primaria para DAD es el libro "Disciplined Agile Delivery: A Practitioner's Guide to Agile Software Delivery in the Enterprise", escrito por Scott Ambler y Mark Lines.

Si bien estos modelos tienen distintos grados de aceptación y éxito en muchas organizaciones, no se deben tomar como ley en piedra aplicándolos en cualquier contexto u organización. No se deberían implementar como recetas a seguir o soluciones ideales a implantar. Para aplicarlos en una organización deben ser evaluados y, en caso de aplicar alguna de sus pautas, ajustados según contexto y necesidades. Se recomienda aplicar también el pensamiento sistémico, ingeniería de sistemas y perspectivas de otras disciplinas.

HR, Facilities y la PMO

Para lograr el éxito a largo plazo de los equipos Scrum, las implicaciones de volverse ágil deben transferirse a otras áreas como: HR (HHRR), *Facilities*, y la PMO[111]. Para ello debemos

---

110 Guía Nexus: https://www.scrum.org/resources/scaling-scrum

111 (Cohn, 2009)

tener en cuenta que estos deben funcionar como facilitadores y no como impedimentos. En esta línea:

- **HR**: Recursos humanos o gestión de personas debe facilitar una cultura ágil, evaluaciones de desempeño grupales y con mayor frecuencia, caminos de carreras de roles ágiles, contrataciones más rápidas, participación colaborativa en las búsquedas de perfiles y entrevistas de candidatos, soporte de capacitaciones ágiles, fomentar una cultura de seguridad psicológica, retención de talento, etcétera.

- **Facilities**: el área de *'facilities'* debe buscar facilitar espacios adecuados para el trabajo colaborativo, recursos materiales necesarios con celeridad (muebles, teléfonos VoIP, computadoras, pizarras, etc.), etcétera.

- **PMO**: La oficina de proyectos necesita facilitar proyectos ágiles (desarrollo ágil de productos), la reducción de desperdicios, el establecimiento y apoyo de comunidades de práctica, la consistencia entre los equipos, la coordinación de los equipos, la gestión compartida de KPIs útiles, el alineamiento entre equipos, etcétera.

Estas áreas no solo deben facilitar el trabajo ágil de los equipos Scrum, sino que también pueden trabajar aplicando Scrum en los casos adecuados (que trabajen más orientados a producción de trabajo planificable) o incluso otras metodologías ágiles o prácticas ágiles (Kanban, Lean, etc.).

Equipo de mejora continua

Como se ha visto, el escalamiento no es tarea simple y no existe una solución universal. Se puede dejar que los cambios organizacionales emerjan de abajo hacia arriba (desde los equipos, comunidades o individuos), sean dirigidos por un ente director (*coaches*, consultoras o un líder transformacional) o algo mixto. Hay frameworks que recomiendan que, cuando se desea llevar a cabo transformaciones organizacionales hacia la agilidad, se constituya un equipo de expertos ágiles llamado centro de excelencia, centro de transformación digital, centro de soporte ágil o equipo transversal de mejora continua[112]. Este equipo se encargaría de hacer *'coaching'* a equipos y a otros roles, proponer iniciativas de mejoras organizacionales y apoyar la transformación cultural. El equipo puede estar formado por *Coaches* Ágiles Empresariales, gerentes ágiles, ingenieros de sistemas, ingenieros de operaciones, capital humano, etc. Los

---

112 ScrumStudy recomienda un Scrum Guidance Body y DAD recominda un equipo de excelencia CoE.

miembros deben ser capaces de trabajar en cualquier nivel de la organización, teniendo una visión multidisciplinaria, global y perspectiva sistémica.

8 COMPLEMENTOS A SCRUM

Originariamente Scrum no tiene como objetivo dar instrucciones precisas a los equipos sobre la forma concreta en la que deben llevar a cabo su desarrollo. El Scrum propuesto por la Scrum Guide de Scrum.org es bastante simple y básico. Con este marco se espera que los equipos hagan lo que sea necesario para ellos, en función de entregar el producto de calidad. Esto significa mejorar Scrum o ir más allá.

Las prácticas y herramientas de desarrollo cambian y mejoran de manera continua y los buenos equipos trabajarán constantemente en post de obtener el mejor uso de las mismas. Es así como los equipos a medida que maduran agregan eventos y actividades necesarias para su contexto conformando un flujo de Scrum Extendido y adaptado a su realidad (ver fig. 8.1). Además, estos equipos adoptan prácticas ágiles e ingenieriles necesarias para desarrollar software de calidad.

Desde esta perspectiva, se puede consensuar un anillo de complementos útiles que rodea al núcleo de Scrum y que pueden potenciar el trabajo ágil y la práctica de ingeniería. Estos complementos son métodos y técnicas complementarias a Scrum, sugerencias y recomendaciones, lecciones aprendidas y conceptos aledaños. En este capítulos trataremos estos temas.

Scrum extendido

La guía de Scrum propone un marco simple y algo estructurado y, aunque funciona bien como contenedor para otras técnicas, metodologías y prácticas, hacer Scrum es al menos seguir ese marco. Sin embargo, debemos usar lo necesario que en nuestro contexto nos ayude a solucionar los problemas y cumplir los objetivos que nos planteamos. Por tal motivo, debemos ser libres de tomar lo que consideramos relevante de Scrum, o mezclarlo con otros métodos o expandirlo con otras actividades, técnicas y prácticas.

En mi experiencia he visto como equipos han necesitado robustecer Scrum con otros eventos, actividades y procesos como la *'inception'*, el refinamiento, demos internas, monitoreo constante de feedback, proceso de OPCON, break, etcétera.

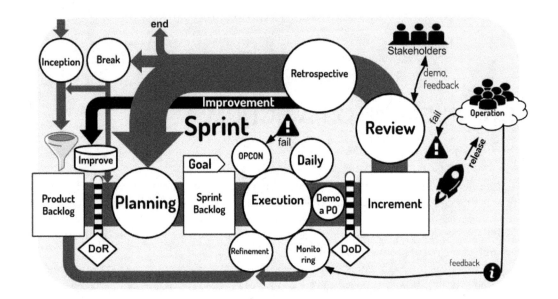

Figura 8.1: Ejemplo de un Flujo de Scrum Extendido

Por ejemplo, cuando un equipo ya constituido comienza con un nuevo producto, es aconsejable tener un proceso inmediatamente previo a comenzar los sprints para definir o poner a todo el equipo en la misma página respecto a la visión del producto, los objetivos y para poder hacer una primera alimentación formal y colaborativa del Backlog. En esta reunión es cuando se hace el *kickoff*, se definen los tipos de usuarios, experiencia de usuarios a alto nivel, visión del producto, *features* principales, posibles temas o épicas, un posible *roadmap*, y las historias sobre las cuales se puede comenzar a trabajar. A este proceso se lo puede llamar *"inception"*.

Otro ejemplo es el refinamiento o *"refinement"* que no es un evento oficial de Scrum, sin embargo se puede hacer necesario formalizar el refinamiento como evento para fortalecer el trabajo en equipo sobre el Backlog y llegar con historias más maduras (con menos riesgo) a la *planning*. De hecho, las historias y el DoR no son parte dictada por la guía de Scrum, pero es de bastante utilidad trabajar con historias (como se verá más adelante) y asegurarse de que hay un mutuo entendimiento de la completitud necesaria de una historia para ser abordada en una *planning*.

También podemos considerar hacer demostraciones "Demo" al PO previas a la review, como instancias donde el equipo junto al PO controlan el DoD y los criterios de aceptación, para controlar una historia antes de que se llegue a la review. De este modo se llega a la review con certeza de cuáles historias se concluyeron satisfactoriamente y cuáles no, evitando que la review se transforme en una instancia de aprobación de historias.

El monitoreo constante de feedback (*'Monitoring'* o *"Continuous Monitoring"*) puede transformarse en un proceso pautado, en el cual el equipo se autogestiona para realizar inspección y adaptación constante, monitoreando las principales métricas del producto, KPIs y registros de actividad del producto funcionando en operaciones. Esto es radicalmente importante para pasar de ser un equipo reactivo a proactivo. Aunque también se debe contemplar ser lo suficientemente efectivo en las acciones reactivas de solución de contingencias en operaciones (resolución de fallos o bugs en operaciones). Y para ello se puede tener un proceso consensuado de cómo manejar las OPCON de forma eficiente.

Trabajar con Scrum se puede sentir, en ocasiones, la disciplina de la cadencia como sofocante. En algunos contextos puede ser producente tener un respiro para que el equipo trabaje en algo fuera del foco del producto o para trabajar en actividades como refinar el Backlog, capacitaciones, innovación, planificaciones, *team-building*, *discovery*, etcétera. Para eso se usa el concepto de "break", un lapso de tiempo para hacer estas actividades sin contar como sprint. Una especie de interludio *inter-sprints*.

En síntesis, debemos ser libres de adaptar Scrum o potenciarlo como consideremos apropiado. Ser libres de experimentar.

Dinámicas de grupo

Coordinar personas

Un SM facilita la coordinación de personas y grupos. Modera o lidera dinámicas de coordinación en grupo. Por ejemplo empleando la técnica usada por rescatistas después de terremotos para hacer silencio es particularmente útil para lograr silencio en un grupo numeroso. Consta de pedir silencio cuando se levanta la mano. Pues, los que ven la mano levantada tienen que callarse y levantar a su vez la mano. Cuando cualquiera ve a alguien con la mano levantada se debe callar y a su vez levantar la mano. Este comportamiento se termina propagando rápidamente en todos los integrantes hasta que se logra el silencio. Es una técnica muy útil en la reuniones cuando las personas se dispersan comunicándose en forma caótica o cuando alguna actividad de conversación libre se extiende del tiempo necesario.

Un SM aprende y usa este y otros tipos de técnicas para coordinar personas y también hace uso de otras de 'gamificación' para liderar dinámicas de grupo.

Gamification y dinámicas de grupo

Un facilitador ágil (SM, AM, *Agile Coach*, etc.) debería facilitar los cambios culturales, la cohesión de equipos, el trabajo colaborativo, la creatividad y la innovación. Para ello, puede traer a la mano, de su cartera de juegos, dinámicas de grupo que son herramientas de '*Gamification*' (*Game Thinking*). Estas dinámicas son actividades en forma de juegos que ayudan a llegar a un resultado grupal de una manera divertida, comprometida, colaborativa, activa, motivadora, visual (*Visual Thinking*), experimental (*Design Thinking*) y creativa (*Creative Thinking*). Puede apelar a dinámicas de charlas de café o "*Lean coffee*", dinámicas de "*Open Space*", las "Estructuras Liberadoras" (Lipmanowic & McCandless, 2014), el libro de '*Gamestorming*' (Gray, Brown & Macanufo, 2012), etcétera. Hay que considerar que estas dinámicas deben reforzar las actividades de ingeniería y no reemplazarlas.

Constitución de un equipo Ágil

No hay nada mejor para iniciar un equipo ágil que comenzar con motivación, foco y compromiso, para lo cual una dinámica de "Constitución de un equipo Ágil" es útil. Pues mediante esta técnica se busca lanzar un equipo que tenga identidad como tal, forma de trabajo clara, acuerdos de convivencia, un propósito como foco de equipo y valores que guíen su espíritu. Es una inversión de esfuerzo inicial en un grupo para lograr cohesión, promoviendo su sinergia, para el éxito futuro como equipo. En esta reunión de constitución se recomienda comenzar con alguna dinámica rompe hielo y seguir con una de conocimiento interpersonal, como por ejemplo la dinámica de "mapa personal" (personal map). Luego se puede hacer la dinámica de "Lienzo de Constitución de Equipo Ágil".

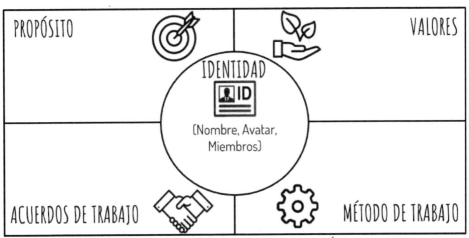

En esta dinámica, mediante un lienzo de cinco regiones, completamos la identidad del equipo, su propósito como tal, los valores del equipo, los acuerdos de trabajo (*"Working Agreement"*) y el método de trabajo. La identidad del equipo puede constar de un nombre y un avatar. También se pueden escribir los nombres de cada integrante para que queden registrados como acta de constitución. El propósito debería ser simple y claro, que cohesione la finalidad del equipo. Aquí podemos recordar que es deseable que se constituyan equipos a los cuales se les da trabajo o se les trae productos o proyectos y no al revés, armar equipos para un proyecto en particular para luego desarmarlos. Es recomendable orientarse a productos o servicios con equipos estables que a proyectos. Respecto a los valores, además de hacer énfasis en los valores ágiles y los de Scrum, el equipo puede definir sus propios valores o agregar valores a seguir. Los acuerdos de trabajo son esenciales para marcar las reglas del equipo como acuerdos de convivencia. Aquí se puede agregar la hora de comienzo de la *daily*, por ejemplo. Y por último, en método de trabajo se aclara el uso de Scrum, la duración del sprint y se pueden especificar algunas prácticas a seguir.

Técnicas de justificación de negocio

Un equipo de alto rendimiento está orientado a entregar valor. Entonces debemos justificar ese valor y medirlo de alguna manera.

Valor de negocio

La forma más simple es el uso de un valor relativo (como *'Business Value Points'*) para estimar el valor que justifica el negocio. Aunque, dos formas más objetivas de hacerlo es mediante ROI (*'Return of Invest'*) y MoS (*'Measure of Success'*).

El ROI es el 'Retorno de Inversión' y sirve para estimar el posible valor de Proyecto y así medir de algún modo la viabilidad de negocio. Podemos estimar los ingresos (Beneficio) que se esperan obtener a partir de un Proyecto, restando los costos o inversiones estimadas, y dividiendo esto por los mismos costos previstos, con el fin de obtener una tasa de retorno: "ROI = (Beneficio - Costo / Costo) x % 100". Esta fórmula tiene en cuenta una tasa de confianza de cumplimiento del 100% (sin riesgo). Una variante es el "ROI Scorecard" que consta de multiplicar por una tasa o coeficiente de confianza C (es la inversa del riesgo) en vez de por 100: "ROI Scorecard = (Beneficio - Costo / Costo) x % C". Si pensamos el beneficio como valor y el costo como esfuerzo también podemos pensarlo como una medida de valor por ítem de trabajo o por lote: "ROI Value Score = (Value / Effort) x % C".

Por otro lado tenemos el MoS o 'Medida de Éxito', que es la métrica (o *'KPI'*) de un objetivo estratégico (*'Goal'*) que nos indica una medida de éxito del proyecto[113].

Valor de negocio versus complejidad

Se puede hacer uso de medir *Business Value Points* para hacer un seguimiento del valor de negocio entregado mediante diagramas de *Business Value Delivered* o *Business Value BurnUp*[114] o alguna medida de valor ROI o MoS. Además, también es útil para ayudar en la priorización de historias de usuario, pues logrando hacer un diagrama de Business versus *Complexity* (ver fig. 8.4) podemos tener una visión del peso en complejidad de cada historia (US) o PBI en contraste con el valor de negocio que aporta y, en base a esto, poder hacer priorizaciones en las sesiones de planificación.

---

113 (EDGE, 2020)

114 El Business Value BurnUp es un diagrama de BV entregado acumulado por cada Sprint (ScrumAlliance, 2005).

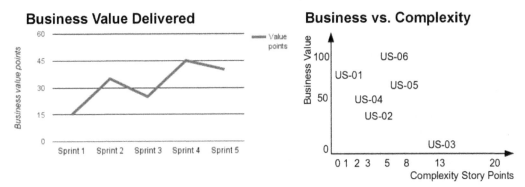

Figura 8.4: Diagramas de Business Value

Técnicas para requerimientos

Hay diferentes técnicas que un PO experimentado debe conocer y que nos sirven para definir, desglosar, mapear trabajo en requerimientos. Técnicas como 'User Story', 'Acceptance Criteria', 'INVEST', 'Story Mapping', 'Hierarchy of Backlog Items', 'Impact Mapping', 'Customer Journey', 'Slicing', etcétera. En este apartado explicaré algunas.

Historias de usuarios

Para Scrum las hipótesis de requerimientos se representan en ítems de Backlog de producto PBI. A estos PBIs se los suele denominar "Story" o "Historias de Usuarios"[115]. El Product Backlog incluye incisos o Stories que aportan valor al cliente y que suelen ser descripción de requisitos funcionales. Aunque también puede incluir entradas para exploración de características, necesidades del cliente u opciones técnicas, requerimientos no funcionales, el trabajo necesario para lanzar el producto, y otros incisos, así como la configuración del entorno o arreglar defectos[116]. O sea que puede proporcionar valor en forma indirecta mediante el aumento de la calidad o la reducción de los incidentes en el largo plazo[117].

Las historias representan un concepto verificable y simple, que el Product Owner quiere implementar en el producto. Según el concepto general de metodología Ágil, la historia se define como una "promesa de una conversación" o una "descripción de una característica"[118].

---

115 Las "User Story" son una técnica de eXtremme Programming (XP).

116 (ScrumInstitute, 2015)

117 (ScrumInstitute, 2015)

Según esta perspectiva, la historias de usuario representa una "funcionalidad de aplicación" para un usuario y que brinda un beneficio (ROL + FUNCIONALIDAD + BENEFICIO). Las mismas se escriben siempre con lenguaje de negocio y respetando la siguiente pauta de estructura:

COMO <ROL o ROLES>
QUIERO <FUNCIONALIDAD>
PARA QUE <BENEFICIO ESPERADO>

Por ejemplo:

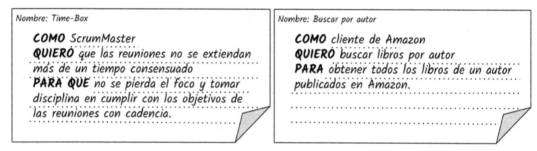

Figura 8.5: Escritura de historias ejemplo

La historia de usuario no es exactamente un requerimiento, pero puede considerarse como el título de una hipótesis de requerimiento como recordatorio de algo relevante a conversar con el usuario o cliente. En consecuencia, lo relevante es su evolución como conversación[119].

La historia de usuario describe lo que el usuario quiere hacer desde la perspectiva de una interacción con un proceso de negocio, describe el objetivo del usuario en términos de necesidad de obtener algo que se hace en el negocio[120].

Según Dan North y en el marco de *Behavior-Driven Development* (BDD), una Story es más un requerimiento, pues tiene que ser una descripción de un requisito y su beneficio para el negocio, y un conjunto de criterios con los que todos estamos de acuerdo de qué es o lo que se hace, "lo que el cliente necesita"[121].

---

118 (UNTREF, 2014); (North, 2015)

119 (UNTREF, 2014)

120 (Bellware, 2008)

121 (North, 2015)

Criterio de demarcación

Las historias de usuario bien escritas son esenciales para el desarrollo ágil y la ingeniería de software. Existen ciertas características a tener en cuenta a la hora de escribir una historia de usuario y determinar cuál es una bien escrita o una válida. El criterio de demarcación aceptado en metodología ágil en general es el criterio INVEST[122] y que consta de seis características a cumplir[123]: independiente (ser atómica con cohesión funcional y bajo acoplamiento), negociable (conversable y abierta), valorable o *'valuable'* (aporta valor al cliente), estimable:(certidumbre necesaria para ser estimada), pequeña (entrar en un sprint), probable (se puede validar).

¿Qué NO es una Historia de Usuario?

Si no cumple con el criterio INVEST es bastante probable que no sea una *User Story*. Por ejemplo una tarea puramente técnica (que le interesa sólo al desarrollador), un *refactoring* técnico, deuda técnica, una mejora técnica o un *'Spike'* no cumplen con INVEST y en su generalidad no son *User Story*. Sin embargo, a todas las historias que no son tareas o *spike* las podemos tratar como *Story*, haciendo la distinción entre *User Story* y *Technical Story* (ver fig. Fig: 8.6).

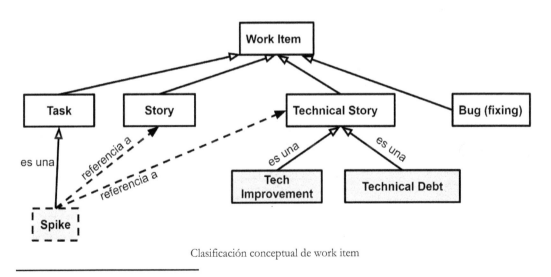

Clasificación conceptual de work item

---

122 INVEST es un acrónimo creado por Bill Wake.

123 (UNTREF, 2014; ScrumAlliance, 2015)

Veamos los siguientes ejemplos:

- **Historia Técnica:** "Cada historia tiene que ser valorada por los usuarios..."[124]. Pues en realidad, una historia de usuario describe la funcionalidad que será valiosa para un usuario o comprador de un sistema o software[125]. Hay historias que especifican aspectos técnicos que no son valiosos para el usuario sino más bien para el cliente o comprador (la valoración es transitiva y no directa). Historias técnicas pueden ser valorados por los compradores que contemplan la compra del producto, pero no serían valorados por los usuarios reales. Pero esto no es lo que podemos llamar una *'Technical Story'* sino que es una *Story* con aspectos técnicos que tiene valor para el cliente. Para Scott Ambler, en Agile Modeling, una *Story* es una definición de muy alto nivel de un requerimiento que puede ser funcional o no, por ejemplo, de un requerimiento técnico[126], algo así: "**COMO** usuario **QUIERO** que las transcripciones estén disponibles en línea a través de un navegador estándar **PARA QUE** me permita acceder desde cualquier lugar"[127].

  Cuando se habla de *'Technical Story',* se hace sobre aquella historia técnica que sólo es valorada por los desarrolladores, ingenieros o arquitectos que impactan indirectamente en un usuario final mediante requisitos no funcionales o atributos de calidad. Estas historias son tarea técnica, de arquitectura, tarea de investigación técnica, o tarea por deuda técnica (de refactorización). Hay organizaciones que separan entre historia técnica, deuda técnica y mejora continua técnica. Lo que hay que tener en cuenta que este tipo de historias se centran en la tecnología y las ventajas para los programadores, por un lado, y las ventajas de atributos de calidad por otro. Es muy posible que las ideas detrás de estas historias sean buenas, pero en cambio deben ser escritas para que los beneficios a los clientes o usuarios sean evidentes. Esto permitirá, al cliente o Product Owner, priorizar inteligentemente estas historias en el calendario de desarrollo[128].

  Otra forma de denominar a las historias técnicas es 'Enabler' (nombre dado en el marco de trabajo SAFe), es decir que son habilitadoras de historias de usuario. Estos incluyen exploración, arquitectura, infraestructura y 'compliance'.

---

124 (Cohn, 2004)

125 (Cohn, 2004)

126 (Ambler, 2015)

127 (Ambler, 2015)

128 (Cohn, 2004)

También se corresponden con componentes técnicos. Para la Agile *Alliance* una *Story* no se corresponde en general a un "componente técnico" o de la "interfaz de usuario", pues a pesar de que a veces puede ser un atajo útil hablar de por ejemplo "la historia de diálogo de búsqueda", pantallas, cuadros de diálogo y botones, no son historias de usuario[129].

- **Historia Técnica, Deuda Técnica:** En palabras simples, una historia de deuda técnica es una historia técnica de refactoring o una re-programación para mejorar el código, pero sin cambiar el comportamiento del software. Se puede decir además que es una historia técnica de re-ingeniería, mejora técnica (*Improvement*) o deuda técnica (*Technical Debt*) de calidad de código, que no es valuable o su valoración es a futuro o en relación a un atributo de calidad que puede no estar directamente solicitado por el cliente o no impacta en beneficio inmediato para el cliente, ya que podría estar resolviendo una "deuda técnica"[130]. Esto no quiere decir que no pueda haber una "*story* de *refactoring*" que puede proporcionar valor en forma indirecta mediante el "aumento de la calidad o la reducción de los incidentes en el largo plazo". Este ítem de trabajo puede ser categorizada como historia técnica.

  Un ejemplo de una es: COMO desarrollador QUIERO hacer un *re-factoring* del servicio X PARA QUE se pueda mejorar su arquitectura, lograr código más elegante, más sencillo y asegurar la mantenibilidad de la aplicación.

  Los elementos de trabajo de tipo deuda técnica generan beneficios relacionados a mejorar four keys metrics (Deployment Frequency, Lead Time for Changes, Change Failure Rate, Time to Restore Service), development lead time, escalabilidad, maintainability, confiabilidad (reliability), security (vulnerabilities, security hotspots); reducción de tasa de defectos escapados, etc.

- **Bug (fixing):** La corrección de errores no es una característica nueva de producto, pero cambia el comportamiento del código. Puede deberse a deuda técnica, no ser de valor inmediato para el PO salvo que afecte la operación. Como estrategia, la misma, puede ser tomada según su criticidad fuera de la carrera (de historias de usuario) del Sprint, es decir, el equipo puede mantener un factor de enfoque en historias de usuario para asegurar tiempo para corregir errores[131]. Hay que tener en cuenta que la corrección de uno o varios errores puede ser tratada simplemente como cualquier otra

---

129 (ScrumAlliance, 2015)

130 Deuda técnica es la incurrida involuntariamente debido a trabajos de baja calidad o deuda incurrida intencionalmente (McConnell, Ward Cunningham) y que consta en arquitectura no escalable, defectos en el código, documentación inservible o desactualizada, problemas para migrar o actualizar funcionalidades o problemas por falta de mantenimiento.

131 (Kniberg, 2007)

historia[132] (aunque no sea exactamente una historia de usuario). Aquí, además, podemos distinguir dos tipos de errores a corregir: errores internos del desarrollo y errores escapados al desarrollo. En general se suele tratar como bugs a los errores escapados que surgen en producción. Estos errores se pueden clasificar según su gravedad como: crítico, mayor, menor o cosmético[133]. También se pueden priorizar con prioridad: alta, media y baja. Generalmente los bugs de gravedad crítica o mayor y los de prioridad alta se los llama hotfix, debido a que deben arreglarse con urgencia. Los otros tipos de bugs pueden priorizarse en el backlog para próximas entregas.

- **Task:** Las tareas son elementos de trabajo, al mismo nivel que una historia, que generalmente no tienen código asociado y son actividades que deben completarse, por ejemplo: hacer un análisis, realizar un diseño o diagrama, documentar, hacer una investigación, etcétera.

- **Task, Spike:** No es una *User Story* ya que es una tarea de investigación y/o experimentación en formato *time-boxing*, por lo que no cumple con ser probable ni estimable (no cumple con dos criterios INVEST); puede ser redactada como una historia de investigación[134], por ejemplo: COMO desarrollador QUIERO investigar sobre performance PARA QUE luego se pueda mejorar la prestancia de la aplicación. Un Spike debe ser una tarea corta, preferentemente que no dure más de 6 horas y, por lo general, habilita a otras historias disminuyendo incertidumbre. El spike es una categoría conceptual, no es necesario que sea un tipo de work item distinto, puede ser simplemente una 'Task'.

Como recomendación, un equipo puede comenzar a trabajar con los siguientes tipos de work ítems: user story (story), technical story, bug y task. Esto aporta simplicidad. Luego puede sofisticar más, de acuerdo con sus necesidades.

Componentes de una historia de usuario

Cabe recalcar que una historia de usuario no se debe entender como un requerimiento exhaustivamente detallado. Y para recordarlo Las historias de usuarios se componen de tres elementos comúnmente denominados las tres 'C'[135]:

---

132 (Cohn, 2004)

133 Cem Kaner (1999) Testing Computer Software.

134 (Cohn, 2004)

135 Las 3 Cs de Ron Jeffries.

- **Carta o tarjeta (Card):** Las historias se deben poder escribir en una tarjeta de papel pequeña. Por ese motivo la redacción de las mismas debe ser clara, precisa y concisa para caber en una tarjeta de papel.
- **Conversación:** Las historias deben tener y generar conversaciones cara a cara entre el Product Owner y el Equipo de Desarrollo.
- **Confirmación:** Deben estar suficientemente explicada para que el Equipo de Desarrollo qué es lo que se desea construir y qué es lo que se espera como resultado de dicha implementación. La confirmación es el "Criterio de Aceptación" que los desarrolladores deben tener en cuenta para que la misma sea aceptada por el cliente.

Criterio de aceptación

Las historias de usuario tienen límites específicos para las características del producto, proceso o servicio definido en la hipótesis de requerimiento que determinan los resultados esperados para que la historia sea aceptada por el cliente. En otras palabras, el criterio de aceptación es el conjunto de afirmaciones útiles para que el cliente valide la historia.

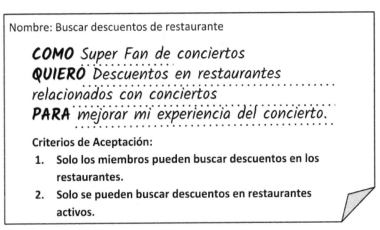

Figura 8.7: Historia de usuario como ejemplo simple

Desglose y jerarquía del Backlog

Podemos saber redactar historias de usuario, pero: ¿cómo llegamos a ellas? ¿cómo desglosar el trabajo de una iniciativa en un conjunto de historias concretas a desarrollar?

Podemos decir aquí que existen dos decisiones a realizar: a) la jerarquía del backlog; y b) el método de desglose de backlog.

Jerarquía del Backlog

Otras categorías para tener en cuenta son las abstracciones de alto nivel que permiten jerarquizar el desglose de trabajo en el Backlog o '*Hierarchy of Backlog Items*'. Esta depende del autor al cual uno se refiera, el framework y/o la convención del equipo. Por ejemplo, hay quienes quieren trabajar con temas (theme) o épicas de portafolio como lotes de trabajo de alto nivel mediante el cual se puede descomponer en iniciativas de producto. Las épicas de portafolio se pueden dividir en *features* y las *features* en dos o más historias de tamaño más pequeño. Generalmente se clasifican en una de dos categorías: historia compuesta o historia compleja (Mike-Cohn, "*User Stories Applied*"). Hacer este tipo de categorizaciones nos ayudará a hacer mejor el desglose de trabajo y ordenar mejor el Backlog. Otros equipos trabajan cono iniciativas que se desglosan en épicas de características (Epic/Feature) que luego se desglosan en ítems de trabajo a nivel de historia de usuario (Story). Esto depende bastante del marco de trabajo que se use a nivel de gestión de portafolio. En general recomiendo comenzar por la forma más simple.

Según Kent Beck y Martin Fowler, las *features* y user *stories* son sinónimos. De hecho, podemos trabajar con historias que tengan título, donde el título representa a la descripción abreviada de la *feature*. Los equipos que usan herramientas como Jira (de Atlassian) usan Epic como historias grandes o feature contenedoras de historias.

Uno modelo más simplificado es trabajar directamente con historias sin *features* como work item explícito. La feature es un concepto, pero se puede reflejar en épicas (Epic) y en historias (Story).

En cualquier modo que elijamos podemos trabajar con releases y/o MVPs, como parte del *roadmap* del producto. Los releases/MVPs van a referenciar a Epic/*features* o a historias (modelo simplificado).

El modelo conceptual que se use dependerá del equipo y el PO, de lo que les sea más cómodo y útil. Como recomendación se puede comenzar con un esquema simple como: Initiative → Epic → Story.

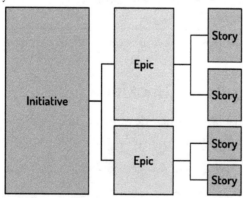

Método de desglose de Backlog

Como mencioné anteriormente, la segunda decisión a la hora de descubrir historias de usuario es el método de desglose de backlog, que es el marco metodológico de análisis de sistema que hagamos para analizar las necesidades, modelar la lógica de dominio y descubrir un conjunto de historias de usuario en un desglose de backlog. La herramienta que usemos influirá significativamente en el resultado. Podemos usar algo simple y poco estructurado como lluvia de ideas para descubrir ítems de trabajo. O podemos usar algo más sofisticado y metodológico, como recurrir a un enfoque UX basado en jornada de clientes ('Customer Journey'), mapa de historias ('Story Mapping'), usar un enfoque Lean Thinking con cadenas de valor ('Value Stream Mapping'), un enfoque de diseño guiado por dominio (DDD), análisis de gestión de procesos de negocio (con BPM), etcétera.

A continuación, contaré algunas.

Enfoque UX de desglose de historias

El enfoque UX de desglose de historias es el basado en jornada de clientes o '*Customer Journey*' y un mapa de historias o '*User Story Mapping*'. Con la jornada del cliente analizamos las necesidades que abordaremos, basados en la experiencia de nuestros clientes objetivo. Luego usamos el '*User Story Mapping*' para organizar el Product Backlog en dos dimensiones: en una de ellas se identifican las entregas liberables o releases (MVP y releases) y en la otra las funcionalidades y/o historias de usuario. Es justamente donde, al unir con el viaje del usuario o '*Customer Journey*', podemos desglosar las funcionalidades del viaje del usuario (cabecera horizontal) en historias de usuarios, que priorizaremos en liberables o *releases* –en internet hay mucho material sobre estas técnicas para estudiarlas mejor o también en el libro de Jeff Patton llamado "*User Story Mapping*"–.

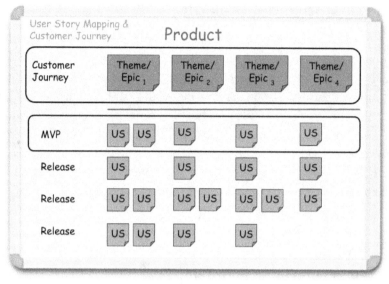

Figura: *User Story Mapping with Customer Journey*

Enfoque DDD de desglose de historias

El diseño impulsado por dominios ('Domain-Driven Design' o DDD) nos puede ayudar en la etapa de discovery (incluyendo inception), en las planning o refinamientos, para analizar el dominio de problema de negocio de la solución que el equipo desarrolla, permitiendo la comunicación entre el PO, stakeholders y técnicos mediante un lenguaje ubicuo. Este enfoque y estrategia coloca el foco principal del análisis y diseño en la lógica del dominio de problema (lógica de negocio). Nos permite refinar iterativamente un modelo conceptual, desde dominios (*domain*) y límites de contextos (*bounded context*), que aborde problemas particulares del dominio para pensar en servicios (*services*) y funcionalidades (features) como casos de usos de esos servicios.

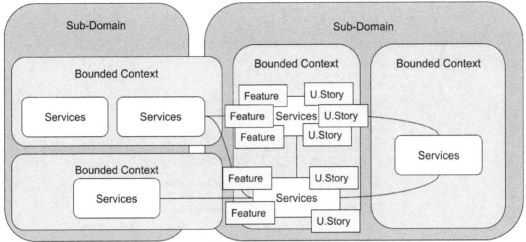

Figura: *Enfoque basado en Domain-Driven Design*

También nos puede servir en la estimación de historias de usuario al pensar en las soluciones basadas en las capas de arquitectura (*vertical slicing*) y en la estructura a desarrollar basada en servicios, entidades, objetos de valor, repositorios, agregados y *factories*.

Esta estrategia es un buen complemento para equipos que trabajan basados en arquitectura de micro-servicios. Además, hay que considerar que DDD se puede utilizar en todo el desarrollo de software, como una manera de subordinar la implementación de código al análisis de sistemas basado en dominios. Y para hacer análisis de sistemas basado en dominio no es necesario saber programar, por lo que puede ser una buena herramienta, simple, para un Producto Owner que no sepa de código.

División de historias (Slicing)

En la actividad de desglose de historias y desarrollada en planeación de releases, de sprint planning o refinamiento del Backlog, el PO conversa y analiza con el equipo sobre las funcionalidades/características que pueden hacer para el usuario/cliente objetivo y de cómo se puede desglosar ese trabajo en historias. Habitualmente una funcionalidad (*feature)* se desglosa en historias (*user story*) y estas en tareas (*task*). Y esta actividad de desglose es crucial para un buen trabajo ágil y asegurar entregas frecuentes de software funcionando; y en los períodos de tiempo más cortos posibles. Y algo que aconsejo para esto es: pensar primero en rodajas verticales o '*vertical slicing*' y luego en dividir historias o '*slicing*'.

167

Vertical Slicing

Trabajando con un equipo de característica, las historias serán principalmente rodajas verticales de funcionalidades. A esta división de historias se lo conoce como '*Vertical Slicing*'.

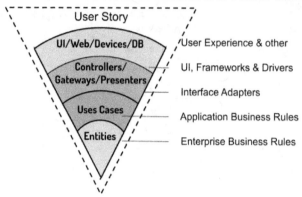

Figura 8.10.a: Historia de Usuario como '*Vertical Slice*'

El '*Vertical Slicing*' habilita el trabajo ágil y es, posiblemente, la práctica más difícil de desarrollar. Entregamos valor, de forma iterativa e incremental, en rodajas verticales de funcionalidad; donde las horizontales se corresponden a capas de arquitectura. Es decir que está pensado para una arquitectura limpia en capas (*Onion Architecture*, etc.) y no en una aplicación monolítica de tipo '*spaghetti*' (madeja de código altamente acoplado y con baja cohesión).

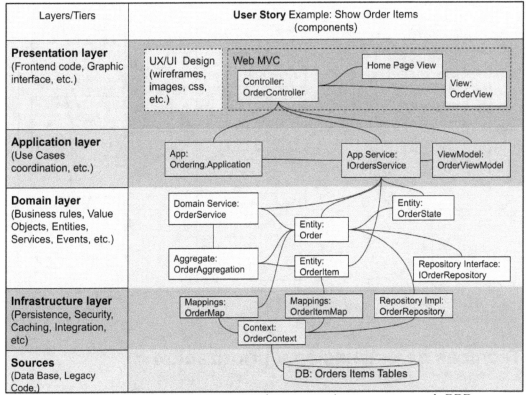

Figura 8.10.b: Ejemplo de componentes pensados en una arquitectura en capas usando DDD

Slicing

Para el '*Vertical Slicing*' y posterior desglose, el PO analiza si las historias son lo suficientemente pequeñas para desarrollarse y cumplir con el DoR. En caso de que aún sean demasiado grande (como para entrar cómodamente dentro de un sprint) podrán subdividirse en más '*Vertical Slice*' o según algún criterios de un conjunto de patrones de '*Slicing*'. Estos patrones ayudarán a encontrar la manera de pasar de historias grandes o complejas a otras más pequeñas y simples, manteniendo siempre la cualidad de User Story.

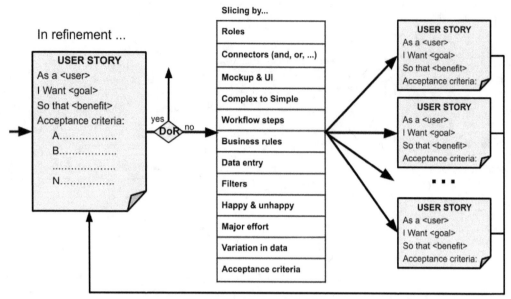

Figura 8.10.c: Actividad de Slicing

Técnicas de estimación y priorización

El desarrollo de software es una actividad de creación por evolución del conocimiento y, bajo el marco ágil, esta evolución es adaptativa, produciendo valor en lotes pequeños de trabajo. Por tal motivo se hace necesario estimar tanto el esfuerzo como el valor de ítems de trabajo que podemos desarrollar en un período de tiempo de un Sprint.

Técnicas de estimación de esfuerzo

Debido a que las planificaciones adaptativas son más a corto plazo, las estimaciones de esfuerzo necesitan ser realizadas con frecuencia para estimar iteraciones y conversar.

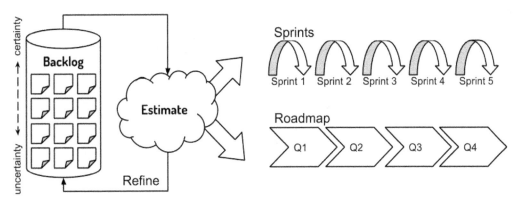

Figura 8.11: Estimación

Hay que considerar, entonces, que bajo el marco Scrum las estimaciones se hacen con dos razones principales: planificar sprints (sprints, *roadmap*, etc.) y evolucionar el conocimiento compartido (refinando las historias). La primera está relacionada a la predictibilidad del trabajo en pos de lograr una cadencia sostenible. En este aspecto, la predictibilidad se hace más certera al aumentar el grado de confianza al trabajar con sprint y hacer estimaciones a corta distancia en el tiempo. Además, es parte de un mecanismo de auto-regulación del equipo en buscar lograr un flujo de trabajo sostenible, estable y homogéneo. Para ello, el equipo busca desglosar trabajo en esfuerzos equiparables y de tamaños similares. La segunda razón, que se puede considerar la principal para estimar, es la de evolucionar el conocimiento compartido en forma colaborativa. El tiempo insumido en estimar es tiempo aprovechado para charlar en equipo, generando entendimiento común en lo que se tiene que hacer y cómo hay que hacerlo. Si bien el entendimiento común se va madurando en los refinamientos, donde se pueden hacer estimaciones a alto nivel, es en la *planning* cuando se valida que todos están en la misma página y, desde esta perspectiva, es una excusa para conversar. A continuación comento algunas técnicas elementales.

Estimación de esfuerzo relativa

¿Para cuándo va a estar el desarrollo terminado? ¿Cuántas horas vas a demorar en terminar la historia? No queremos estimar en tiempo absoluto, porque estimar cuánto nos vamos a demorar en desarrollar una historia de software, es tan imposible como estimar cuánto dinero exacto vamos a ganar con esa historia. Lo que queremos estimar es el esfuerzo en función de la complejidad y el tamaño.

171

Debido a la complejidad inherente al desarrollo de software es que esa estimación es relativa y consiste en estimar bajo determinada incertidumbre y con valores relativos. Se suelen usar los puntos de historia o "Story Points", que son una medida relativa de estimación de un ítem de trabajo o una historia de usuario para poder medir su tamaño y, además, es útil para medir la velocidad de un equipo. Hacer estimaciones relativas con SP significa que las historias se comparan entre sí, buscando mantener una relación proporcional entre ellas según estos puntos de historia. O sea que si se piensa a nivel de esfuerzo, una historia que tiene 3 puntos de historia requerirá tres veces más de esfuerzo que una que sea de un punto historia.

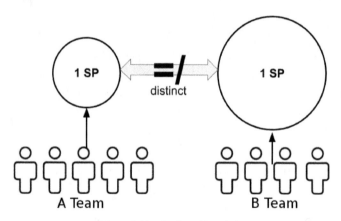

Figura 8.12.a: Estimación relativa

Cabe recalcar que la estimación es relativa, porque es subjetiva al equipo que estima. Entonces, si diferentes equipos toman a los puntos de historia como medida de complejidad de una historia, pueden llegar a valores distintos, porque considerarán la complejidad acorde a su percepción de complejidad y que es diferente. Hay equipos que pueden tomar al SP como expectativa de esfuerzo en un día ideal de trabajo (día sin impedimentos) y la expectativa de esfuerzo resultará relativa al equipo que la forma[136].

También cabe aclarar que "bajo ningún punto de vista la estimación (en *story points*) es un compromiso"[137] y que los puntos de historia no son medidas objetivas convertibles en forma precisa a horas. Justamente se usan puntos de historia para no estimar en horas hombre.

Estimación basado en desglose de tareas

Para estimar historias es buena práctica pensar y desglosar las tareas necesarias para construir la historia. Esto es útil hacerlo basado en tipos de tareas que el equipo desarrolla, como por ejemplo: tareas de ux, testing, front-end, back-end, spike y base de datos.

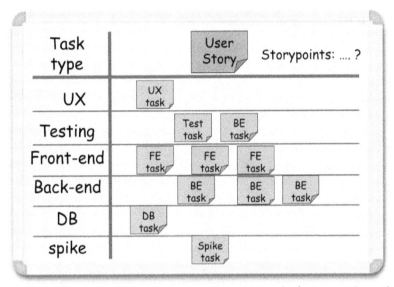

Figura 8.12.b: Ejemplo de tablero de estimación relativa contemplando tareas según sus tipos

Otra manera es pensar en arquitectura en capas, como: presentación, aplicación, dominio, infraestructura y fuente de datos.

Luego, teniendo una idea del esfuerzo total de una historia de usuario, entonces la podemos estimar con puntos de historia.

Póker de planeación

---

136 (Cohn, 2004)

137 (UNTREF, 2014)

El Póker de planeación o *"Planning Poker"*[138] popularizado por Mike Cohn con su libro *"Agile Estimating and Planning"*[139] es una técnica de estimación y planificación ágil que se basa el consenso por sabiduría de grupo.

La dinámica consiste en que el Product Owner inicia leyendo una historia de usuario o describe una característica para los desarrolladores estimadores. Cada estimador posee una baraja de "Cartas de Poker de Planificación". Los valores representan el número de puntos de la historia, día ideal, u otras unidades en las que el equipo estima. Los estimadores discutir la función, haciendo preguntas al Product Owner, según sea necesario. Cuando la función se ha discutido plenamente, cada estimador selecciona de forma privada una tarjeta a representar a su estimación. Todas las tarjetas se revelaron a continuación, al mismo tiempo. Si todos los estimadores seleccionan el mismo valor, que se convierte en la estimación. Si no, los estimadores discuten sus estimaciones. Los estimadores de valores altos y bajos deben compartir sus razones. Tras un nuevo debate, cada estimador vuelve a seleccionar una tarjeta de estimación, y todas las tarjetas se revelan de nuevo al mismo tiempo. El proceso se repite hasta que se logre el consenso, o hasta que los estimadores deciden que la estimación ágil y planificación de un ítem en particular debe ser diferida hasta que la información adicional se puede adquirir.

---

[138] El "Planning Poker" proviene de un paper presentado por James Greening llamado "cómo evitar análisis parálisis en la planificación de liberaciones" (Grenning, 2002)

[139] (Cohn, 2005)

Cartas de estimación

Las Cartas de Poker de Planificación que más se usan son las T-Shirts y las de Fibonacci:

- **T-Shirts:** Las cartas de talles de camisetas (polera) contempla los valores XS (muy pequeño), S (Pequeño), M (Mediano), L (grande), XL (muy grande) y XXL (extra grande). En su forma más simple se puede usar: S, M y L. Sirven para estimar épicas, tamaños de historias a alto nivel (o estimación preliminar) o trabajo a alto nivel como el tamaño de funcionalidades. Este tipo de estimación se suele usar en los refinamientos del Backlog y nos puede sugerir que una historia es lo bastante grande como para considerar desglosarla (Story Slicing) o lo suficientemente pequeña para tomarla en un futuro sprint.

- **Fibonacci:** Las cartas Fibonacci modificada contempla los valores 0, 1, 2, 3, 5, 8, 13, 20, 40 y 100 (más carta de infinito y de abstención). Estos valores son útiles para estimar complejidad de historias o trabajo a nivel medio. Realizando una estimación relativa, estos valores corresponden a puntos de historia con los que se puede pesar un ítem de trabajo o User Story –considerando las tareas involucradas y su complejidad–. Este tipo de estimación se suele usar en el planeamiento del sprint para estimar cuántas historias abordar.

Hay equipos que usan ambas combinadas y solo toman en un Sprint las historias que están ya estimadas en Fibonacci.

Técnicas de estimación de valor y priorización

Si todo es importante, nada importa. Si todo hay que hacerlo, nada tiene prioridad. Es necesario estimar valor para poder priorizar y realizar esfuerzo (costo) en lo más valioso. El cofundador de Scrum escribió un libro llamado "El Arte de Hacer el Doble de Trabajo en la Mitad de Tiempo"[140] y mi interpretación siempre fue la de "maximizar la cantidad de trabajo no realizado" como una manera de optimizar el valor entregado no haciendo lo que no aporta valor. Siguiendo la regla de Pareto, tratamos de hacer primero el 20% de funcionalidades que aportan el 80% de valor. En otras palabras, buscamos maximizar el valor de negocio entregado por un recurso de capacidad fija, tal como por ejemplo el equipo de desarrollo. Por ello necesitamos estimar valor y priorizar según diferentes técnicas.

Alguna técnicas de priorización de valor pueden ser las siguientes:

- **Priorización ROI relativo:** estimamos ROI por ítem y priorizamos en función de mayor retorno. Una variante es si estimamos "ROI Scorecard" por ítem usando coeficiente de confianza y priorizamos en función de mayor retorno. También podemos usar el "ROI Value Score". Esta manera está más orientada a proyecto.

- **Priorización Certidumbre, Valor & Esfuerzo:** calculamos la certidumbre técnica versus de negocio y valor versus esfuerzo. Priorizamos según esos dos valores. Esta técnica es una propuesta para hacerse en las 'inseption' según Pablo Caroli[141].

---

140 (Sutherland, 2014)

141 (Caroli, 2017)

- **Priorización MoSCoW:** Una primera aproximación a priorizar es estimar qué es lo que debe estar "Must have" (prioritario) y qué es lo que gustaría que esté "Nice to have" (con menos prioridad). Con MoSCoW profundizamos un poco más, porque estimamos qué tan necesario es un ítem o funcionalidad en función de cuatro valores (*Must, Should, Could, Won't*). Semejante y alternativo al modelo de Kano (Necesidades básicas, Necesidades esperadas, Deslumbrantes, Indiferentes).

- **Importancia y Urgencia:** estimamos la importancia (valor aportado) y la urgencia (restricción temporal o riesgo de penalidad) de un ítem según el principio de Eisenhower o matriz de Stephen Covey. Esta es una técnica simple que también puede usar un equipo que no desarrolla software.

- **Priorización por CoD:** estimamos el costo de retraso CoD. Una manera simple de calcular el CoD es mediante la siguiente fórmula: CoD = Valor (valor de negocio) + Urgencia (criticalidad en tiempo o si tiene *deadline*) + Oportunidad (coeficiente de reducción del riesgo y habilitador de oportunidad). Luego podemos usar la priorización mediante método de "trabajo más corto primero" o "*Weighted Shortest Job First*" en inglés. Su fórmula es: WSJF= CoD/Job size. El "Job size" puede ser la estimación de esfuerzo en puntos de historia que hace el equipo o días ideales. Está técnica suele emplearse en organizaciones que implementan SAFe, ya que es recomendado en este framework (el cual lo toma del libro "Principios del Flujo de Desarrollo de Producto"[142] Reinertsen).

- **Priorización por KPIs:** estimamos cómo impactará, en qué KPI principal y cuánto impactará en ese KPI. Luego priorizamos según objetivos estratégicos. Esto puede ser bastante útil si trabajamos en la organización orientada por KPIs, con OKRs o LVT ('*Lean Value Tree*').

- **Priorización por RVS:** el modelo EDGE que trajo a la mesa Thoughtworks, propone priorizar por RVS o '*Relative Value Scoring*' basado en la predicción de MoS (métricas de '*outcomes*') de un Lean Value Tree y una variante usando RVS con CoD[143]. Es una variante de priorización valor/esfuerzo. El valor será un número que indica el impacto relativo a un conjunto de medidas de éxito MoS. Y el esfuerzo será un número que indica el impacto en inversión, riesgo, complejidad y tamaño de esfuerzo. Luego se dividen ambos valores y se tiene un valor de prioridad (el más alto indica mayor prioridad).

---

142 (Reinertsen, 2009)

143 (EDGE, 2020)

También podemos usar una combinación de estas técnicas listadas.

Técnicas de monitoreo visual

Para buscar la adaptación y que el equipo se autoregule, debe monitorear constantemente su trabajo y sus resultados. Aquí se muestran algunas herramientas de monitoreo visual.

Gestión visual

La gestión visual es la utilización de elementos y técnicas visuales, como complemento, para la organización del trabajo y la comunicación o irradiación visual del trabajo. Esto es útil para soporte de coordinación y comunicación del equipo y para brindar transparencia hacia interesados externos al equipo.

Es aconsejable que los irradiadores de información presenten las siguientes características:

- **Ubicación ostensible:** estar ubicado en el lugar de trabajo en paredes o paneles visibles para todo el equipo.
- **Soporte físico:** estar hechos de material tangible como papel en vez de usar software, salvo el caso de monitores grandes. Por ejemplo en forma de afiches (flip-chart), carteles o pizarras visibles.
- **Resumen auto-explicativo:** contener información importante auto-explicativa y didáctica.

Ejemplos de irradiadores de información son: tablero de obstáculos o impedimentos, los gráficos de esfuerzo pendiente *burn-down* y *burn-up*, el gráfico de velocidad, indicadores de estados del *build* (usando semáforos), métricas de errores, riesgos activos, etcétera.

Tableros Kanban para Scrum

El tablero Scrum/Kanban o "Scrum Kanban Board" es una técnica de comunicación y monitoreo que consiste en utilizar un tablero Kanban (ver figura 8.13), como irradiador de información, para el manejo del ciclo de estados de las tareas y de los impedimentos. El tablero

Kanban debe ser visible por todo el equipo y, por lo tanto, transparente para todos los involucrados. Por ejemplo, durante una Daily Scrum todo el equipo es capaz de ver qué tareas se resuelven, cuáles no se han abordado todavía y qué impedimentos existen.

Ejemplo de un Kanban board

Los tableros se usan para reflejar el Sprint Backlog de una manera que sea útil para el equipo. Un buen tablero refleja el flujo real de trabajo y los respectivos WIP asociados a las etapas de trabajo (columnas). Hay equipos que tienen dos tableros: uno para el flujo de historias (*story board*) y otro para el flujo de las tareas (*task board*) (ver fig. 8.14). Esta manera permite tener una verdadera visibilidad del flujo de las historias, por un lado, y sus correspondientes tareas, por otro. Otros equipos tienen las historias y tareas integradas en un solo tablero (ver fig. 8.15). La estructura y estándar de colores y nomenclaturas dependerá de cada equipo.

El tablero más simple y genérico que se puede usar en cualquier tipo de equipo es el compuesto por tres estados/columnas: trabajo pendiente (To Do), trabajo en proceso (Inprogress/Doing) y trabajo terminado (Done). Es un tablero que se suele usar en metodología Getting Things Done (GTD) para gestionar tareas. Es tan simple que para un flujo real de desarrollo no nos sirve. El que le sigue en simplicidad es: trabajo pendiente (Backlog), seleccionado para desarrollo (Selected o Sprint Backlog), en progreso (In progress) y completado (Done). Un tablero así nos sirve como un desde: desde allí el equipo puede sofisticarlo según sus necesidades particulares.

Backlog	Sprint Backlog	In progress	Done
.			
.			
.			
.			

A continuación, le muestro algunos tableros solo de manera orientativa.

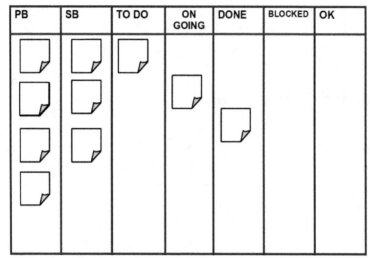

PB	SB	TO DO	ON GOING	DONE	BLOCKED	OK

Figura 8.13: Ejemplo de un tablero Kanban para Scrum integrado con tareas.

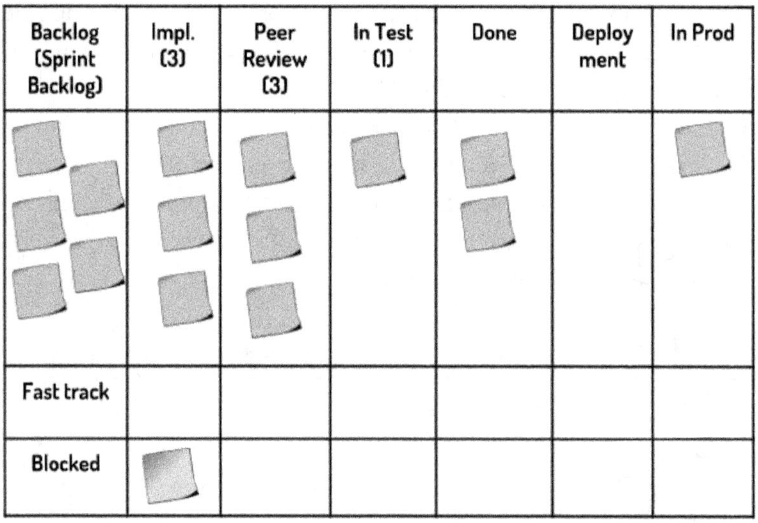

Backlog (Sprint Backlog)	Impl. (3)	Peer Review (3)	In Test (1)	Done	Deploy ment	In Prod
Fast track						
Blocked						

Figura 8.14: Ejemplo de un tablero Kanban para historias en un Sprint Backlog.

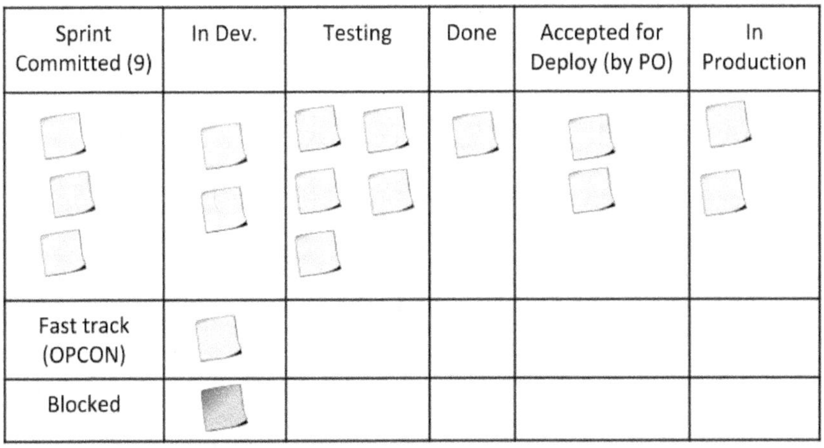

Sprint Committed (9)	In Dev.	Testing	Done	Accepted for Deploy (by PO)	In Production

Fast track (OPCON)					
Blocked					

Figura 8.15: Ejemplo de un tablero Kanban físico que usamos con un equipo (Sierra India) en LATAM Airlines.

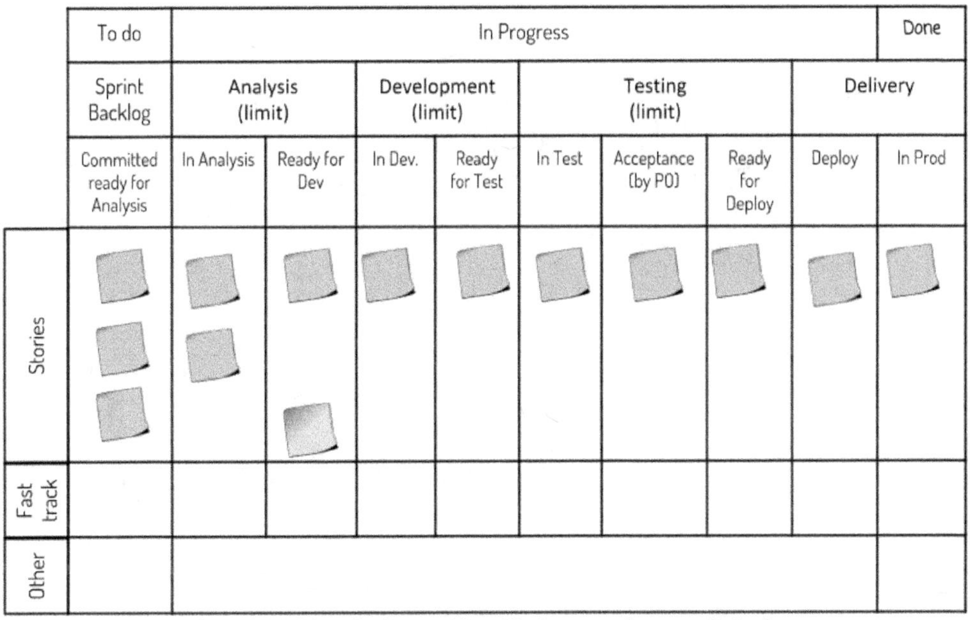

	To do	In Progress							Done	
	Sprint Backlog	Analysis (limit)		Development (limit)		Testing (limit)			Delivery	
	Committed ready for Analysis	In Analysis	Ready for Dev	In Dev.	Ready for Test	In Test	Acceptance (by PO)	Ready for Deploy	Deploy	In Prod
Stories										
Fast track										
Other										

Figura 8.16: Ejemplo de un tablero Kanban para Scrum sofisticado.

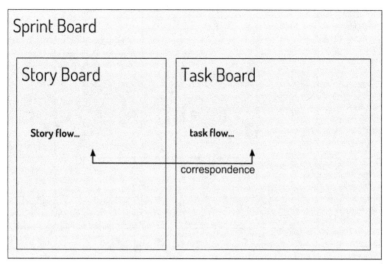

Figura 8.17: Esquema de un Sprint Backlog.

Tareas del sprint   Tablero de historias

Figura 8.18: Ejemplo de tableros físicos en LATAM Airlines 2017.

Cuando el equipo trabaja con sistema "pull" el tablero tendrá columnas "ready". Por ejemplo, después de "Coding" se puede agregar "Ready to Test" y después de Testing un "Ready to Delivery" (o ready to accept).

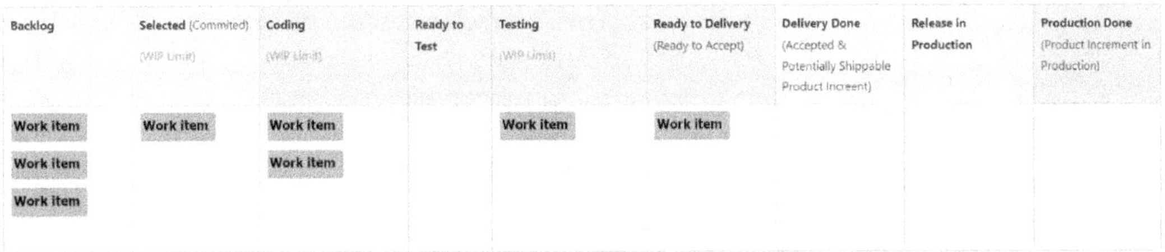

Backlog	Selected (Commited)	Coding	Ready to Test	Testing	Ready to Delivery (Ready to Accept)	Delivery Done (Accepted & Potentially Shippable Product Increent)	Release in Production	Production Done (Product Increment in Production)
(WIP Limit)		(WIP Limit)		(WIP Limit)				
Work item	Work item	Work item		Work item	Work item			
Work item		Work item						
Work item								

Ejemplo de tablero usado por equipos Scrum y Kanban en un retail (sirve tanto para un equipo Scrum como uno que hace Kanban)

Ejemplo de un Sprint Backlog integrado simple

Un tablero de tareas (*task-board*) físico es una tabla donde se colocan *Post-its* representando tareas, que pueden estar asociadas a historias. Este se puede integrar al de historias, aunque simplifica el flujo real de la historia ya que se centra en las tareas.

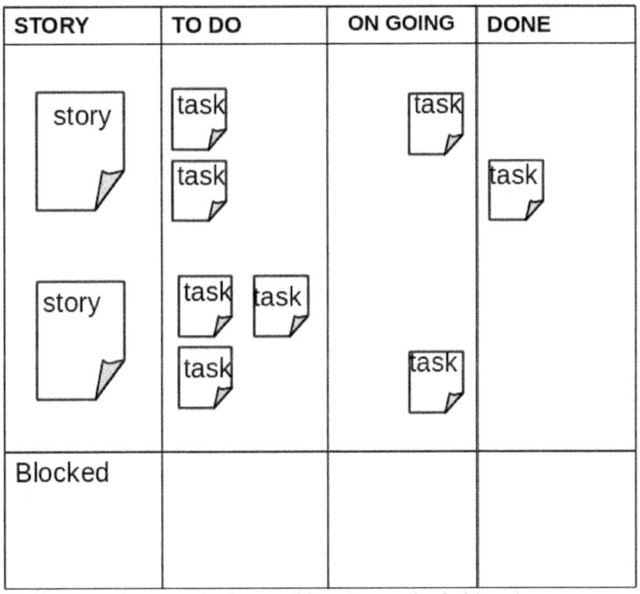

STORY	TO DO	ON GOING	DONE
story	task task	task	task
story	task task	task	
Blocked			

Figura 8.19: Ejemplo de un tablero integrado de historia y tareas.

Tablero de obstáculos

El Tablero de Obstáculos es una herramienta visual útil para hacer seguimiento de los obstáculos o bloqueos del equipo que surgen en el trabajo del Sprint. El dueño del Tablero de Obstáculos es el Scrum Master, quien se encarga de buscar o facilitar remover todos los obstáculos que puedan paralizar o ralentizar el trabajo del equipo o desviarlo de su foco esencial. El tablero también es útil para tener la visibilidad del estado de los obstáculos.

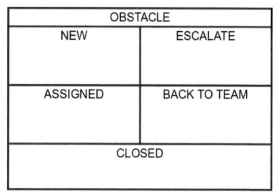

Figura 8.20: Ejemplo de un tablero de Obstáculos.

Calendario de obstáculos

El calendario de obstáculos es una herramienta visual útil para mostrar los problemas surgidos en todos los sprints hasta el momento

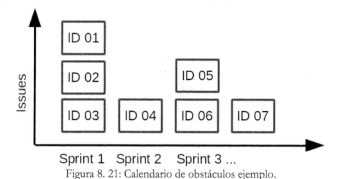

Figura 8. 21: Calendario de obstáculos ejemplo.

Gráficos de esfuerzo pendiente

Gráfico Burndown

Un gráfico de trabajo pendiente o "*Burndown charts*"[144] es una técnica de monitoreo para la auto-regulación que muestra el trabajo restante ("*Remaining Scope*") o que queda por hacer versus tiempo. También refleja la velocidad a la que se están completando los PBIs o historias reflejando el avance y permitiendo extrapolar si el equipo podrá completar el trabajo en el tiempo restante.

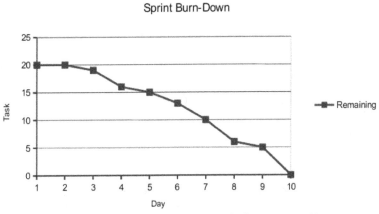

Figura 8.22: Ejemplo de un gráfico Burndown con un sprint de dos semanas y 20 tareas comprometidas.

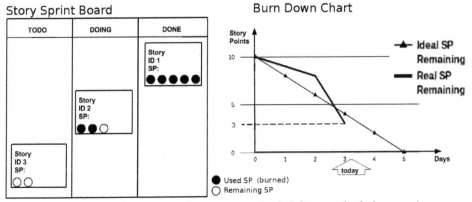

Figura 8.23: Ejemplo de cómo llevar un Burndown con un sprint de 5 días y quedando 3 story points por quemar.

---

144 El Burndown muestra la cantidad de trabajo que queda (SBOK, 2013)

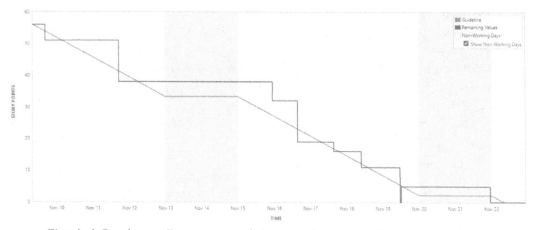

Ejemplo de Burndown en Jira con un sprint de 2 semanas donde se completaron todas las historias.

Se pueden utilizan dos gráficos de esfuerzo pendiente:

- **Burndown de Sprint:** Días u horas pendientes para completar las tareas de la iteración (*sprint burndown chart*), realizado a partir de la lista de tareas o historias de la iteración. Normalmente se utiliza para saber cuánto falta para terminar las historias comprometidas en un Sprint. Es un diagrama de dos ejes: en el eje X el tiempo en días de duración del sprint, en el eje Y la cantidad de trabajo comprometido con el cliente durante el sprint en las unidades que se hayan acordado, story points o tareas.

- **Burndown de Proyecto/Scope:** Días pendientes para completar los requisitos del producto o proyecto (*product burndown chart*), realizado a partir de la lista de requisitos priorizada (Product Backlog). Esta opción no la recomiendo debido a que es predictiva y suele usarse acompañada de malas prácticas relacionadas a orientación a proyecto y basada en Gantt iterativo.

Gráfico Burn-Up

El gráfico de trabajo realizado o *Burn-up*[145] es muy similar al *Burn-down*, con la diferencia de que se parte del cero, y se va marcando la cantidad de trabajo completado en el Sprint. En este gráfico la curva va hacia arriba acercándose a una línea que representa el alcance comprometido. En este tipo de gráfico es más fácil visualizar los cambios de alcance y ver la diferencia entre estimado y real.

---

145 El Burnup muestra el trabajo realizado como parte de la Sprint (SBOK, 2013)

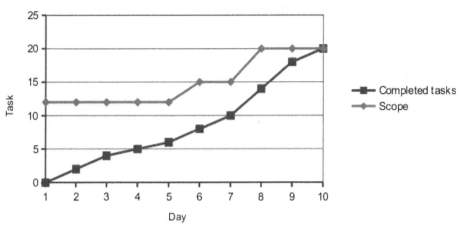

Figura 8.24: Ejemplo de un gráfico Burnup de tareas comprometidas en un sprint de dos semanas.

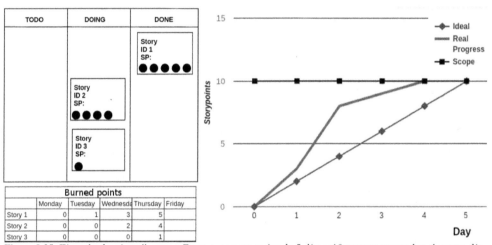

Figura 8.25: Ejemplo de cómo llevar un Burnup con un sprint de 5 días y 10 puntos quemados al cuarto día.

Gráficos de velocidad

Velocity Chart

El gráfico de velocidad muestra todas las unidades estimadas en el plan y aceptadas (US *Story Points*) para un período de iteraciones realizadas[146]. También es una herramienta de

---

146 (ScrumAlliance, 2014)

monitoreo para auto-regulación ante desvíos o caídas del rendimiento y para visualizar la evolución de la capacidad de trabajo del equipo. En general, recomiendo que el gráfico de velocidad nos sirva para evaluar nuestra capacidad de equipo a la hora de planificar y para buscar antipatrones y oportunidades de mejora en nuestras retrospectivas.

Un gráfico de la velocidad típico, de un equipo de proyecto ágil, podría ser como el siguiente gráfico de la izquierda:

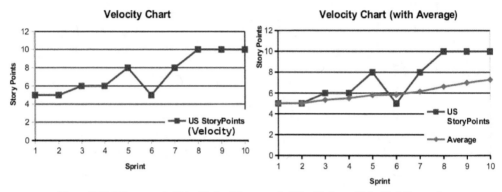

Figura 8.26: Diagrama de Velocidad y Diagrama de Velocidad con Velocidad Promedio.

También se puede incluir la velocidad promedio (ver gráfico de la derecha y gráfico abajo). Hay herramientas que nos permiten ver nuestra efectividad y variabilidad del trabajo comprometido dentro de un Sprint. Esto nos ayuda a entender el comportamiento de protección del sprint observando si se ha agregado trabajo no balanceado (sin correcto trade-off) que genere carry-over y baja efectividad. Si el equipo tiene baja variabilidad no tendrá trabajo agregado (added work) ni trabajo removido (removed work) durante el Sprint. Si el equipo es efectivo su trabajo completado (completed work) será el mismo que el comprometido (commitment).

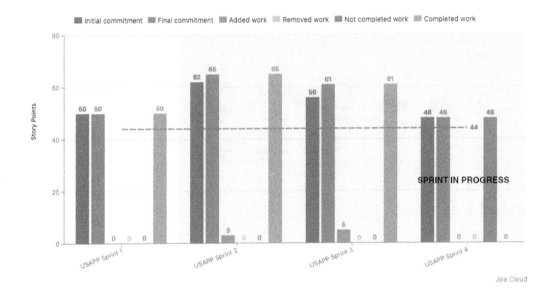

Legend: Initial commitment · Final commitment · Added work · Removed work · Not completed work · Completed work

Jira Cloud

Técnicas en programación

Hay diferentes técnicas que pueden ser utilizadas en el proceso de desarrollo de software bajo el marco de Scrum. A continuación, se describen algunas principales que sirven de soporte a metodologías ágiles:

Técnica Pomodoro

Se usa 'Pomodoro'[147] como una técnica de gestión del tiempo y enfoque. Esta técnica se basa en la hipótesis de que las pausas frecuentes en el trabajo pueden mejorar la agilidad mental y en que cuando realizamos trabajos intensivos, como el diseño o la programación, las interrupciones son asesinas de la productividad –como también lo es el multitarea–.

La técnica consiste en dividir el tiempo dedicado a un trabajo en intervalos (*time-boxing*) de 25 minutos (llamados '*pomodoros*') separados por descansos. Los primero tres descansos son de 5 minutos y el descanso después del cuarto *pomodoro* es de 15 minutos, para luego repetir la secuencia en forma cíclica. Durante el intervalo pomodoro el trabajo debe ser focalizado –de concentración–, por lo que no se deben admitir distracciones o trabajos ajenos al trabajo principal.

---

147 La Técnica Pomodoro es un método para la administración del tiempo desarrollado por Francesco Cirillo a fines de los años 1980 (Cirillo, 1980).

Esta es una técnica útil en el desarrollo ágil y en la programación en pareja (*pair programming*) además de otros contextos de trabajo.

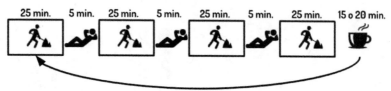

Figura 8.27: Esquema pomodoro

Calidad integrada

Si tienes un restaurante y decides no lavar los platos para sacar platos con comida más rápido o no limpiar las mesas para acomodar a los clientes más rápido y atender más clientes, definitivamente no tienes calidad integrada y acumularás deuda técnica que en algún momento afectará negativamente a tu negocio. En este sentido calidad integrada tiene que ver con la excelencia técnica y un mínimo de calidad necesaria.

Un programador que busca la excelencia técnica es partidario de la calidad desde el inicio o "calidad integrada", algo que en "*lean manufacturing*" se conoce como "*quality built in*". Considero que en software Built-In-Quality es perseguir el buen código, buena arquitectura y buen comportamiento desde el inicio. O sea que, ser un programador ágil no es entregar rápido a expensas de la calidad y acumulando deuda técnica; ser ágil es entregar buen código, que significa que el código es legible, entendible, cubierto por test automatizado, simple y hace lo que se espera que haga.

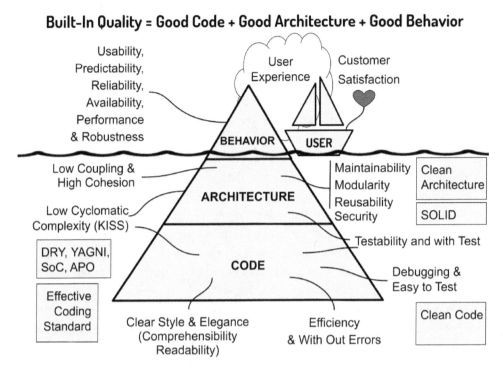

Built-In Quality = Good Code + Good Architecture + Good Behavior

Usability, Predictability, Reliability, Availability, Performance & Robustness

User Experience

Customer Satisfaction

BEHAVIOR · USER

Low Coupling & High Cohesion

Low Cyclomatic Complexity (KISS)

ARCHITECTURE

Maintainability
Modularity
Reusability
Security

Clean Architecture

SOLID

DRY, YAGNI, SoC, APO

Effective Coding Standard

CODE

Clear Style & Elegance (Comprehensibility Readability)

Testability and with Test

Debugging & Easy to Test

Efficiency & With Out Errors

Clean Code

Figura: 8.28: Built-In-Quality en programación de software

Las revisiones de código, la técnica de *'refactoring'*, las técnicas de TDD, los estándares de código efectivos, el DoD que contemple QA, principios de arquitectura (SOLID, Onion Architecture, etc.) y la gestión de deuda técnica, son algunas de las prácticas que ayudan al buen código. Si eres programador, estarás atento a no aumentar la complejidad ciclomática de los algoritmos, a aumentar la cohesión de módulos, a disminuir el acoplamiento entre componentes, a mantener la prolijidad, entendimiento y legibilidad del código, a seguir estándares y no ofuscar el código, etc.

Un par de buenos libros que tratan el tema son los que escribió Robert Martin: "Clean Code" (Martin, 2008) y "Clean Architecture" (Martin, 2017).

Programación de a pares

La programación de a pares o *"pair programming"* consiste en que dos programadores participen conjuntamente en un esfuerzo combinado de desarrollo en un puesto de trabajo. La misma se puede extender al desarrollo de a pares (análisis, diseño, codificación, pruebas, diseño de interfaces de usuario, diseño gráfico, etc.).

Existen muchas razones por las que esta técnica es recomendable y las principales pueden ser las siguientes:

1. **Calidad:** Mejorar la calidad logrando reducir defectos por "revisión de a pares" mientras se programa.

2. **Aprendizaje:** Lograr el aprendizaje en equipo distribuyendo y nivelando el conocimiento. Pues, focalizarse en el aprendizaje es crucial para organizaciones scrum de equipos por características, donde todos deben manejar un conocimiento amplio y multidisciplinario.

3. **Propiedad colectiva:** Mejorar los diseños y las estimaciones debido a que todos tienen un conocimiento de la estructura del producto, un empoderamiento del mismo (propiedad colectiva del código) y de cómo puede impactar un cambio en parte de él.

4. **Resolución de problemas:** Permitir superar problemas difíciles de forma más simple, más rápido o al menos efectiva cuando trabajan juntos. La idea es que dos personas piensen mejor que una en resolver un problema.

Aquí cabe aclarar que, desde mi perspectiva, considero que *"pair programming"* no es necesariamente *'pairing'*. Si eres maquinista y haces *"pair programming"* no puedes pasarle la palanca de maniobra a un niño para que pruebe cómo hacerlo. Se requiere ciertas competencias parejas y pericia profesional de ambos integrantes. En cambio *'pairing'* podría incluir diferentes prácticas como el proceso de tutor o mentor (*'mentoring'*) o la revisión de a pares. Es más interesante fomentar en algunos momentos el trabajo de a parejas para buscar mejorar el formato T de los perfiles y compartir conocimiento y otros puntos de vista.

Revisión de a pares

La revisión de a pares o "peer review" es una práctica intrínseca de la actividad científica en un sistema de evaluación del trabajo científico, donde los miembros de la comunidad revisan los trabajos de sus pares[148]. Por este motivo, implementar este tipo de prácticas en el desarrollo de software hace que sea una actividad ingenieril. El beneficio es lograr una mejor calidad y una reducción de defectos. Según Boehm "el 60 por ciento de los defectos de código se pueden eliminar durante las revisiones de a pares"[149]. Así como en ciencia se revisan los trabajos de investigación antes de ser publicados, en ingeniería de software se revisa el código antes de ser desplegado.

La práctica consiste en que una vez que el programador desarrolló un trabajo de codificación, solicite ante un colega compañero o un conjunto de ellos la inspección del código.

---

[148] Formalmente el proceso de revisión por pares del trabajo científico fue iniciado en 1753 por la "Royal Society of London".

[149] (Boehm, 2001)

Si se encuentran errores u observaciones, el desarrollador deberá mejorarlo y hasta que no tenga el visto afirmativo el código, no será desplegado o integrado al producto. Hay que tener en cuenta que para que la revisión por pares sea realmente productiva, debe ser ejecutada con el máximo de rigor, aunque implique retrasar despliegues de producto y no cumplir con los plazos comprometidos por el equipo. Cuando se aplica Scrum, el máximo de rigor incluye, además de la calidad del trabajo, prestar particular importancia al cumplimiento de la definición de terminado (DoD).

TDD

El "*Test Driven Development*" (TDD) o "desarrollo guiado por pruebas"[150] es una práctica, técnica de desarrollo ágil y técnica de programación que hace foco en el comportamiento especificado de unidades de software[151] como disparador para el desarrollo de pruebas. O sea, basándose en especificaciones, esta práctica tiene como táctica escribir primero las pruebas (código de prueba) y después el código (código de producto) para luego realizar ciclos de "*re-factorización*"[152]. Con este enfoque se pretende, entre otras cosas, que el diseño sea el código mismo (código de producto) y que las pruebas concretas (código de prueba) sirvan de documentación. Esta técnica se complementa con la automatización de pruebas. En todo ese conjunto de pruebas concretas, las pruebas de unidad se usan para validar métodos individuales y conjuntos de métodos. En consecuencia, en este tipo de desarrollos, se logran sistemas con un gran conjunto de pruebas (muchas líneas de código en pruebas). Por eso hay que considerar que, si bien se pueden lograr productos de calidad, demanda un costo considerable.

Si tenemos que asignar un lema a este enfoque es "la prueba en primer lugar" y su afirmación filosófica principal sería que "el diseño emerge del *refactoring* originado por pruebas".

---

150 (Jurado, 2010)

151 (Wikipedia, 2014)

152 (Beck, 2003)

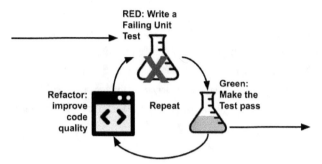

Figura 8.29: Procesos de Test Driven Development

BDD

Una manera de ayudar al desarrollo ágil a partir de requerimientos es usar BDD ("*Behavior Driven Development*"). El desarrollo conducido por comportamiento se puede ver como una extensión de TDD. La mejora clave con BDD es la introducción de un lenguaje específico de dominio que es muy accesible para los usuarios de negocios. BDD generalmente estará más en el nivel de prueba funcional ya que es el resultado natural de trabajar con un lenguaje centrado en el negocio. De este modo el PO se sienta con el cliente y escribe oraciones significativas sobre cómo debería funcionar todo el sistema. Se han usado herramientas software como Pepino para soportar el trabajo con BDD.

Hay que tener en cuenta que esta metodología es muy parecida a ATDD. Solo que tiene un alcance algo distinto, ya que BDD trabaja muy cerca del cliente (capa *testing* end-to-end) y ATDD es más a nivel de la creación de la US (capa *testing* de integración). Aunque las diferencias son algo difusas. El libro "*Specification by Example*", dice que ATDD, BDD y otros términos, son distintos nombres para referirse a la misma metodología. Un libro que coincide es "ATDD by Example", añadiendo que también podemos conocerlo con el nombre de *Specification by Example, Story Testing* o *Agile Acceptance Testing*. Mi consejo, por simplicidad, es no prestar importancia a las diferencias y centrarse en ATDD si es que decide aplicar esta metodología.

ATDD

ATDD ("*Acceptance Test Driven Development*") es una metodología en la cual todo el equipo discute en colaboración criterios de aceptación de una historia de usuario, con ejemplos, y luego crea un conjunto de pruebas de aceptación en forma de escenarios (por ejemplo en formato *Gherkin*) en concreto. La estructura de un criterio de aceptación presentado como escenario puede ser como la siguiente:

Scenario 1: Título

```
Given [contexto] And [otro contexto]...
When  [evento]
Then  [resultado] And [otro resultado]...
```

A continuación, un ejemplo simplificado:

Scenario 2.1: Extracción con fondo insuficiente
   Dado que tengo $ 0 en mi saldo
   Cuando intento transferir $ 30 a una cuenta externa
   Entonces no se hace la transferencia **y** se despliega mensaje de error "saldo insuficiente".
Scenario 2.2: Extracción con fondo suficiente
   Dado que tengo $ 100 en mi saldo
   Cuando ntento transferir $ 20 a una cuenta externa
   Entonces se ejecuta la transferencia **y** se despliega mensaje de éxito "transferencia exitosa".
Scenario 3: Actualización de saldo
   Dado que tengo $ 100 en mi saldo
   Cuando transfiero $ 20 a una cuenta externa
   Entonces luego debería tener $ 80 en mi saldo.**Historia de Usuario: Transferencia a terceros**
Como usuario de billetera digital
Quiero poder transferir un monto a una cuenta externa de tercero
Para pagar alguna deuda o una transacción económica
Criterios de Aceptación:
   1. ...
   2. Para transferir la cuenta debe tener saldo mayor al monto a transferir.
   3. El saldo debe actualizarse. El saldo después de una extracción debe ser la resta del saldo actual menos el monto transferido.
      ... (etc.)

Continuadamente se automatiza la prueba de aceptación de los escenarios que fallarán (fail) en su primera corrida. Luego recién se procede a programar la implementación de la historia de usuario para que pase (pass) los escenarios. Aquí es donde se relaciona con TDD, ya que la implementación del código de la historia se puede hacer usando la técnica TDD. Este proceso se repite por cada historia de usuario. Las herramientas para trabajar con ATDD incluirían a Cucumber y Fitnesse, entre otras.

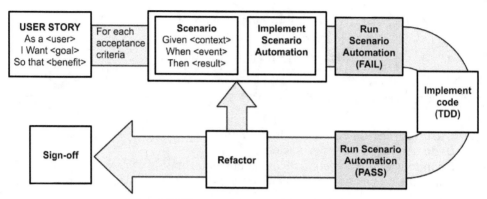

Figura 8.30: Esquema del proceso básico de ATDD

Integración continua

La integración continua (*Continuous Integration*[153]) es una práctica de ingeniería de software y modelo informático que consiste en hacer integraciones automáticas de un proyecto, compilación y ejecución de pruebas, lo más a menudo posible para así poder detectar fallos cuanto antes.

Entrega y despliegue continuo

El *Continuous Delivery* es un enfoque de ingeniería de software en el que los equipos producen software en ciclos cortos, garantizando *releases* de forma fiable en cualquier momento del desarrollo. Este modelo suele ser parte incluida en la cultura DevOps y, a su vez, suele incluir la práctica de *Continuous Deployment* para desplegar, en forma automática, código a producción. Tal vez la única diferencia entre *Continuous Delivery* y *Continuous Deployment* es que en esta última todo está automatizado y en la anterior uncluye un trabajo manual en el despliegue a producción.

Trabajar bajo el marco ágil y no trabajar con testing continuo, integración o entrega continuas, puede conducir a un trabajo poco ingenieril y menos eficiente. Es parte de reducir el time to *market* y el tiempo de despliegue, facilitar el flujo entre el desarrollo y despliegue, reduciendo el tiempo lo máximo posible y manteniendo calidad. Aquí el desafío es lograr hacer el desarrollo con TDD (ATDD o DDD), integración y despliegue, todo dentro de un mismo sprint.

---

153 Continuous Integration fue propuesto inicialmente por Martin Fowler.

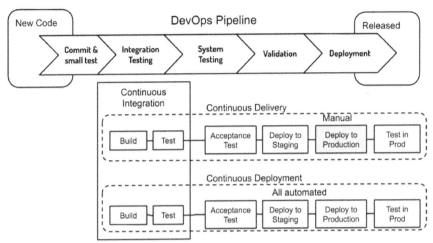

Figura 8.31: Continuous Delivery vs. Continuous Deployment

Metodologías amigas

El marco Scrum no es excluyente de XP, Lean, Kanban u otras metodologías. Pues, puede combinarse con cualquier otra. A Scrum se lo puede ampliar tomando aspectos de otra metodología o métodos. También se puede buscar ampliar otra metodología o métodos tomando aspectos de Scrum. Por ejemplo, se puede combinar con XP, Lean o Kanban.

Scrum con XP (ScrumXP)

Si hay dos sistemas ágiles de desarrollo parecidos, son Scrum y Extreme Programming. Con ambos se trabaja con iteraciones, se implementa el juego de planificación (Planning Game) o *planning* con el cliente o representante del negocio, se busca lograr una propiedad colectiva de código, se trata de lograr versiones pequeñas de producto para entregar rápidamente, se persigue un diseño simple, existe el rol de facilitador (Coach en XP y SM en Scrum), existe un rol que representa al cliente (On Site Customer en XP y PO en Scrum) y ambas comparten los valores de respeto y el coraje. Entre las diferencias se encuentran algunas buenas prácticas técnicas de XP y que pueden usarse bajo el marco Scrum: metáfora de sistema, *pairing*, *Continuous* Integration, TDD, *refactoring* y estándares de código.

En mi experiencia personal, ha sido bastante común ver de la mano Scrum y XP. Es algo que promueve el marco SAFe con el nombre de ScrumXP. Aunque actualmente se ve a XP simplemente como prácticas de ingeniería de software.

Se puede sumar XP a Scrum aplicando las prácticas XP en los eventos y actividades de Scrum, incluyendo el desarrollo. La construcción de un modelo mental simple del dominio del problema como metáfora al inicio del producto, en un *discovery*, sprint inicial o en una *'inception'* (incluyendo posteriormente el uso de DDD) se hace necesario para aportar más certidumbre al inicio y una guía desde donde evolucionar la estructura del sistema. El *testing* es crucial para construir software de calidad, incluyendo automatización, y TDD es una buena guía al respecto. Para desarrollar en forma incremental y evolutiva, sin acumular deuda técnica y con mejora continua del software, es necesario practicar *'refactoring'*. Para fomentar la colaboración y la propiedad colectiva de código, la programación de a pares es útil. Para asegurar simplicidad y código claro y limpio, además de facilitar la colaboración, es que el estándar de código se usa como acuerdos de programación. Y una manera de formalizar XP en Scrum es agregando prácticas y reglas XP en el DOD. Es así como en ingeniería de software con las prácticas XP se potencia a Scrum.

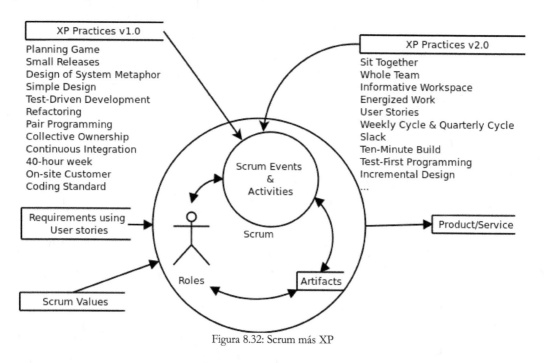

Figura 8.32: Scrum más XP

Si quieres saber más sobre XP puedes consultar los libros "*Extreme Programming Explained: Embrace Change*" de Kent Beck (primera y segunda edición) y "*Planning Extreme Programming*" de Kent Beck y Martin Fowler (primera edición).

Scrum con Lean

Scrum y Lean tienen muchas coincidencias conceptuales. Para ambos, el componente humano y "potenciar el equipo" (5 - *"empower the team"*) es la piedra angular del éxito y la mejora continua una práctica fundamental. Ambos están centrados en el cliente y en entregar valor tempranamente. Ambos buscan entregar rápido (4 - *"Deliver as fast as possible"*) —el ideal en Scrum es entregar algo funcionando en cada sprint–. Más allá de esto, se puede aplicar Lean en Scrum si prestamos particular importancia a la calidad y a la reducción de los desperdicios (1 - *"Eliminate waste"*). Un desperdicio puede ser el inventario o código acumulado sin estar operativo de cara al usuario. También los tiempos de espera o colas en cuellos de botella, tanto en actividades de desarrollo como en dependencias con otros equipos. Las comunicaciones innecesarias o gastos en comunicación burocrática. El exceso de procedimientos y protocolos corporativos. Además de la cantidad de defectos que se buscan disminuir. Las actividades que no son de valor añadido. Básicamente, añadir Lean es facilitar el flujo de trabajo, limpiándolo de los desperdicios, además de respetar los demás principios Lean. Buscar mecanismos para amplificar el aprendizaje (2 - *"Amplify learning"*), creando y compartiendo conocimiento. Retrasar las decisiones fundamentales (3 - *"Decide as late as possible"*), tratando de tomarlas con la mayor cantidad de información posible. Entregar valor desarrollando soluciones con integridad incorporada (6 - *"Build integrity in"*), que incluye la integridad conceptual, cohesión como producto (algo que parece lógico en ingeniería de software) e integración continua —podemos incluir la calidad desde el inicio y DevOps–. Y, principalmente, siempre mantener una visión global (7 - *"Optimize the whole"*), sin encapsularse en el equipo y en soluciones locales para optimizarlo todo. Esto último es prácticamente el componente de pensamiento sistémico de Lean y que el equipo puede aplicar bajo Scrum.

En todo caso, de no ser Lean usado por el equipo, tranquilamente es el SM quien puede usarlo como parte de su facilitación del proceso de trabajo o incluso como base para dinámicas de mejora continua en las retrospectivas. El SM puede dibujar un lienzo "Lean Development Software" con los siete principios para que el equipo, en la retrospectiva, evalúe en qué principio es más débil y en cuál más fuerte; o en cuál principio no les ha ido bien en el sprint.. Entonces idear acciones de mejora en alguno de los principios.

Figura 8.33: Lean Development Software Canvas

Si quieres saber más sobre Lean puedes consultar el libro "Implementing Lean Software Development: From Concept to Cash" de Mary Poppendieck y Tom Poppendieck.

Ampliar Scrum con Kanban

Scrum se puede complementar y mejorar agregando aspectos del método Kanban. Para eso se busca entregar valor con entregas tempranas y frecuentes, focalizando en hacerlo mediante un flujo de trabajo constante, estable y eficiente. Para lograrlo se siguen las siguientes prácticas:

- Visualizar.
- Limitar el trabajo en progreso.
- Gestionar el flujo.
- Hacer explícitas las políticas.
- Implementar bucles de retroalimentación.
- Mejorar colaborativamente, evolucionar experimentalmente.

Para mostrar el proceso hay que reemplazar en el tablero Kanban los estados ambiguos o genéricos (*'todo'*, *'doing'* y *'done'*) por concretos. Como, por ejemplo, el estado "en progreso" (*"on going"* o *"doing"*) por todos los estados reales del flujo de trabajo en progreso (*Workflow*).

Un ejemplo de un flujo completo puede ser: nueva (*new*), refinanda (*refining*), lista para planear ('*ready*' o '*DOR*'), comprometida para un sprint (*committed* o '*Planned*'), desarrollando ('*developming*' o '*coding*'), probando ('*testing*'), completa ('*done*' o '*DOD*'), aceptada ('*accepted*'), desplegando ('*deploy*') y en operación ('*operative*', '*In Production*' o '*In Users*').

Luego de explicitar el flujo real de trabajo, el equipo debe buscar mantener el foco de trabajo del sprint en un límite de cantidad de historias que se trabajan en paralelo (WIP). El equipo debe buscar descubrir cuál es el límite con el que pueden trabajar con cadencia sin peligrar el objetivo del sprint. Debe buscar que no haya cuellos de botella en ninguno de estos estados o pasos del flujo. Y, finalmente, revisar y mejorar constantemente sus reglas de juego: DoR, DoD, acuerdos de trabajo, nomenclaturas de los tableros kanban y hasta el marco de trabajo mismo.

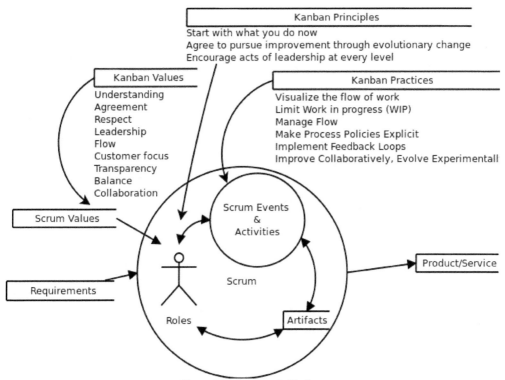

Figura 8.34: Scrum más Kanban

Esto es lo básico que se debería hacer para sumar el método Kanban a Scrum. Desde un punto de vista, prácticamente sistémico y Lean, un SM debe pensar a su equipo como si fuera un sistema para estabilizar y facilitar la maximización de su flujo de trabajo, balanceando la demanda con la capacidad del equipo. El SM debería ser también una especie de "Flow Master", Service Delivery Manager o un facilitador del flujo y Kanban. Es así como, también, se pueden agregar el manejo de las métricas Kanban, como el "*Cycle Time*" y *throughput* (o *delivery rate*), y herramientas de monitoreo visual como el diagrama de flujo acumulado o CFD. Estas métricas son útiles para considerar la eficiencia del proceso (productividad), a diferencia del *velocity* en *story points*, que es más útil para apoyar a la mejora continua y el balance entre demanda y capacidad.

To Do		In Progress			Done		
Backlog	Sprint Backlog	Coding	Testing	DoD Ok	Accepted	Deployment	In Production
⬤	PLANNED	CODING	READY TO TEST	DOD OK	ACCEPTED	DEPLOYMENT	IN PRODUCTION
NEW			TESTING				
REFINING							
DOR OK		BLOCKED					

Figura 8.35-2: Tenga en cuenta, según el tablero con el workflow de los estados de las historias de usuario arriba mostrado, que, si deseamos usar historias de usuario y tareas en el mismo tablero, entonces conviene usar los encabezados de la primera fila (*To Do, In Progress, Done*). Si solo usamos historias de usuarios, podemos usar los encabezados de las segunda fila y agregando una columna de bloqueados (*Blocked*).

Si quieres saber más sobre Kanban puedes consultar el libro de referencia "Kanban Esencial Condensado" de David J Anderson o puede revisar: "La Guía Kanban para Scrum Teams" de Scrum.org (2021).

Ampliar Kanban con Scrum, Scrumban

Una metodología amiga de Scrum es Scrumban. Se trata de una pseudo-metodología mixta y flexible entre el marco Scrum y el método Kanban. Combina la flexibilidad de Kanban y las características básicas de Scrum. Por un lado, se toma de Kanban lo de mantener un trabajo continuo, exponer el flujo de trabajo, el tablero de trabajo persistente, auto-asignaciones de tareas solamente por el sistema del tomar y jalar (*pull*), limitar el trabajo en curso y buscar optimizar el flujo teniendo en cuenta la métrica "*Cycle Time*". Por otro, se agrega de Scrum el evento *planning*, la retrospectiva como reunión de mejora continua (*Kaizen*), el trabajo en ciclos o iteraciones sin ser limitativo o restrictivo de trabajo y la priorización, que se recomienda hacer en cada planificación. Dentro de la flexibilidad que brinda, hace optativo el usar otras partes o prácticas de Scrum. Bajo esta metodología no es necesario estimar, puede ser algo optativo, ya que no se necesita calcular el trabajo que entra en una iteración porque el trabajo es continuo. Aunque sí se pueden estimar tiempos de entrega y/o tamaños de paquetes de trabajo. Por otro lado, al ser el trabajo continuo y no tener un compromiso formal de trabajo comprometido en una iteración, los cambios y re-priorizaciones pueden hacerse en cualquier momento.

También es muy flexible el tipo de roles de los miembros del equipo debido a que no prescribe roles específicos ni es necesaria la multidisciplinariedad que recomienda Scrum. Sin embargo en los equipos Kanban o Scrumban han emergido las figuras de Product Owner y Flow Master (facilitador equivalente a un Scrum Master). En *'Scrumban'* el Flow Master es, además de un facilitador ágil, un facilitador del flujo del proceso. Usando la facilitación visual hay que tener en cuenta que, como se mencionó antes y al igual que en Kanban, el tablero permanece persistente, mientras que sólo cambian las tareas y sus prioridades. A diferencia de Scrum, donde el tablero de sprint se renueva en cada iteración. Relacionado a la planificación, en *'Scrumban'* se planifica focalizados en los *releases* y no es obligadamente necesario hacerse en la *planning* de cada iteración; pues, la planificación se puede realizar solo bajo demanda. Este método es muy útil principalmente para procesos de ritmo rápido, para *startups*, proyectos que requieren fabricación de productos constante, equipos y proyectos con ambientes muy dinámicos y cambiantes, equipos de solución de problemas de contingencias en producción, equipos de mantenimiento, soporte o desarrollo de infraestructura. También es útil para integrar (coordinar y sincronizar) otros equipos de soporte a los equipos Scrum, por ejemplo bajo el marco DevOps. En estos casos, los equipos servicio pueden usar *'Scrumban'* y los de desarrollo pueden usar Scrum. O incluso un equipo que está entre desarrollo y servicio, es decir que tiene trabajo planificable pero también trabaja bajo demanda.

New	Refining	Ready	Developing	Testing	Done	Accepted	Deploy	Operative

	Days									
	1	2	3	4	5	6	7	8	9	10
Operative	0	0	0	0	0	0	0	0	1	2
Deploy	0	0	0	0	0	0	0	1	1	1
Accepted	0	0	0	0	0	0	1	1	1	1
Done	0	0	0	0	0	1	1	1	1	1
Testing	0	0	0	0	1	1	1	1	1	0
Developing	0	0	0	1	1	1	1	1	0	0
Ready	0	0	1	1	1	1	1	0	0	0
Refining	0	1	1	1	1	1	0	0	0	0
New	5	4	3	2	1	0	0	0	0	0

Legend:
━━ New
━━ Refining
━━ Ready
━━ Developing
━━ Testing
━━ Done
━━ Accepted
━━ Deploy
━━ Operative

Figura 8.36: Tablero Scrumban y CFD ejemplo para un equipo de desarrollo

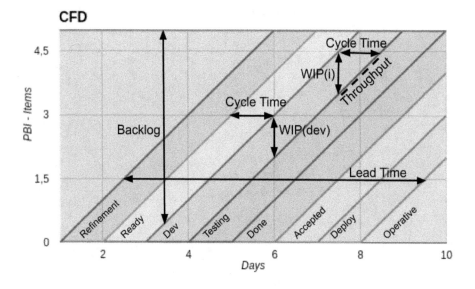

9 INGENIERÍA DE SOFTWARE ÁGIL

Proceso de desarrollo

Hacer Scrum o ser ágiles no nos asegura calidad. Para ello primero hay que asegurarse de hacer ingeniería de software. Hay diferentes procesos de ingeniería o ciclos de vida y podemos tomar el siguiente: descubrimiento y definición de requerimientos (*Discovery & Requirements*), análisis y diseño (*Analysis & Design*), implementación y pruebas (*Implementation & Testing*), integración y pruebas (*Integration & Testing*), despliegue (*Delivery*) y "operación y monitoreo" (*Operation & Monitoring*). En la última fase se contempla operaciones, monitoreo y el análisis de datos. Operaciones en cuanto a aseguramiento de la operatividad y rendimiento del software. El monitoreo de datos es el seguimiento a determinadas acciones que podemos cuantificar y que nos arrojaran datos relevantes para la estrategia o la gestión basada en evidencia. Y el análisis de datos es la base de la optimización de la estrategia, que nos permite modificar, continuar o establecer nuevas directrices, sin perder de vista el objetivo final del software o producto.

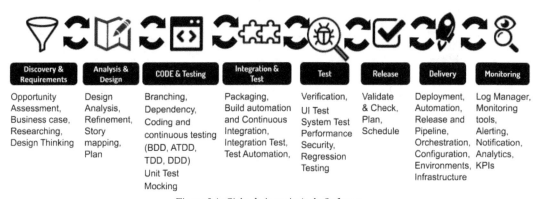

Figura 9.1: Ciclo de ingeniería de Software

Dicho esto, podemos considerar que el proceso de ingeniería de software ágil se hace sobre piezas de software (*batch*, *feature* o historia de usuario) y, si bien es secuencial, tiene las fases del ciclo de vida que se solapan con las de otros piezas. Es decir que el software se va desarrollando de a fragmentos o pequeñas piezas de software, en forma iterativa, incremental y evolutiva. Cada pieza de software se desarrolla con diferentes instancias del ciclos de vida.

Correr este proceso bajo un marco ágil como Scrum, con prácticas ágiles es lo que podemos llamar ingeniería de software ágil (*Agile Software Engineering*). Además es conveniente introducir la idea de prácticas continuas, es decir: refinamiento continuo (análisis y diseño con trabajo UX continuo), testing continuo (*Continuous Testing*), integración continua (*Continuous Integration*), despliegue o entrega continua (*Continuous Deployment* & *Continuous Delivery*) y monitoreo continuo (*Continuous Monitoring*).

Entonces, tenemos que tener en cuenta cómo unir y ajustar el proceso de ingeniería de software con el marco de trabajo Scrum. En este sentido es que se plantea ejecutar las fases del proceso de ingeniería, sobre historias de usuario, dentro del tren de sprints. En un equipo extremadamente autónomo y ágil, todas las fases se pueden desarrollar bajo el tren de sprints de Scrum.

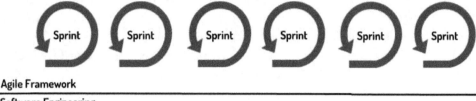

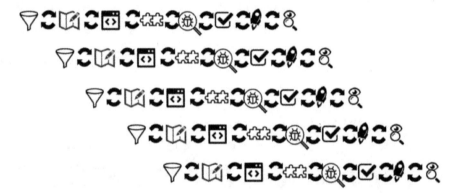

Figura 9.2: Ingeniería de Software Ágil

De este modo, se integra el testing en fases más tempranas del desarrollo, por lo que QA no retrasa al equipo de desarrollo, porque QA está dentro del equipo y se trabaja con testing continuo. Los mismo sucede con UX y Operaciones.

Testing continuo

Si pensamos en Agile Testing pensamos en que queremos un testing dentro del equipo, con todo el equipo colaborando, que no sea solo una fase en una cascada, que se haga desde el inicio del flujo de trabajo, que reduzca el tiempo para recibir retroalimentación y asegure calidad suficiente.

Cuando se incorpora agile testing, se introducen algunas prácticas, como por ejemplo Testing de "todo el equipo", integración continua, testing guiado por pruebas (TDD), desarrollo guiado por pruebas de aceptación (ATDD), desarrollo guiado por comportamiento (BDD), implementar la V de calidad usando historias de usuario, entre otros.

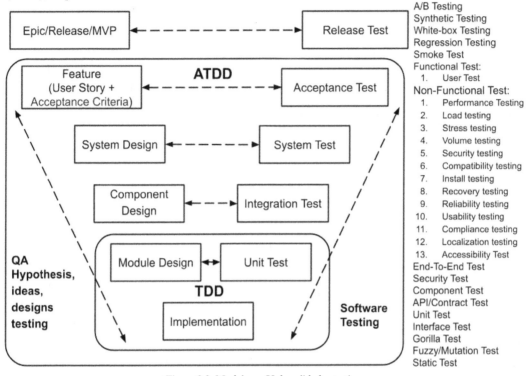

Figura 9.3: Modelo en V de calidad y testing

Aunque considero que lo más importante es incorporar la mentalidad de testing continuo, en todo el flujo de trabajo o ciclo de vida del desarrollo de software, independientemente de las prácticas o técnicas particulares.

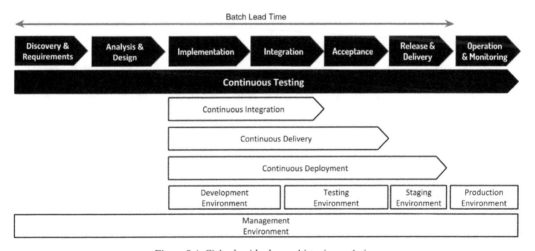

Figura 9.4: Ciclo de vida de una historia y prácticas

Cada fase del ciclo de vida del desarrollo puede contener prácticas de testing, desde las fases más tempranas hasta producción.

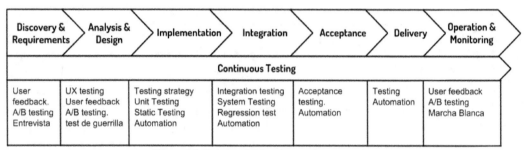

Figura 9.5: Prácticas básicas en continuous testing

Y, si lo pensamos bien, podemos decir que Scrum es una prueba de integración del sistema organizacional para validar continuamente si es posible que una organización entregue valor en un Sprint[154]. La prueba de Scrum revela los fallos de la organización, disfuncionalidades o los impedimentos que luego debemos buscar solucionar para lograr la agilidad organizacional. De este modo, cada Sprint que hagamos será un ciclo de *testing* organizacional, tanto de nuestro equipo como del resto de la organización, para levantar acciones de mejora que podemos explicitar, definir y evaluar en las sesiones de retrospectivas que tengamos y que apuntan a mejorar la propuesta de valor y el tiempo entre que se crea una historia y que la misma pueda ser validada por el cliente en forma operativa. Como dijo Jon Kern (co-autor del Manifiesto Ágil), "**Ágil es reducir la brecha entre actuar y recibir feedback**", que en el desarrollo de productos se traduce a reducir el *Time to Market* (desde la perspectiva de negocio) o reducir el *Delivery Lead Time* (desde la perspectiva de DevOps); y Scrum nos ayuda a testear y medir esa brecha para reducirla. Con Scrum buscamos entregar software de calidad, que aporte valor, lo más pronto que sea posible.

Tamaños y niveles de Testing

Y hacia el equipo, el Scrum Master debe ayudarlo a que encuentre su manera de hacer buen *testing* y de mejorarlo. No existe realmente una forma única. Tampoco una convención de nombres y tipos de prueba claras. Depende de diferentes autores y de cada equipo. El Scrum Master debe ayudar con eso. Un ejemplo de esquema es el que han usado equipos en Google. A los desarrolladores de Google les gusta tomar decisiones basadas en datos, en lugar de confiar en el instinto o en algo que no se puede medir y evaluar. Ellos, llegaron a un acuerdo

---

154 Stacia Heimgartner Viscardi, Professional ScrumMaster's Handbook.

sobre un conjunto de convenciones de nomenclatura basadas en datos para sus pruebas. Llamaron a sus pruebas: "pequeñas", "medianas" y "grandes"[155].

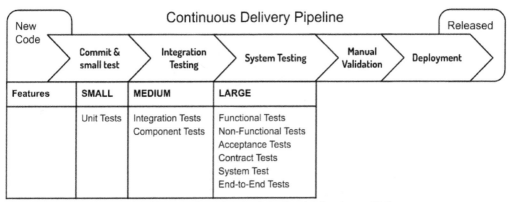

Figura 9.6: Tamaños de testing en el pipeline del Continuous Delivery

Van de la prueba pequeña que equivale a una prueba de unidad, pasan por la prueba mediana que asegura que los niveles en la arquitectura de una aplicación pueden comunicarse correctamente y por una prueba grande que es una de extremo a extremo o de sistema.

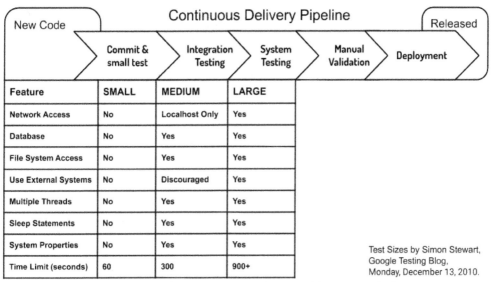

Figura 9.7: Tamaños de testing y tipos en el pipeline del Continuous Delivery

Otra manera de pensar el testing es mediante los niveles de profundidad. Estos niveles son: pruebas de unidad, integración, sistema y aceptación. En base a estos niveles de

155 Test Sizes by Simon Stewart, Google Testing Blog, Monday, December 13, 2010.

profundidad, le recomiendo hacer una tabla de que tipo de pruebas está dispuesto su equipo a hacer.

Niveles de Prueba	Tipos de Prueba
Unit/Component	Unit Testing, Component Test
Integration	Integration Testing, API Testing
System	Exploratory Testing, Smoke Testing, Sanity Testing, Regression Testing, Performance Testing, Stress Testing, Load Testing, Accessibility Test, Security Testing, Usability Test, Synthetic Testing
Acceptance	UAT (User Acceptance Testing), BAT (Business Acceptance Testing), CAT (Contract Acceptance Testing), RAT (Regulation Acceptance Testing), OAT (Operational Acceptance Testing), Alpha Testing, Beta Testing

Una vez que tiene claro qué tipos de pruebas hará el equipo, distribúyalas en el flujo de desarrollo o del ciclo de vida del desarrollo y determine en qué partes del flujo las hará (Analysis & Design in Backlog, Development/Coding, Testing, Acceptance, In Production) y en qué ambientes (Dev, QA, Staging, Production).

El Scrum Master debe asegurarse que el equipo encuentre la manera más efectiva y eficiente de hacer *testing* y que la mejore progresivamente. Puede usar un esquema como el de niveles de prueba, el modelo en V, la pirámide de *testing* de Mike Cohn, la de Lisa Crispin o lo que encuentren apropiado. Recuerde que: "sin *testing* de calidad no hay software de calidad".

Prácticas técnicas

Como ya he mencionado, es deseable que el SM vele por la excelencia técnica de su equipo y del proceso de desarrollo, buscando lograr un flujo limpio, cadenciosos y sostenible. Claro que la responsabilidad es del equipo y tanto un líder técnico como el SM, pueden liderar o guiar al equipo en el proceso de mejora continua del flujo de trabajo. Teniendo en cuenta las fases de desarrollo de los ítems de trabajo como historias, podemos tener dos aspectos en consideración para analizar el estado de nuestros procesos de desarrollo en cuanto a excelencia técnica. Por un lado, el aspecto de prácticas técnicas considerando la información, proceso, métodos, técnicas y organización (aquí se tiene en cuenta XP, DevOps, etc.). Por otro lado el aspecto tecnológico considerando las herramientas empleadas que cubren estas prácticas técnicas. Por ejemplo a continuación muestro un esquema de flujo y sus prácticas técnicas relacionadas.

Exploration strategy (design sprint, lean startup, lean discovery, etc.).	UX strategy. Requirements tracking (User Story). Documents & knowledge management. Modeling. DoR.	Framework Dev. Development process (BDD, ATDD, TDD, DDD). Versions system. Branching strategy. Code standard. Code review. Debugging & Logging. Software product lines (SPLs). DoD. Mob programming. Automation.	Build & packaging (artifacts). Continuous integration practices. Automation.	Acceptance review. Automation	Releases strategy. Deployment Strategies. Feature switch. Delivery pipeline. Automation. Decouple Decouple of deployment and release	Alarms. Contingency process. Bug tracking. Metrics/KPIs. Dashboard. Logging (tracing & monitoring). Heatmap technique. Inquest. Analytics, Data mining and Big Data techniques. Automation.
Discovery & Requirements	**Analysis & Design**	**Implementation**	**Integration**	**Acceptance**	**Delivery**	**Operation & Monitoring**
Continuous Testing						
Customer feedback. A/B testing Entrevista	UX testing User feedback A/B testing. test de guerrilla	Testing strategy Unit Testing Static Testing Automation	Integration testing System Testing Regression test Automation	Acceptance testing. Automation	Testing Automation	User feedback A/B testing Marcha Blanca

Figura 9.8: Flujo de prácticas técnicas

Se puede hacer un esquema de flujo (el *pipeline* de producto o de *delivery*) semejante con los aspecto tecnológico, de herramientas, correspondientes a cada fase. Si bien hay un flujo genérico, cada equipo determinará cuál es su flujo y, en consecuencia, su *pipeline*.

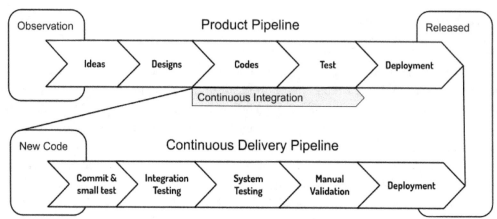

Figura 9.9: Flujo de producto vs. de delivery

Hay que tener en cuenta que para que el flujo de desarrollo de software fluya limpio y cadencioso, la experiencia del desarrollo debe ser memorable y fluida sobre una plataforma e infraestructura que la facilite. Es por esto que un equipo de desarrollo tiene interdependencia con equipos de operaciones e infraestructura y es parte del desafío de un equipo de alto rendimiento disminuir la brecha, 'empoderarse' y facilitar la integración de este área de conocimiento.

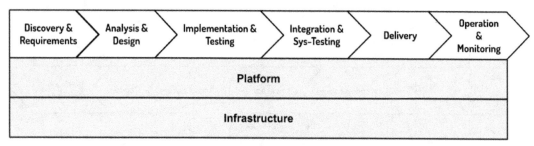

Figura 9.10: Plataforma e infraestructura

Calidad integrada para código de calidad

Para hacer software de calidad y desde el inicio, la Ingeniería de software nos proporciona algunos principios a seguir. El primer principio rector es la navaja de Ockham – una navaja muy afilada– o principio de parsimonia que consiste en preferenciar la simplicidad. En ingeniería de Software se la conoce como principio KISS ("Keep it simple stupid!"): "¡Mantenlo simple, estúpido!". Parece natural que nuestro objetivo sea eliminar tanta complejidad como sea posible. ¿Pero qué complejidad debemos reducir? De principio se trata de la 'Complejidad Ciclomática' (en inglés, Cyclomatic Complexity) que es una métrica del software que proporciona una medición cuantitativa de la complejidad lógica de un programa.

Es decir que se debe reducir al máximo que se pueda la complejidad ciclomática, conservando el comportamiento deseado del software. A medida que reducimos esta complejidad nos acercamos a la "complejidad esencia" del software. La complejidad esencial es inherente al problema que se está resolviendo. En otras palabras, las complejidades del mundo real, con lo que aún tendríamos que lidiar, incluso si tuviéramos un conocimiento completo, herramientas e infraestructura perfectas. Por otro lado, a medida que nos alejamos de la complejidad esencial generamos la "complejidad accidental". Esa complejidad incluye toda la complejidad innecesaria que genera complicación. Complicación para mantener el software, para entenderlo, para modificarlo y para explotarlo. La "complejidad accidental" genera dificultad para sostener el valor de negocio del software y suele ser resultado de la deuda técnica y una calidad pobre del desarrollo de software.

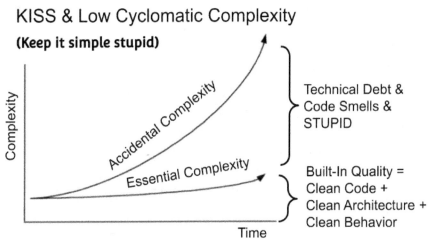

Figura 9.11: Diagrama de Complejidad esencial versus accidental.

Entonces ¿Cómo evitamos la "complejidad accidental"? El segundo principio a tener en cuenta es el de "mantener bajo acoplamiento y alta cohesión" ("Low Coupling & High Cohesion"). Larry Constantine inventó las métricas de acoplamiento y cohesión en la década de 1960 como parte del diseño estructurado, basado en características de buenas prácticas de programación para reducir los costos de mantenimiento y modificación. Mantener bajo acoplamiento y alta cohesión significa que debemos disminuir las dependencias innecesarias y aumentar la cohesión funcional del código. Este principio es como un serrucho que corta las dependencias innecesarias y las responsabilidades que no corresponden. Esto nos lleva a programar de forma modular, al encapsulamiento y a la orientación a objetos. Es decir que nos lleva a la separación y encapsulamiento de responsabilidades de comportamientos o separación de intereses. A más alto nivel, podemos decir que surge otro principio a seguir para bajar acoplamiento y aumentar cohesión, la separación de intereses "Separation Of Concern" (SoC). Gracias a este principio la arquitectura de las aplicaciones se separan el front-end y back-end, o en las capas de capa de presentación, dominio y de acceso a datos e incluso las arquitecturas de microservicios. Este principio es como una tijera que corta la arquitectura en capas (Layers). Tres principios que han aportado a que el software evolucione a mayor complejidad esencial. Así con SoC y disminuir acoplamiento llegamos a la independencia de framework, independencia de base de datos, independencia de factores externos y de UI, como lo indica los lineamientos de Arquitectura Limpia o "Clean Architecture".

De aplicar estos principios surge otro relacionado a la redundancia innecesaria o duplicación de código. Parece natural que si disminuimos el acoplamiento y aumentamos la cohesión, llegamos a darnos cuenta que algunas veces repetimos código. Imagínese una navaja multiuso Suiza con dos 'serruchitos', pues uno estaría de más. Entonces, ¡Eureka! He aquí otro principio. El principio 'DRY' que significa "No te repitas" (en inglés "Don't Repeat Yourself"). Este principio promueve la reducción de la duplicación de información, es decir que toda "pieza de información" nunca debería ser duplicada debido a que la duplicación incrementa la dificultad en los cambios y evolución posterior, puede perjudicar la claridad y crear un espacio para posibles inconsistencias. Salvo, claro, en algoritmos de problemas relacionados a seguridad informática donde puede ser necesaria la redundancia.

Relacionado o pariente a DRY es el código no necesario. Aquel código que está de más. Suma complejidad no necesaria. A veces los desarrolladores tenemos la tendencia a implementar funciones innecesarias: "por si las dudas" o "para el futuro". Es como tener una navaja Suiza que incluye una 'llave' de una puerta que no existe. Es decir que no tiene uso, que esté o no esté, da lo mismo. El principio que vino a decirnos que no lo hagamos se llama YAGNI (You Aren't Gonna Need It). Este está muy relacionado a KISS. Si lo mantenemos simple ¿Para qué agregar código que no se usa? También los programadores solemos tratar de optimizar nuestro código a pesar de nos ser necesaria una optimización. Esto habla de la tendencia a acelerar los algoritmos antes de que sea necesaria su performance. Sí, hay otro principio para esto y se llama: Evite la Optimización Prematura o APO ("Avoid Premature Optimization").

Como se puede notar no es tan fácil hacer buen código desde el inicio. Todavía nos quedan principios necesarios. Por ejemplo el de claridad o "Clear". Nuestro código debe ser como una lupa que amplía el entendimiento y claridad de la lectura de otro desarrollador. El código debe ser hecho para que otro programador lo pueda leer (Readability) y entender (Comprehensibility). Eso de andar ofuscando el código no es de buenos compañeros. Y nos falta uno de los principios más importantes. Sin este principio que les voy a decir no se hace ingeniería ni mucho menos software de calidad. Y se trate de las pruebas: el Testing. El testing es como un martillo para probar la robustez de la estructura. Si aguanta los golpes: ¡Aguanta! El código debe ser probable y tener pruebas. Sin esto no seremos programadores, desarrolladores ni profesionales, solo seremos escritores de código riesgoso.

Sumado a todos estos principios, y acorde al desarrollo orientado a objetos, Robert C. Martin propuso cinco principios básicos de la programación orientada a objetos y el diseño en una palabra acrónimo "SOLID". El término SOLID significa lo siguiente:

- **S:** Single responsibility principle o principio de Responsabilidad Única: Una clase debería tener una, y solo una, razón de ser.

- **O:** Open/closed principle o principio de Abierto/Cerrado: Deberías ser capaz de extender el comportamiento de una clase, sin modificarla.

- **L:** Liskov substitution principle o principio de Sustitución de Liskov: Las clases derivadas deben poder sustituirse por sus clases base.

- **I:** Interface segregation principle o principio de Segregación de la Interfaz: Haz interfaces que sean específicas para un tipo de cliente.

- **D:** Dependency inversion principle o principio de Inversión de Dependencias: Se depende de abstracciones, no de clases concretas.

Se podría incluir un último principio para recordar: la regla de dependencia o "Dependency Rule" o DR. Esta se deriva en gran parte de SoC y se relaciona a las arquitecturas limpias (Clean Architecture[156]). Si separamos intereses, una buena separación es ir desde el dominio del problema, es decir primero las entidades de dominio (entidades) y luego "Casos de uso" (las operaciones sobre las entidades). Luego una capa de presentación (Presenters) sobre la de "Casos de uso" y, finalmente, una capa externa de interfaz de usuario o "External Interfaces". El dominio representa la mayor abstracción y a medida que avanzamos en las capas hacia el usuario disminuimos la abstracción hacia lo concreto. Lo que dice la "Dependency Rule" es que las dependencias siempre van de afuera hacia adentro: nunca una capa de mayor abstracción depende de una de menor abstracción. En un extremo ejemplo, nunca una entidad debería depender de un objeto de la presentación.

---

156 Clean Architecture by Robert C. Martin.

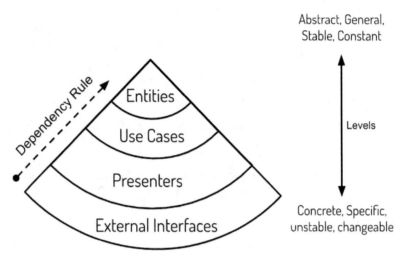

Figura 9.12: Regla de Dependencia de Clean Architecture[157]

Yo creo que con estos principios ya podemos desarrollar software de calidad. Claro que hay mucho más como los patrones de diseño y diferentes modelos para arquitectura. Aunque estas diez claves para el desarrollo de software un programador puede tener su navaja de principios multiuso. Aunque podría decir que son muchos principios. Sin embargo, un buen programador debería conocerlos a todos. Si los enumeramos arbitrariamente tenemos: 1) KISS; 2) Low Coupling & High Cohesion; 3) Clear; 4) Test; 5) YAGNI; 6) DRY; 7) SoC; 8) APO; 9) SOLID y; 10) Dependency Rule. Y para recordarlos les comparto un dibujo de una "navaja del desarrollador" o Dev's "Knife" que incluye todos los principios a modo de ayuda-memoria mnemotécnica.

---

157 Imágen basada en: Clean Architecture – Make Your Architecture Scream. Michael Outlaw. URL: https://www.codingblocks.net/podcast/clean-architecture-make-your-architecture-scream.

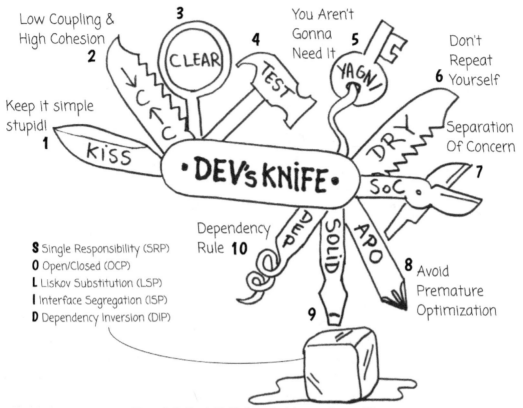

Figura 9.13: Dev's Knife, los principios para buen código

Reuniones técnicas

Algo esencial para hacer ingeniería es que el equipo de desarrollo tenga reuniones técnicas (*'Technical Meeting'*) frecuentes. Los desarrolladores deben reunirse para discutir cómo se debe implementar técnicamente una tarea compleja o para trabajo de ingeniería de software colaborativo, como por ejemplo el diseño de arquitectura. Puede ser liderada y moderada por un líder técnico, un desarrollador o por el SM. Además, considero que lo importante en la dinámica de un equipo ágil es que esta reunión sea colaborativa y, en lo posible, en modo enjambre. Esto quiere decir que todos trabajan sobre un mismo problema con un mismo artefacto, como una pizarra o una computadora (*'Mob programming'*).

"Si no lo puedes dibujar es que no lo entiendes" (Albert Einstein)

Figura 9.14: Technical Meeting

También considero que, siempre que sea posible, se debe dibujar. Como dice la frase: "Si no lo puedes dibujar es que no lo entiendes" (Albert Einstein). Hacer ingeniería de software requiere modelado de sistemas y software. Pero no cualquier dibujo o de cualquier manera, sino de una forma profesional y útil, usando herramientas de diagramación, como por ejemplo UML (Unified Modeling Language). Existen muchas otras, dependiendo de la necesidad, como las siguientes: Diagramas de VENN, mapas mentales MMD (Map Mind Diagram), diagramas conceptuales CD (Conceptual Diagram), causales CLD (Causal Loop Diagram), de entidad-relación ERD (Entity Relationship Diagram), de cadena de valor VSM (Value Stream Mapping), de flujo lógico FC (Flow Charts), de flujo de sistemas DFD (Data Flow Diagram), arquitecturales ADL (Architecture Description Language), de bloques BD (Block Diagram), de procesos de negocio BPMN (Business Process Modeling Notation), funcionales FBD (Functional Block Diagram), de señales SBD (Signals Block Diagram), los viejos carta-estructura para módulos SC (Structure Chart), diagrama cibernético de flujos de control y almacén SFD (Stock and Flow Diagrams) o Diagrama de Forrester, diseño de sistemas estructurados SSADM (Structured Systems Analysis and Design Method), procesos industriales ASME (Diagramas de procesos Norma ASME), diagrama de ingeniería industrial Cursograma, diagrama de cadena de proveedores y productores a clientes SIPOC. Como se ve hay muchas herramientas, no hay excusas para solo usar Post-its.

DevOps

Nuestra mayor prioridad es satisfacer al cliente mediante la entrega temprana y continua de software útil y el enfoque DevOps nos ayuda a este objetivo. Aclaro aquí que DevOps no es más que una forma de especialización y de enfoque dentro de la ingeniería de software. Por este motivo, una manera de deducir el nivel de ingeniería y, en consecuencia, de calidad de trabajo de un equipo es ver cómo se desenvuelven con DevOps en cuanto a cómo manejan la optimización y automatización del flujo de trabajo, la calidad y flexibilidad de su plataforma e infraestructura y como se integran o gestionan operaciones. A continuación veremos algunos temas de plataforma, infraestructura, *pipeline*, automatización y *"Feature Toggles"*.

Plataforma

El trabajo de desarrollo de software es una actividad bastante compleja. Ya no se programa en texto plano y se integra enviando archivos por email. El trabajo del Scrum Master es ayudar a su equipo a que encuentre su *'stack'* tecnológico adecuado para el problema que intenta resolver. La complejidad de plataforma justa y mínima que facilite y optimice el flujo de desarrollo. Se debería preguntar: ¿Qué plataforma tiene y debería tener el equipo? ¿Cómo maneja o debería manejar la plataforma? ¿Cuáles son sus herramientas informáticas para idear, crear, integrar, probar, desplegar, monitorear y corregir errores de software de una manera ágil? ¿Cuán rápido permiten llevar una idea a producción?

Por ejemplo, un equipo estándar que desarrolla algún sitio web con una arquitectura orientada a micro-servicios. ¿Qué necesitaría? A modo de ejemplo podemos pensar en lo siguiente:

- **Análisis y diseño:** El equipo usará, en una de sus primeras fases, herramientas de gestión de proyectos (como Jira de *Atlassian*, Trello, etc.) para idear, definir, compartir, coordinar y planificar trabajo en forma de historias de usuario, tickets o docs. El equipo necesita comunicarse para lo que usará software de *chatting* (email, Slack, Rocket.Chat, Fleep, etc.) y conferencias (Google Hangouts, Zoom, skype, etc.). En el proceso de análisis y diseño necesitará compartir documentación y otros archivos necesitando un repositorio de documentos compartidos (Google Drive, Dropbox, OneDrive y SharePoint en Office 36 de Microsoft, etc.). Sumando herramientas de diseño UX (por ejemplo para Wireframes, Visual Design, etc.) y de diseño y diagramado de software (Día, Visio, Google Draw.io, etc.).

- **Implementación:** En programación incluirán lenguajes, entornos IDE de programación (Eclipse, etc.) y librerías. Necesitará un gestor de configuración y versionado de software o Version Control System para trabajar en un código de propiedad compartida (github, Subversion, CVS, etc.). Para luego hacer sus push de código al repositorio.

- **Integración:** Trabajará con un esquema de '*branching*' e integración de código para lo cual usará herramientas de compilación, dependencias y '*building*', integración y despliegue (como Gitlab, Maven, etc.) además de herramientas de automatización de integración y despliegue (como Jenkins, Travis CI, Buildbot, DotCi, etc.). Aquí lo que hace es básicamente integrar en un ambiente aislado y posiblemente crear imágenes portables. También puede desplegar en ambientes de testing para luego correr las pruebas.

- **Pruebas:** Junto a esto, para realmente hacer ingeniería, necesita herramientas de gestión, ejecución y automatización de pruebas (como Selenium, Sahi, Source Labs, Testing Bot etc.). Aquí ejecutará en un ambiente de testing pruebas automatizadas. También puede desplegar y testear en otros ambientes.

- **Despliegue:** Herramientas para desplegar en producción (Jenkins, Travis CI, Buildbot, DotCi, Ansible, Puppet, Docker, etc.). Aquí se termina haciendo el despliegue a producción.

- **Monitoreo:** Y, en su etapa de monitorear el software operativo en producción, necesita monitorear el rendimiento y la 'salud' del software y atender las contingencias que ocurran. Aquí necesitará herramientas de '*Bug-tracking*' como comunicación y sistema de ticket para identificaciones de errores y bugs (Bugzila, Mantis Bug Tracker, etc.), herramienta de logs o registros y monitoreo (Splunk, Sumo Logic, LogStash, GrayLog, Loggly, PaperTrails, etc.). Y por último el equipo necesita evaluar los datos del negocio que opera el software, tendencias, comportamientos de los usuarios y clientes, para lo que puede usar herramientas de analítica digital y Business Intelligence (Splunk, Google Analytic, Elasticsearch y Kibana, Gafana, etc.).

La cantidad de pasos y despliegues dependerá de su pipeline, ambientes e infraestructura. Aquí nos podemos preguntar... ¿Sobre qué corren? ¿Sobre qué infraestructura funciona? ¿Qué ambientes de programación, pruebas y producción manejan? ¿Cuán versátil y fácil de configurar es? ¿Que dominio, propiedad y responsabilidad tiene el equipo sobre esta? ¿Cómo se comunican y se coordinan con los proveedores, admins y soportes?

Infraestructura

Ambientes de software

El flujo de desarrollo de software sucede y fluye por diferentes ambientes de software, que podrían clasificarse como ambiente de desarrollo local, de desarrollo compartido (o de integración), de prueba, de preparación (Staging) y de producción.

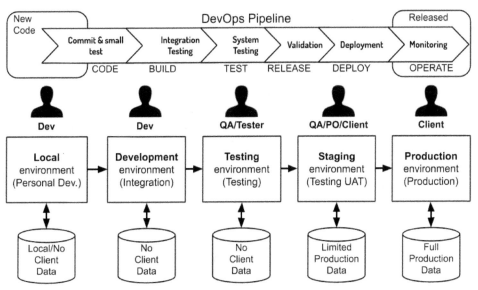

Figura 9.15: Ambientes del flujo de desarrollo

- **Desarrollo:** Un ambiente de desarrollo compartido e integración está configurado para permitir a los desarrolladores escribir código rápidamente, verificarlo creando pruebas básicas (pruebas unitarias) y ser productivo. Este entorno es mucho más pequeño de lo que se necesita para ejecutar una aplicación completa en una implementación de la vida real. También presenta herramientas específicas para desarrolladores que a veces pueden obstaculizar la validación rigurosa del control de calidad. Y lo más importante, el entorno de desarrollo cambia constantemente, con nuevas funciones que se agregan todo el tiempo, lo que dificulta que los ingenieros de control de calidad realicen pruebas que requieren mucho tiempo, pruebas de regresión o integración, sin interrumpir el proceso de desarrollo. Debido a que ejecutar pruebas complejas en el entorno de desarrollo conduciría a una gran pérdida de tiempo de los desarrolladores y, a su vez, por la poca estabilidad del software dificultaría el trabajo de los testers, es que se hace necesario otro entorno especializado para probar.

- **Prueba:** El ambiente de prueba es donde los ingenieros de control de calidad pueden usar una variedad de herramientas de prueba para ejecutar todas sus diferentes pruebas sobre el código de aplicación tomado del entorno de desarrollo. Mientras los desarrolladores comprueban su código en busca de errores simples antes de pasarlo para garantizar la calidad, los *'testers'* ejecutan tipos de pruebas más complejas y que requieren mucho tiempo para verificar la compatibilidad del código nuevo y antiguo, la integración correcta de los diferentes módulos, el rendimiento del sistema, etc.

- **Staging:** Luego se necesitan pruebas de aceptación del usuario en un ambiente '*Staging*', provisional, antes de subir a producción. El *Staging* es un entorno de ensayo pre-productivo y es una réplica idéntica del entorno de producción del cliente, que también suele contener datos de producción reales que se han desinfectado por motivos de seguridad. Está alojado de la misma manera que los servidores de producción e implica una configuración idéntica y operaciones de actualización. Por lo tanto, las pruebas en un entorno provisional ofrecen la forma más confiable de verificar la calidad del código y garantizar que los servidores de producción tengan éxito.

- **Producción:** Y por último el ambiente productivo donde se explotará el software. Aquí estarán todos los datos reales del cliente y es donde el software, de algún modo, vive.

Infraestructura ágil

La infraestructura es como la autopista por donde circula nuestro código dentro de los ambientes como vehículos. En consecuencia, la calidad y tecnología de esta autopista determina la velocidad con que circulará nuestro código y la tasa de accidentes. La infraestructura ha evolucionado y seguirá haciéndolo a un ritmo acelerado. A continuación, cuento una visión general de cómo se ha dado, desde una línea base a Cloud Computing.

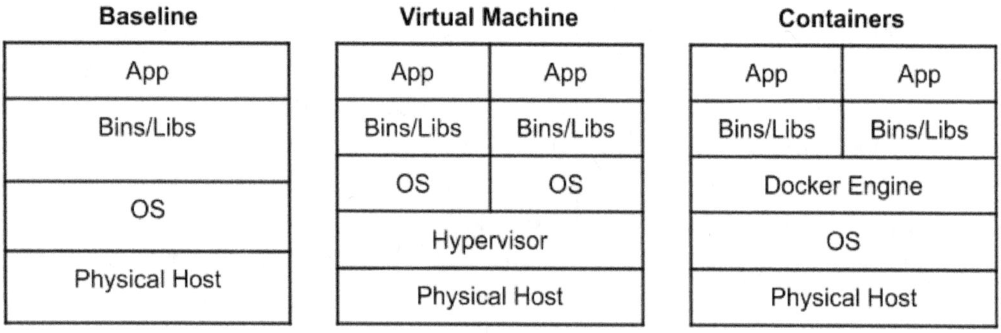

Baseline	Virtual Machine		Containers	
App	App	App	App	App
Bins/Libs	Bins/Libs	Bins/Libs	Bins/Libs	Bins/Libs
OS	OS	OS	Docker Engine	
	Hypervisor		OS	
Physical Host	Physical Host		Physical Host	

Figura 9.16: Infraestructura

- **Baseline:** La forma más simple de infraestructura de trabajo que tenemos como desarrolladores es el *Baseline*, en donde el desarrollador instala todo lo necesario para programar y correr la aplicación desarrollada en su máquina física local. Y, además, puede usar servidores dedicados o *Datacenters* para hacer pruebas y despliegues. El problema de esta estrategia es que cuando estamos desarrollando una aplicación inestable puede desestabilizar todo el sistema, des-configurar el computador y terminar todo en un caos provocado por la coexistencia de varios lenguajes o plataformas, librerías, servidores de bases de datos locales, espacios de trabajo de nuestro IDE, proyectos de versionado de código, etc… Y esto nos hace perder mucho tiempo en estabilizar todo de nuevo. Y en el caso de servidores compartidos esto se potencia, porque son más personas las que echan manos. Esto no es para nada ágil. Para mejorar esto surgió la posibilidad de trabajar con 'virtualización'.

- **Virtualización:** La virtualización nos permite ejecutar aplicaciones en un entorno controlado, con lo necesario para funcionar, encapsulado en un sistema operativo virtual independientemente de la máquina real que use. La virtualización funciona por medio de la abstracción de recursos, esto es por parte de un Hypervisor o VMM que corre en la máquina física del desarrollador. Una de las principales ventajas que tiene la virtualización es la capacidad de separar un entorno inestable (el virtual) de otro estable (la máquina física). Esto permite restaurar el sistema a cualquier estado previo correcto en menos tiempo que si se trabajara directamente en la máquina física real como el caso *Baseline*. Otra ventaja es poder trabajar con múltiples entornos de prueba. Por ejemplo, en la misma máquina podemos correr la aplicación en distintos sistemas operativos. Esto mejora también el trabajo sobre servidores compartidos. Diferentes herramientas nos ofrecen virtualización de sistemas operativos (Docker, Virtuozzo, OpenVZ, Linux-VServer, etc.). Además, existe la virtualización de procesos (Java Virtual Machine, etc.) y de sistemas (Oracle VM VirtualBox, MTL Virtual Machine, etc.). Junto a estas tecnologías surge la virtualización de red que nos ayuda a desacoplar completamente los recursos de red del hardware subyacente. El problema de la virtualización es que el proceso de configuración y distribución sigue siendo una tarea manual, repetitiva y en definitiva, poco conveniente. Esta forma no tiene tanta flexibilidad y portabilidad. Además, cuando necesitamos tener máquinas virtuales dedicadas y tenemos un elevado número de servidores en una misma máquina, se ve una clara reducción de recursos. Por eso surgió otra estrategia de virtualización más avanzada, la 'containerización'.

- **Containerización:** Los contenedores nos proporcionan un entorno aislado e independiente como forma de empaquetar todo lo necesario para ejecutar una aplicación: el código, las herramientas del sistema, librerías, etcétera. Sin usar sistemas operativos virtuales completos. Esto permite la portabilidad, que implica que los desarrolladores puedan crear aplicaciones en una computadora portátil y desplegarlas en los servidores, de forma más rápido, arrancarlas y pararlas más rápido y aprovechar mejor los recursos de hardware. Además, facilita trabajar en una arquitectura de micro-servicios. Existen diferentes herramientas software que nos provee containerización (Kubernetes, Docker, Solaris Containers, etc.).

- **Infraestructura como código:** Por otra parte, surge la "infraestructura como código", en alternativa a la infraestructura tradicional que traía procesos manuales, errores humanos, demoras en configuraciones, cuellos de botella por entrega de la infraestructura, documentación incompleta, dificultad de introducir frecuentes cambios, etcétera. Con ella aplicamos herramientas y prácticas de ingeniería de software en nuestra infraestructura. Esto nos permite gestionar y proporcionar infraestructura de forma programática a través de código y automatización, para crear y cambiar servidores, instancias, entornos, contenedores o alguna otra infraestructura de forma ágil. En otras palabras, escribimos y ejecutamos código con diferentes herramientas software (Chef, Ansible de Redhat, Puppet, SaltStack, Terraform de HashiCorp, Vagrant, etc.) que define, despliega y actualiza infraestructuras.

- **Cloud Computing:** Y todo esto nos lleva al *Cloud Computing*, o computación en la nube. Que es una plataforma que permite ofrecer las TI como servicios en la red. Todo lo que se encuentra en la nube Cloud se ofrece al usuario o programador como servicio, tanto software (SaaS), plataforma (PaaS) e infraestructuras (IaaS). El Cloud está basado en entornos virtualizados de alta disponibilidad y rendimiento sobre la infraestructura de *Datacenter* del proveedor. Además, existe *Elastic Computing* que se aplica en los Elastic Cloud como tecnología de adaptación de uso de recursos en función de la demanda. Actualmente estas tecnologías son provistas por proveedores dedicados al negocio de *Clouding* (Amazon, Azure, Google, Alibaba, etc.).

Pipeline automatizado

Desde el aspecto técnico, en ingeniería de software buscamos reducir el tiempo entre el inicio del desarrollo de una funcionalidad y su puesta en operaciones (lead time), la mejora continua de nuestro proceso de desarrollo de software y lograr código de calidad. Es decir, acelerar el *Time-to-Market*, ser eficientes y entregar software de calidad que sea valioso para el cliente o el usuario. Y DevOps es parte de esta disciplina que se centra en 'efientizar' todo el proceso desde el desarrollo hasta producción. En este sentido, podemos decir que el santo grial de DevOps es la automatización completa de todo el proceso centrándonos, de principio, desde que el desarrollador hace 'commit' (push del código) hasta que su código llega a producción (Delivery Lead Time). El ideal de DevOps es lograr el "one click deployment": apretar una tecla y que llegue a producción. Para automatizar este proceso o flujo de despliegue, se necesita programar la generación de código, integración, empaquetados, *testing* automáticos, orquestación, empaquetado y/o containerización y despliegue. Una manera de centralizar todo el flujo es en un *'pipeline'* y lo hacemos mediante la programación de configuraciones como scripts ("pipeline as code") usando algún *"automation server"* como Jenkins.

Bases for Code: Java & JDK (JVM), VCS (Git), Web Application Framework (Angular or React, jHipster), JavaScript Environment (Node.js), JavaScript Packaging (Yarn), Database (PostgreSQL, MongoDB),
Code Generation & Dependency Manager: Build Automation Tool for Java (Maven) y Package Manager for JavaScript (Npm)
Monitoring: Suite ELK (Elasticsearch, Logstash y Kibana)
S.O.: Red Hat Enterprise Linux
Servers + Cloud: Central Configuration (Spring Cloud Config), Discovery (Netflix Eureka), Load Balancer (Netflix Ribbon), Circuit Breaker (Netflix Hystrix), Edge Server (Netflix Zuul), Authorization Server (Spring Security)

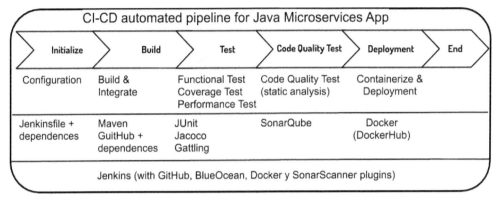

Figura 9.17: Ejemplo de un CI-CD pipeline para una App Java con arquitectura de Microservicios

Un *pipeline* es una secuencia de eventos o jobs que se pueden configurar y ejecutar como una secuencia de etapas STAGE. Donde cada STAGE es un conjunto de pasos Steps. Y cada Steps es una tarea que dice qué hacer mediante un bloque de líneas de código script.

```
pipeline { //Job pipeline
 stages {
  stage("Initialize") {
      steps {
        echo "Initializing pipeline"
        // Here Initializing code...
        }
  }
  stage("Build") {
    steps {
      echo "Building!"
      // Here Building code...
    }
  }
  stage("Test") {
    steps{ echo "Testing!"
    // Here code to throw Test...
          }
  }
  stage("Code Quality Test") {
    steps{
     echo "Code Quality analyzing..."
     // Here code to throw static analysis...
    }
  }
  stage("Deployment") {
    steps{
     echo "Deploying..."
     // Here code to throw Deployment code...
    }
  }
 } // End of stages
} // End of pipeline
```

Figura 9.18: Script ejemplo de un pipeline

Cada pipeline que el equipo cree dependerá de su arquitectura de software, plataforma y la propia madurez de ingeniería de software del equipo. Y la arquitectura de software o la plataforma no es excusa para no hacer DevOps ni tener en cuenta un pipeline. Uses Java, Microsoft Visual Studio o SAP, tú puedes hacer DevOps. Tal vez, un equipo más inmaduro en su desarrollo o al inicio de su proyecto tenga un pipeline pobre o no lo tenga. Y un equipo más desarrollado o avanzado tenga un *pipeline* más sofisticado (aunque simple de usar), rápido y automatizado. Tu *pipeline* demuestra tu nivel de DevOps y tu nivel de DevOps demuestra tu nivel de Ingeniería de Software. En particular recomiendo un *pipeline* basado en pruebas pequeñas (pruebas unitarias), medianas (pruebas de integración) y grandes (pruebas de sistema) y evolucionarlo de algo simple a algo más sofisticado y completamente automatizado.

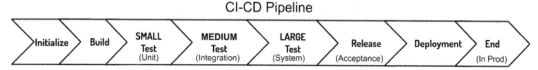

Figura 9.19: Esquema de un CI-CD pipeline tipo small-medium-large test

Activadores de características

Algo contemplado en DevOps es la posibilidad de hacer '*rollback*' rápido o desactivar funcionalidades de forma simple y rápida. Algo que ayuda a esto y a desplegar rápidamente pequeñas funcionalidades es una técnica introducida por de "*Feature Toggles*" (*feature switch* o *feature flag*). Esta permite a los equipos modificar el comportamiento del sistema de software sin cambiar el código. Es como tener llaves de encendido de características de nuestra aplicación que corre en producción. Los *Feature Toggles* se implementan con *Feature Flags* (banderas de características). Y tenemos tres opciones básicas para implementar:

- **Static Feature Flag:** Esta es la manera más simple, pero menos recomendada, y consiste en usar variables banderas directamente en el código fuente y productivo como "toggle point" para habilitar o deshabilitar funcionalidades.

- **Dynamic Feature Flag:** Otra manera es activar o desactivar *flags* de una manera dinámica fuera del código fuente core desde un subsistema que centraliza la configuración de *flags* y que se llama *Toggle Configuration*. Los 'Toggle Configuration' pueden ser archivos de configuración o *config file* (flags en archivos) o bases de datos (flags en tablas) con algún software de gestión de *Feature Flags*. Las aplicaciones tendrán características con *Toggle Points* que usan un *Toggle Router* para decidir según un *Toggle Configuration* externo. El *Toggle Configuration* y *Toggle Router* pueden evolucionar a subsistemas de administración más complejos, con interfaces de usuario y sistemas de autenticación.

- **Context Flag:** Otro mecanismo es el que permite desactivar ciertas funciones para nuestra base general de usuarios en producción, pero poder activarla para usuarios internos. Esto se puede implementar usando configuradores de ambientes con *Toggle*

Context. El *Toggle Router* leerá el ambiente de este *Toggle Context* y el *Toggle Point* encenderá o apagará una característica según el contexto y el valor del *Toggle Configuration.*

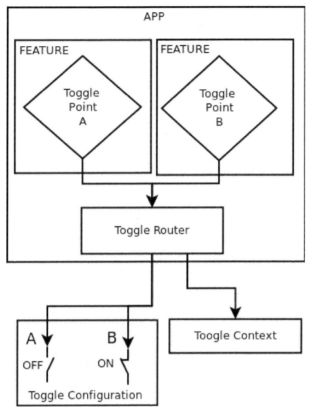

Figura 9.20: Esquema de feature toggle

- **Canary Releasing:** Esta técnica es una manera de incluir a la anterior. Consiste en permitir ir activando funcionalidades por zonas. Primero las activaríamos en sistemas internos, después en sistemas de clientes con confianza y si todo funciona correcto al final se activaría a todos o los clientes críticos. Si en alguna de estas zonas hay problemas, dejaríamos de avanzar y re-estableceríamos el sistema para luego resolver el problema.

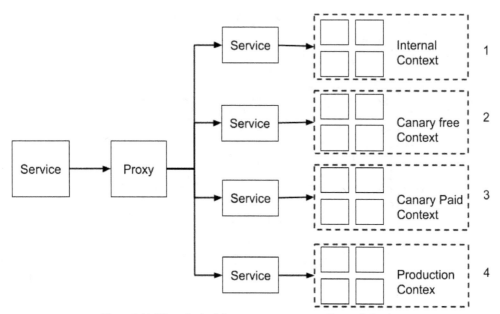

Figura 9.21: Ejemplo de diferentes contextos para Canary Releasing

Los *Feature Flags* ayudan a desplegar pequeños experimentos en producción para recibir feedback rápido, recuperar la estabilidad de la aplicación ante fallos fácilmente sin tener que desinstalar (sin hacer *rollback*), encender *releases* planificados desplegados apagados con anterioridad (solo encendiendo flags) y hacer pruebas por zonas de alcance de usuarios. Los *Feature Flags* impactan a las métricas de *Deployment Frequency* y MTTR mejorando la prestancia DevOps. Aunque no se debería abusar del uso de esta técnica. Se recomienda trabajar primero buscando desarrollar features lo más chicas posibles para hacer despliegues continuos de pequeñas funcionalidades. Y usar *Feature Toggles* solo cuando el equipo considere adecuado.

En síntesis

Hacer ingeniería de software ágil es desarrollar software de valor, de modo iterativo, incremental y evolutivo, con un producto o servicio que evoluciona, donde los requisitos y soluciones cambian con el tiempo, haciendo entregas frecuentes de calidad y valor, testeando continuamente, con feedback rápido, trabajando con equipos auto-organizados y multidisciplinarios que mejoran, inmersos en un proceso compartido de toma de decisiones interactiva y dinámica y entendiendo el negocio. Y, lo más importante, es considerar que la ingeniería es, además de una práctica científica, una práctica humana. Construir software se trata de relaciones humanas en un sistema social. Por eso, hay que construir relaciones humanas de valor, que habiliten la entrega continua de valor. Según Patrick Lencioni, un equipo humano debería tener ciertas aptitudes funcionales que posibilitan el trabajo de alto rendimiento: confianza, sin miedo al conflicto, compromiso, asunción de responsabilidades y atención a los resultados. Según el proyecto Aristóteles de Google, la clave es la cultura del equipo y lo necesario en ella es la seguridad psicológica entendida como: el sentimiento de confianza de que el equipo no va a avergonzar, rechazar o castigar a alguien por sus opiniones, comportamientos o ideas. Y como un equipo no es una isla, la organización que le da contexto debe reforzar este tipo de cultura, el factor humano, para lograr personas extraordinarias desarrollando resultados extraordinarios.

10 MALAS Y BUENAS PRÁCTICAS

Para hacer algo bien debemos hace en algún momento algo mal. Es parte del aprendizaje. Y en el camino de aprendizaje, nuestra experiencia y la de otros en aciertos y fallos nos pueden dar cuenta de algunas pautas antes de que ocurran o, al menos, para reconocerlas cuando sucedan. Primero que nada, hacer bien metodológicamente Scrum es al menos poder aplicar la guía oficial de Scrum de Scrum.org y hacerlo bien en general es llegar en algún momento de madurez a tener buenos resultados y uno o varios equipos potentes o de alto desempeño. Como dije al principio, Scrum puede ser fácil de entender, pero difícil de dominar. A continuación, algunas ideas relacionadas que te pueden ser de utilidad.

Malas prácticas

Velar por la correcta utilización de Scrum es más que el cuidado de un conjunto de reglas a seguir. Existen muchas causas diversas para que se fracase en su implementación, además de la de no seguir sus reglas básicas. A esas acciones causantes, resultado de prácticas que perjudican su buen funcionamiento, las podemos llamar malas prácticas y constituirán pautas que se aconseja evitar. Diferentes autores han escrito sobre ellas como anti-patrones (Anti-Patterns)[158]. Por ejemplo, Stefan Wolpers ha escrito diferentes guías de anti-patrones que son aconsejables para leer[159]. El mismo Jeff Sutherland ha escrito sobre patrones, sus problemas y posibles soluciones.

---

[158] Quick Glance At: Agile Anti-Patterns (Tanzer, 2018); Anti-Agile Patterns (Hewage, 2017) y The Decline and Fall of Agile (Shore, 2008).

[159] The Scrum Anti-Patterns Guide (Wolpers, 2020) y Scrum Master Anti Patterns (Wolpers, 2016).

Hay malas prácticas a nivel de equipo y otras organizacionales. Las del equipo son las que podemos observar dentro del equipo. Por ejemplo, las malas prácticas internas al equipo habituales son: miembros del equipo son islas, hay mucho *multitasking*, las retrospectiva sin accionables (las retrospectivas no llegan a nada concreto), el PO ausente (poca disponibilidad del PO), el jefe en el equipo (el PO o el SM es el jefe o manager), hacer cascada en el Sprint (se hace *waterfall* con Scrum), no tener QA dentro del equipo (QA es un servicio externo), hay doble roles (el SM o PO tiene doble rol), tener Sprints de *Bug Fixing* (se planifican Sprint de solo corrección de errores), la dictadura del cliente (hay que hacer lo que el cliente o los *stakeholders* quieren siempre), la Daily es un reporte diario, hacer historias en capas de torta (no se desarrollan *features* atómicas sino *layers* de códigos), etcétera. Y, generalmente, las que vemos en la organización suelen repercutir en las del equipo, o algunas del equipo reflejan problemas de la organización. A continuación, listaré algunas de ellas:

<u>No se hace Scrum</u>: no aplicar bien el marco de trabajo

Me han dicho en algunas oportunidades: "!No queremos esos fundamentalistas de Scrum que llegan con su librito y quieren que se haga todo lo que dice allí!". Es cierto que Scrum se debe adaptar a la organización y que los cambios deben ser orgánicos. Pero, hay que tener cuidado de hacer lo que uno quiera. Una mala práctica es aplicar mal o en forma incompleta un marco, metodología o técnica determinada. Los métodos o metodologías existen justamente porque los respaldan éxitos en hacer lo que el método o metodología dice. Por ejemplo, se ha criticado a la metodología de cascada (*Waterfall*) o desarrollo en cascada porque se dice que no funciona, sin embargo, lo que suele suceder es que no se aplica realmente (Masa Maeda, 2012). El problemas no es que no sirva o no funcione, sino que no lo hacemos bien (Masa Maeda 2012). Pues, en el artículo original de 1970 en el que Royce Winston expone el desarrollo en cascada se habla de ciclos y de "fases sucesivas de desarrollo iterativo"[160] ofreciendo unos consejos a seguir, cosa que no se suele hacer y se da por hecho que cascada no sirve. Algo parecido ocurre con Scrum.

---

160 (Winston Royce, 1970)

Figura 10.1: No se hace Scrum

Hay quienes dicen: "Scrum fracasó". Pero, sin embargo, lo que suele suceder es que se dice que se implementa Scrum pero, en la práctica, no se cumplen sus recomendaciones o se hacen hibridaciones[161] con otras metodologías que dan como resultado algo que no es Scrum y que puede ser disfuncional. Creyendo hacer Scrum, muchas no han logrado superarlo[162].

Respecto a este tema en una entrevista que le hicieron a Jeff Sutherland (uno de los creadores de Scrum) él dijo: La mayoría de las empresas implementan Scrum a medias. Por ejemplo, cualquier Scrum sin producto de trabajo al final de un Sprint es un Scrum fracasado y el 80 por ciento del Scrum escalado en Silicon Valley se encuentra en esta categoría, pues son "ágiles sólo de nombre". Cuando una empresa modifica o implementa sólo parcialmente Scrum puede estar ocultando u oscureciendo alguna disfuncionalidad organizacional que restringe su competencia en cuanto a gestión y desarrollo de producto (Ken Schwaber, 2006).

Como recomienda el método Kanban: comienza con lo que estés haciendo ahora y realiza cambios de mejora de forma evolutiva[163].

Solo se aplica Scrum como receta, sin hacer ingeniería

161 Metodología híbrida o mezcla con Scrum.

162 (Gantthead, 2010)

163 (Anderson, 2016)

Metodologías como Scrum no establecen las prácticas específicas de ingeniería, por lo que se puede aplicar la metodología sin hacer ingeniería. En este caso los Scrum Master son responsables de promover un mayor rigor en la aplicación de las prácticas ingenieriles y de la definición de "terminado" (DoD) acorde al marco de ingeniería[164]. A veces sucede que la agilidad se convierte en un culto, despojando las prácticas reales de ingeniería de software por profesionales ágiles que no tienen una comprensión de la ingeniería de software, y de este modo simplemente se convierte en un conjunto de rituales sin sentido que, en su mayoría, son impedimentos y distracciones a la creación de software de calidad con éxito[165].

Figura 10.2: Scrum como receta

Desde esta perspectiva, hay que tener en cuenta que el uso de post-its y gráficos bosquejos que parecen infantiles no debería reemplazar el uso de herramientas conceptuales de diagramación como son: *Unified Modeling Language, Architecture Description Language, Business Process Modeling Notation, Conceptual Diagram or ConceptDraw, Causal Loop Diagram, Entity Relationship Diagram, Flow Charts* (para control de flujo), *Data Flow Diagram, Structure Chart, Stock and Flow Diagrams, Structured Systems Analysis and Design Method, Map Mind Diagram, Stream Mapping,* etc. El uso de dinámicas y conversaciones tampoco debería sustituir el Análisis de Sistemas, Investigación Operativa y las prácticas profesionales[166] de Ingeniería de software; y la simplicidad no debería desplazar el uso de herramientas de software ni el uso de métricas

---

164 (Gantthead, 2010)

165 (Certuche, 2016; Hadlow, 2014)

166 (SWEBOK, 2014)

fundamentales. La ingeniería del software intenta dar un marco de trabajo en el que se aplican prácticas del conocimiento científico en el diseño y construcción de software con mayor calidad. Y cuando menciono a la ingeniería, no me refiero a la ingeniería mecanicista tradicional que trata problemas duros desde métodos rígidos; sino a la de software, que trata problemas blandos desde métodos heurísticos y en un marco más artesanal de desarrollo de software.

No se cambia de mentalidad: se trabaja con Scrum pero no se piensa ágil

A veces se implementa y usa una nueva metodología, pero no se cambia de forma de pensar. Es que se puede considerar que la simple adopción de una herramienta de trabajo, sin una transformación personal que la acompañe, no sirve de nada, por ejemplo, adoptar Scrum sin una transformación personal[167].

La gran mayoría de metodologías tienen detrás principios y maneras de pensar. Pues hay que entender que no se trata solo de fórmulas, sino también de formas de razonar. No se puede pretender trabajar en un equipo con alguna metodología ágil que implementa autoorganización si no se cree en la autoorganización. Hay personas que creen en el liderazgo centralizado y autoritario, por lo que no cambian su perspectiva y, en vez de adaptarse a la nueva manera de trabajar, terminan queriendo adaptar la manera de trabajar a su idea original, por ejemplo, a la conducción centralizada y autoritaria. Esta actitud termina por generar malas prácticas que socavan el buen funcionamiento de una metodología determinada.

Figura 10.3: No se cambia de mentalidad

Scrum cosmético: no se cambia realmente la manera de

167 (Alaimo, 2014)

trabajar

Hay empresas que adornan sus paredes de post-its de colores, dibujos, mesas de ping-pong y frases ágiles. Con facilitadores y Agile Coaches que parecen más agentes de entretención que agentes de cambio. Con mucho marketing de cuan ágiles son ahora que hacen Scrum y que están en una transformación digital o adopción ágil. Mucho auto-bombo y frases grandilocuentes. Pero si nos adentramos un poco en el día a día, entonces vemos al paradigma industrial adornado de agilidad. Son casos en donde no se cambia realmente la manera de trabajar y se aplica un "Scrum cosmético"[168]. Esto quiere decir que se agregan los eventos de Scrum como 'nombres' de reuniones, pero se esconde a los procesos del management tradicional. Se agregan los roles necesarios (SM y PO), pero solo para llamar de otra manera a los roles tradicionales como PMs, Jefes de Proyectos, Ingenieros Analistas de Negocio o Managers. A veces no contratan SM porque no parecen necesarios. Se les dice Backlog a las 'Gantts' y 'releases' a los 'deadlines'. Las 'Review' son en realidad 'Demos', es decir, reuniones de reporte en vez de un momento colaborativo donde se obtiene feedback. Las retrospectivas son excusas para presionar a los equipos para que sean más rápidos, en vez de momentos de aprendizaje y de actuar para mejorar técnicamente y en la propuesta de valor. Las planning son una manera de planificar el Gantt o asignar requerimientos, en vez de ser un momento para priorizar el mayor valor factible de desarrollar en el Sprint. Se podría seguir con estás malas prácticas. Pero lo relevante es que se ve que realmente no se adopta Scrum ni se abandona la forma de trabajar que se venía haciendo hasta el momento. Un maquillaje con pinceladas de agilidad a una máquina con telas de araña.

---

168 Un modelo de madurez para equipos ágiles, Ángel Medinilla, Jan 15 2015.

Figura 10.4: Scrum cosmético

El equipo va contra la corriente: hay disociación con el resto de la organización

Los miembros del equipo dicen: "¡Estamos solos en esta compañía y atados de manos!". La disociación entre producción y el resto de la organización se da cuando se implementa agilidad, como Scrum, solo en el área de producción para organizar el proceso de desarrollo o en solo un puñado de equipos, pero la gestión estratégica o las capas de gestión de alto nivel de la compañía desconocen el enfoque ágil o Scrum y gestionan los *portfolios*, programas, personas y proyectos con las metodologías criticadas en este marco de trabajo. Algo semejante sucede con los vendedores de la organización. Pues, si los mismos venden productos especificados de antemano y en base a esas ventas se realizan compromisos contractuales rígidos y se exige que el área de producción cumpla con esos compromisos, por más que el área de producción intente usar Scrum, se puede caer en los mismos problemas que con Scrum se critica e llegar a incumplir con el o los proyectos. Un equipo Scrum sin que Recursos Humanos, *Facilities*, *Compliance* (Cumplimiento normativo) ni la PMO los tenga en cuenta, queda abandonado y con grandes limitaciones.

Parte de la promesa '*Agile*' es unir al negocio con tecnología haciendo que trabajen integrados. Esto debe incluir también a las áreas de soporte. El uso de Scrum para lograr una organización de gestión y de desarrollo de un producto optimizado e integrado, es un proceso de cambio que debe ser dirigido o acompañado por las altas esferas de la compañía y que requiere que todos en el ecosistema del o los equipos hagan cambios en sintonía (Ken Schwaber 2006). Hay empresas que pretenden que sus equipos ágiles metan goles, pero los sacan a la cancha con los botines atados entre sí.

Figura 10.5: Nadar contra la corriente

Sin DevOps: el terreno de operaciones es de operaciones

Si Desarrollo es ágil pero Operaciones no, tendremos un gran impedimento para lograr una cultura DevOps, CI/CD eficiente y entrega continua[169]. Hay empresas que introducen equipos Scrum y mantienen un área de operaciones independiente y con poder de control. Este área cuidará su territorio y podrá generar bloqueos y cuellos de botella debido a: procesos pesados que generan burocracia, falta de personal para dar soporte, personal con poca idoneidad, cultura *Waterfall*, mala comunicación con los equipos de desarrollo, desincronización de mantenimientos o tareas técnicas y desarrollo que pueden provocar bloqueos generales, escaso o falta de soporte IT, infraestructura con mal funcionamiento, infraestructura alejada de las necesidades técnicas de los equipos, etcétera.

---

169 Disociación entre el desarrollo y el resto de la organización se la conoce como Water-SCRUM-fall; y que significa, desde el punto de vista de DevOps, que mientras los equipos de desarrollo pueden haber adoptado prácticas ágiles, los equipos de operaciones no (DevOps for dummies, 2015).

Figura 10.6: Sin DevOps

Todo es una reunión: las reuniones como fin

Hay que tener en cuenta que las reuniones son un medio y no un fin. A veces se cae en una cultura de reuniones y minutas, como si se tratara de un "vicio organizacional"[170]. Por otro lado, en las organizaciones donde prima la confianza no es necesario asentar toda reunión en minutas. Las minutas deberían ser recordatorios y no acuerdos contractuales. Tampoco formalizar la comunicación en reuniones. Con comunicación fluida, baja burocracia, confianza en la autoorganización y los equipos, colaboración frecuente y conversaciones cara a cara, no son necesarias tantas reuniones. En las organizaciones, alrededor del 20% de personas trabajan y generan el 80% del valor, mientras que el 80% restante, posiblemente, justifiquen su trabajo asistiendo a reuniones.

---

170 (UNTREF, 2014)

Figura 10.7: Todo es una reunión

<u>Deadline oriented</u>: excesivo foco en las fechas de entrega

El foco en la entrega, en la industria de software, es un anti patrón que se ha arrastrado por años y que se consideraba como la forma de trabajo eficiente. El foco en la entrega se refiere a cuando los equipos se centran en entregar, el éxito se mide en la cantidad de cumplir con la entrega prometida y en consecuencia hay una presión de cumplir con determinadas fechas pactadas o con determinadas características comprometidas. Cuando aumenta el foco en la entrega ocurre que disminuye el aprendizaje del equipo, la creatividad, la innovación y posiblemente el posicionamiento. También ocurre que se '*gatillan*' sistemas de control mediante la solicitud de informes, reportes o presión social.

Esto es fácilmente observado cuando vemos equipos que implementan Scrum como una manera de usar los Sprints como *deadlines*, para ir incrementando la entrega de producto buscando cumplir con una fecha *deadline* pactada. Todo esto lleva un ciclo vicioso de trabajo estresante, acumulación de deuda técnica, poca disciplina metodológica, desmoralización y desconfianza por incumplimientos. En este sentido podemos recordar lo que dijo DeMarco en su libro Peopleware[171]: «*las personas bajo la presión del tiempo no trabajan mejor, solo trabajan más rápido*».

---

171 (DeMarco, 1987)

Figura 10.8: Deadline oriented

Para vencer el foco en la entrega hay que equilibrar con el aprendizaje. La agilidad impulsa que el enfoque debe ser el aprendizaje, que todos hayan aprendido nuevas y mejores formas de hacer las cosas, que el conocimiento se distribuya libremente y que los requisitos dejen de ser requerimientos y sean hipótesis a convalidar o invalidar, lo que requerirá conocimiento y maduración continua para que el equipo avance en ser de alto rendimiento en entregar valor.

Obsesión por la velocidad: excesivo foco en la productividad y la eficiencia

En algunas organizaciones hay una particular obsesión por la productividad. Y se incurre en una simplificación mecánica, fuera del marco ágil, cuando se insiste en presionar a los equipos para que sean más rápidos en desarrollar story points (SP) y compararlos usando el velocity. Medir sus velocidades como indicativo de productividad y estandarizar niveles de madurez basados en ella es un error.

Figura 10.9: Obsesión por la velocidad

Los SP de historia son una unidad de medida relativa y subjetiva para expresar una estimación del esfuerzo, incertidumbre y/o complejidad. Es tan relativa que su tamaño varía en el tiempo según la subjetividad de quien los determinan. Por eso los story points de un equipo pueden ser totalmente distintos a los de otro. A veces el deseo y la necesidad de control y maximización de producción nubla la concepción de que la industria de software se basa en el trabajo intelectual y creativo, sobre un producto de contenido prácticamente intangible, como es el software. Si bien es necesario medir, controlar y planificar, siempre hay que tener en cuenta que la industria de software no es una manufactura de trabajo repetitivo, mecánico y en serie (producción en cadena). Por tal motivo hay que prestar particular importancia a la forma en que se mide la productividad y eficiencia; y en cómo se comparan equipos.

Hay muchas maneras de medir productividad sin usar el *velocity*. Se pueden usar las métricas que se proponen en el libro Accelerate de Humble[172]: *Delivery Lead Time, Deployment Frequency*, MTTR *y Change Fail Percentage*. Se puede usar el tiempo de salida a mercado T2M. Métricas de calidad. Se puede hacer más foco en el valor trabajando con medidas de éxito (KPI, etc.). Pero lo que hay que recordar es que *velocity* no es productividad y *story points* no son estandarizables.

Dictadura de Nerón: se hace lo que el líder dice

La mala práctica de "se hace lo que el Mesías dice" se refiere al caso en que un líder, un conjunto de líderes o una parte de la organización se comportan como un rey monarca que da saltos de fe hacia un consejero o jefe, cual si fuera un Mesías. Un mesías puede ser algún *Agile Coach*, consultor, una empresa de consultoría Agile o incluso un CIO o CEO. Pues, que alguien sea Agile Coach o tenga autoridad jerárquica no significa que tiene la bala de plata, que

---

172 (Humble, 2018)

entienda de organizaciones y sistemas o que tiene la solución al problema o cambio organizacional que estamos necesitando.

Figura 10.10: Dictadura de Nerón

A veces sucede que los entrenadores ágiles son defensores de lo que saben (Scrum, Lean, Kanban, SAFe, LeSS, Crystal u otra metodología o técnica) y venden soluciones empaquetadas que no son necesariamente la solución óptima. También sucede que CIOs o CEOs que quieren generar un cambio hacia la agilidad, lo impulsan, pero sin cambiar ellos o con tácticas totalmente desfasadas del marco ágil.

Cada organización es un mundo y tiene sus particularidades que se deben analizar y tratar según su coyuntura. Ninguna metodología resuelve todos los problemas y es necesario integrar diferentes marcos, según el contexto y estado organizacional, según la propia experiencia organizacional, con herramientas de ingeniería de sistemas y enfoques multidisciplinarios.

Agilidad anarquista: no hacer ingeniería de sistemas

Si se deja librado a la suerte el cambio organizacional en escalamiento de Scrum, sin la guía de algún equipo experto en sistemas y agilidad que facilite hacer ingeniería de sistemas en la estructura organizacional, entonces la probabilidad de perder grandes esfuerzos, costos y tiempos por tomar malas decisiones aumenta. A veces el cambio organizacional se deja librado a la pura autodeterminación plena de los equipos empoderados, de abajo hacia arriba, y con el acompañamiento de líderes que no tienen el suficiente conocimiento de agilidad y de sistemas. También se puede dar que se caiga en la mala práctica de "se hace lo que el mesías dice" y resulta que el mesías no sabe hacer ingeniería de sistemas y no tiene el suficiente conocimiento de los modelos diferentes de escalamiento. Existen diferentes factores que pueden impedir que se madure una evolución organizacional ágil orgánica y sistémica. Los cambios de procesos, sistemas, estructuras organizacionales y roles de trabajo, sin el empleo del pensamiento sistémico en ingeniería, pueden hacer que los cambios no sean evolutivos y las transformaciones sean lentas, caóticas o, en el peor de los casos, fallidas.

Figura 10.11: Agilidad anarquista

Recomendaciones

Hay recomendaciones que se pueden hacer para que tanto scrum u otra metodología ágil tengan mayor probabilidad de éxito o de generar resultados de éxito. Como por ejemplo no incurrir en las malas prácticas, automatizar todo lo posible, tener acuerdos de trabajo consensuados, trabajar en equipo y juntos, generar visión compartida, etcétera. Sin embargo algunos pocos consejos para llevar Scrum con éxito en una organización pueden ser los siguientes:

- **Patrocinio ejecutivo:** según el onceavo reporte de estado de Agile de VersionOne, las compañías que logran implementar agilidad con éxito necesitaron patrocinio ejecutivo.

- **Soporte de expertos:** según el onceavo reporte de estado de Agile de VersionOne, las compañías que logran implementar agilidad con éxito necesitan Agile Coaches internos (el 52 %) y capacitadores o consultores ágiles (el 36 %).

- **Guía y capacitaciones:** es importante que todos los roles Scrum reciban capacitación además de mantener alguna frecuencia en las capacitaciones y *workshops* internos. Lo que se logra es asegurar que todos usan el mismo vocabulario, usan los términos adecuados y se encuentran más o menos en el mismo entendimiento de qué es ser ágil y cómo llevar adelante las prácticas ágiles con Scrum. Se puede usar alguna guía como un '*Team playbook*' para alinear metodológicamente a todos los involucrados.

- **Espacio dedicado al trabajo ágil:** es aconsejable diseñar espacios dedicados al trabajo ágil formado por espacios cómodos de trabajo, puestos de trabajo funcionales y donde todos los integrantes del equipo se puedan ver e interactuar fácilmente, espacios para reunirse con pizarras, espacios para colocar afiches y pegar notas o *Post-it*, etcétera.

- **Trabajo sobre el ecosistema:** No se debe llevar un cambio organizacional sin trabajar en el ecosistema de equipos Scrum. Primero, tener en cuenta trabajar con un conjunto de equipos empleando alguna herramienta cohesionadora y guía como un *'Team playbook'*. Luego, además, trabajar sobre la cultura. Para esto los valores son clave. Se debe buscar que cada uno de los miembros del ecosistema más ampliado pongan en práctica una serie de valores y principios, simples y claros, que habiliten el cambio y el nuevo estado deseado en la organización. También se debe trabajar sobre los procesos, estructuras, recursos y herramientas.

Team playbook

A continuación, un ejemplo de *'playbook'* para equipos. Este *playbook* está compuesto por principios, competencias, prácticas y señales.

PRINCIPIO: Equipo Colaborativo

COMPETENCIA	PRÁCTICA	SEÑAL
Pequeño	Team for 2 Pizzas (Amazon), 7+-2 Team Size	1. El equipo está compuesto, preferentemente, por entre 5 y 9 miembros.
Dedicado	One member for one team	1. Los miembros pertenecen al equipo con dedicación exclusiva del 100%. 2. Si hay miembros que participan en otros equipos, lo hacen en un porcentaje menor o igual al 40% y no como integrantes, sino como colaborador.
Suficiente	Scrum Team Compliance, Whole Team (XP)	1. El equipo incluye un Product Owner, el Development Team y un Scrum Master. 2. El equipo tiene todos los perfiles necesarios para cumplir su propósito. Pues, si necesitan un rol o competencia sostenida en el tiempo, entonces el equipo lo integra como parte él. 3. Si necesitan una competencia no sostenida en el tiempo, tienen asesoría y soporte externo necesario (SME).
Multifuncional	T-shaped skills (70-20-10), DACI framework, Delegation Poker (M3.0), Balanced Teams Diversity Assessment, Team Skill Balance metric, The 4 Ls Retrospective (Atlassian), Roles and Responsibilities (Atlassian), Swarming & Mob Programming, Pair programming	1. Cada miembros del equipo contribuyen en actividades fuera de su especialización, juega diferentes roles, en diferentes momentos. Idealmente, distribuyendo su tiempo mayoritariamente en su especialización (70%), un porcentaje menor en cosas que está aprendiendo y quiere desarrollar y no más de un 10 % en un rol que quiere desarrollar, quiere intentar y que nunca ha tomado antes. 2. Es un equipo balanceado en cuanto a esfuerzo y colaboración en diferentes actividades y competencias. 3. El grado de colaboración entre los miembros es alto.
Autónomo & Empoderado	Empowered PO, Dependency Mapping, Estimate together (Planning Poker), OPCON System	1. Tiene suficiente autonomía para tomar la mayoría de decisiones sobre su forma de trabajar. 2. El PO tiene autonomía y autoridad para aprobar y liberar algo de cara al cliente. 3. El PO tiene autonomía y autoridad para decidir sobre tácticas sobre el producto. 4. El PO tiene autonomía y autoridad para decidir sobre estrategias del producto. 5. La mayoría de las decisiones son tomadas por el squad y no

		requieren mucho tiempo. 6. El equipo tienen autoridad, control y dominio, con mediación del PO, de hacer despliegues en producción de cara al cliente. 7. El equipo tienen autoridad, control y dominio de hacer seguimiento y actuar ante desperfectos de sus productos y desarrollos. 8. El equipo conoce el impacto de sus acciones en la organización (seguridad, compliance, etc.) y tiene los mecanismos para cumplir cona las regulaciones y mitigar los riesgos. 9. Asumen el compromiso de los resultados de su producto o servicio.
Auto-organizado	Prioritize as a team (Atlassian), Collective Code Ownership, Collective Property Artifacts, Working Agreements, Collaboration Software	1. El equipo tiene artefactos de propiedad colectiva y acuerdos comunes de trabajo consensuados, claros y visibles para coordinarse y lograr un buen clima laboral y de convivencia y facilitar la autoorganización. 2. El equipo trabaja en modo enjambre sobre artefactos compartidos y de propiedad colectiva (repositorios, Backlog, etc.). 3. Ante problemas se auto-organizan sin necesidad de un jefe o líder conductor o controlador e, inclusive, sin necesidad de un SM y PO. 4. El equipo se auto-organiza en la distribución y asignación de tareas del trabajo. No tienen un jefe, SM o PO, que sea el que les asigna las tareas. 5. En caso de ausencia del SM o PO, siempre algún miembro puede mitigar la ausencia realizando la moderación o actividad básica en el equipo.
Comunicado	Face-to-face Communication, Communication Guidelines for Teams, Stakeholder Communications (Atlassian), Stand-up Meetings, My User Manual (Atlassian), Clean Escalations (Atlassian), Change Management Kick-off Poster, Project Management Tool (Jira, etc.)	1. Tienen un plan de comunicación. 2. El equipo tiene la habilidad de establecer comunicación efectiva entre sus integrantes, privilegiando el cara a cara para la coordinación permanente y el mismo mecanismo para la resolución de conflictos técnicos como personales. 3. Logran establecer nexos efectivos con sus entornos, que les permite integrar a sus prácticas conocimientos técnicos, así como mejoras al proceso de desarrollo. 4. Se integran a la organización en comunidades de prácticas.
Feliz & Motivado	Team-building, Moving Motivators (M3.0), Happyness metrics, Team morale metrics	1. El equipo es alegre y se divierte en el día a día. 2. Es feliz por sus resultados y forma de trabajo. 3. Los integrantes están motivados fortaleciendo el trabajo en equipo. 4. El equipo tiene refuerzos motivacionales mediante la maestría (dominio personal), propósito y autonomía (libertad).

Disciplinado	Time-boxing, Scrum Events Compliance, Pomodoro, Events Checklist	1 Hay disciplina para llegar a tiempo a las reuniones acordadas. 2. Respetan los 'timebox'. 3. Cumplen con los acuerdos de trabajo. 4. Tienen un proceso claro o definido de cómo trabajan con la flexibilidad necesaria para priorizar resultados, personas e interacciones. 5. Respetan el marco de trabajo Scrum (eventos, artefactos y roles).
Equipo Estable	Team Stability Metric, Long-term Contracts	1. La rotación de miembros de equipo es baja. 2. Los miembros no son prestados a otros equipos con desafectación más allá de un Sprint. No se mezclan personas entre equipos innecesariamente. La organización trae trabajo a los equipos y no usa a las personas para asignarlos a proyectos. 3. Los miembros del equipo tienen cierta seguridad y previsión de que su participación en el equipo es por larga duración. 4. Los miembros del equipo tienen cierta seguridad y previsión de que sus contratos son de larga duración (idealmente indefinidos).
Equipo junto	Co-located team, Sit Together (XP), War-room, Video Conference, Virtual Overlap Window	1. El equipo está junto trabajando en el mismo sitio, con miembros co-localizados. 2. En caso de no poder estar junto, implementan rotaciones de puestos o virtual overlap window, usando herramientas de tecnología (por ejemplo, video conferencias). 3. Están en un lugar que propicia la colaboración y el foco, como en una 'war room' o sala de guerra, todos en una mesa o todos juntos en un espacio.
Confianza	Icebreaker Activities (Atlassian), Inclusive Meetings (Atlassian)	1. Pueden dar sus opiniones libremente, por más extrema que sea, sin miedo de represalia. No le tienen miedo al conflicto. 2. Tienen tolerancia al error porque se enfocan en el aprendizaje sin ser penalizados por ello. 3. Se priorizan las personas e interacciones sobre los procesos, herramientas, jerarquía y burocracia.

PRINCIPIO: Adaptación Constante

COMPETENCIA	PRÁCTICA	SEÑAL
Auto-regulado	Burn-down, Burn-up, Velocity Chart, Daily	1. El equipo se auto-regula en inspección y adaptación. 2. Observan y actualizan por sí mismos los indicadores, dashboards e irradiadores visuales. 3. Monitorean, controlan y actualizan sus métricas, como también así ejecutan acciones de corrección o pivoteo en función de ellas. 4. En ausencia del SM el equipo se desenvuelve naturalmente en los eventos de Scrum.
Medición & Monitoreo	Velocity, Dashboard Canvas, Dashboard TV, Goals-Signals & Measures (Atlassian), Alarms	1. Se usan métricas de EQUIPO justas y necesarias, buscando simplicidad y utilidad. 2. Se usan métricas de PROCESO justas y necesarias, buscando simplicidad y utilidad. 3. Se usan métricas de CALIDAD justas y necesarias, buscando simplicidad y utilidad. 4. Se usan métricas de RESULTADOS justas y necesarias, buscando simplicidad, utilidad y maximización de la entrega de valor. 5. Hay un sistema consistente de monitoreo que ofrece libre acceso (a los involucrados) a indicadores claves de éxito. 6. El equipo demuestra sus logros con métricas, ya sea en la Review o en cualquier reunión necesaria.
Planeación Adaptativa	Sprint Planning, Dynamic Release Plan, Dynamic Roadmaping, Change Management Kick-off (Atlassian), Inception, Stretegy Meeting	1. Tienen algún plan definido, que no es detallado ni completo ni rígido. Será sometido a cambios. 2. El equipo desarrolla sus Planning de forma efectiva, con un sentido de adaptación mediante experimentación. 3. Las planificaciones son dinámicas e interactivas, participan todos los miembros, corrigiendo con replanificaciones frecuentes. El plan es una guía para no avanzar a ciegas.
Quick Feedback	One on One Meetings, Peer-to-peer feedback, Feedback 360°, Customer Feedback System	1. En las Retrospectivas se dan momentos de feedback entre compañeros. 2. Hay instancias de feedback periódicamente entre compañeros para saber cual es la percepción que tienen del desempeño y en base a este modificar sus comportamientos. 3. Hay instancias de feedback entre integrantes y líderes. 4. Hay instancias de feedback entre integrantes y miembros de otros equipos o la organización. 5. Tienen algún mecanismo para recibir feedback de sus usuarios o clientes de sus productos o servicios.

Transparencia	Backlog Kanban Board, Sprint-Backlog Kanban Board, Project Poster, IT Project Poster, Big Picture, Cumulative Flow Diagram, Informative Workspace (XP), Wikis	1. La información relevante de negocio (visión, metas, objetivos, dashboards, etc) para la inspección y adaptación, está expuesta, claramente visible y accesible, para todos los involucrados e interesados. 2. La información relevante sobre métricas y diagramas de control de avance, está expuesta, claramente visible y accesible, para todos los involucrados e interesados. 3. No hay secretismos en el equipo. La información relevante y los resultados del desempeño de los integrantes es visible para los miembros del equipo.
Desarrollo Evolutivo	Evolutionary Architecture, System Metaphor (XP), Refactoring (XP), Incremental Design (XP)	1. Las decisiones estructurales y de gran impacto son demoradas en ser tomadas para recolectar mayor información y tener opciones. 2. No se hace un gran diseño arquitectónico detallado al inicio (BDUF). Se desarrolla con una arquitectura emergente. 3. Se prioriza el diseño de producto evolutivo y la variabilidad en soluciones. 4. Existe una cultura de refactorizar el código. 5. Cada Sprint el equipo entrega un producto potencialmente entregable integrado a todo el producto.
Sostenible	Set a drum with Velocity, Capacity Planning (Atlassian), 40-Hour Work Week (XP), Energized Work (XP), Slack (XP), Plan 6-hour day, Effectiveness Metric, AAR vs. ADR (Average Arrival Rate == Average Departure Rate)	1. Se tiene una cadencia regular del ciclo de trabajo en Sprint fijos. Por más que les vaya mal en un Sprint, terminen antes o tengan cambios rompe fila, no abandonan el Sprint hasta que se cumple el 'timebox'. 2. Tienen equilibrio entre vida y trabajo. Cumplen un horario laboral saludable. El equipo no se fatiga por cumplir con cierres de Sprint o plazos. 3. El equipo no planifica a su capacidad completa para trabajo productivo, deja espacio para otras actividades. 4. Tienen un flujo de trabajo limpio (sin cuellos de botella) y armónico, sincronizado con los proveedores y clientes. Su trabajo no genera desperdicios organizacionales que le pueden repercutir en el futuro. 5. Tienen una frecuencia de entrega y despliegues a producción regular. 6. Tienen baja variabilidad en sus resultados y cierta predictibilidad en su capacidad de trabajo. 7. El equipo es económicamente sostenible. Sus resultados le generan un retorno de inversión que les brinda seguridad económica. Su trabajo es asegura presupuesto.

PRINCIPIO: Entrega Continua de Valor

COMPETENCIA	PRÁCTICA	SEÑAL
Enfocado en el Valor	One team one purpose, Outcome over Output, Trade-off Value, Trade-off Sliders, Effort vs. Business Value, ROI, Prioritization by ROI Scorecard, MoSCoW, Eisenhower Matrix (Importance & Urgency), Prioritization by CoD, Prioritization by RVS (EDGE), Prioritization by KPI, Business Model Canvas, Value Proposition Canvas, Focus Factor Metric, Hypothesis-Driven Development, Porter's Value Chain	1. El equipo, tiene en su ámbito, solo un propósito o producto que le permite establecer foco sobre el objetivo de cada iteración. 2. Tienen un mecanismo claro de priorización por valor del cual el PO es el responsable. 3. Se planifica en la Planning considerando el valor a desarrollar. 4. En las Review se argumenta y muestra cómo el equipo busca maximizar el valor. 5. La documentación es apenas suficiente para enfocarse en entregar valor. 6. El éxito del equipo se mide cualitativamente (outcome) más que cuantitativa (output). Los resultados del equipo son más valorados que el volumen de producción y son la medida del éxito.
Con Propósito	Spring Goal, Golden Circle, One-Liner Vision, Elevator Pitch, Product Vision Board, Ikigai, LVT (EDGE)	1. El equipo tiene un propósito o visión, que todos conocen y que está visible para todos. 2. El trabajo, la priorización y planificación están alineados a ese propósito o visión. 3. El trabajo en una iteración tiene un objetivo claro (el objetivo del Sprint), visible y transparente para todos los involucrados. 4. El equipo está alineado al propósito y visión organizacional.
Centrado en el cliente	Customer Interview, Empathy Mapping, Customer Journey, Value Proposition Canvas, Contextual Inquiry (Atlassian), On Site Customer (XP), Service Design Continuo (UX/XD), Customer Profile, Multi-Channel & Non-Digital, NPS/CSAT KPI, A/B Testing, Usability Testing, Accessibility Testing, Brainstorming, Customer Observation, Documentation Analysis, Customer Surveys or Questionnaires, In the Customer's Shoes	1. El equipo está orientado a la satisfacción de los clientes y buscan deleitarlos. En los refinamientos tienen presente a la voz del cliente. 2. Entienden las necesidades del cliente a través de diferentes técnicas (UX, XD, SD, etc.) de manera de entregarle experiencias memorables. 3. Analizan mediante diferentes técnicas, los dolores y necesidades del cliente en sesiones de planeamiento, reuniones técnicas o refinamientos. 4. Segmentan a sus clientes y usan los tipos de clientes en sus historias de usuario. 5. Incluyen en el equipo el rol o perfil experimentado o experto en experiencia de usuario (UXer, etc.). 6. Se comunican y trabajan con algún equipo experto en experiencia de usuario. 7. Miden y tienen presente la satisfacción de los clientes. 8. Prueban el comportamiento de los clientes, principalmente

		ante nuevas funcionalidades.
Entrega Temprana y Continua	MVP (Leanstartup), Dynamic Backlog, Short Releases (XP), Delivery in each Sprint, T2M, Delivery Lead Time, Ten-Minute Build (XP), Automation	1. Se entregan resultados o producto funcionando de forma temprana. 2. Se hacen entregas de cara al cliente de forma frecuente. 3. Se busca disminuir el tiempo de salida al mercado y los tiempos del delivery. 4. Se crean incrementos potencialmente entregables al final de cada iteración o Sprint.
Negocio Integrado	Business Owner & Business Sponsor Identified, Stakeholders Matrix of Influence and Interest, Business Units Map, Stakeholders in Review, Stakeholders Survey, Wardley Mapping Canvas	1. Alguien del negocio (PO) trabaja en el equipo, codo a codo, dedicado (100%). 2. El equipo conoce a sus stakeholders y el impacto que tiene su trabajo, producto y/o servicio en ellos. 3. El equipo tiene mecanismos de comunicación con sus stakeholders del negocio. 4. Los stakeholders principales del negocio asisten a las Review aportando valioso feedback. 5. Los stakeholders principales del negocio (BO y BS) están comprometidos y participan activamente en colaboración con el equipo. 6. Cuando el equipo analiza problemas y busca soluciones, considera aspectos globales del negocio y la cadena de valor más amplia.
Valor en Lotes Pequeños	User Story, User Story Slicing, Small User Stories, User Story Mapping, Work-in-Progress Limit, Kanban Metrics, Event Storming, Spike	1. Refinan ítems de trabajo pequeños que entren en un Sprint. 2. La variabilidad del tamaño (esfuerzo, complejidad, etc.) de ítems de trabajo es baja. 3. Las tareas son lo suficientemente pequeñas para poder hacerse en menos de un día. 4. El equipo limita su trabajo en progreso.

PRINCIPIO: Mejora Continua

COMPETENCIA	PRÁCTICA	SEÑAL
Calidad desde el inicio	Build Quality in, DoD, DoR, QA within the team, Technical Debt Quadrant, Technical Debt Management, Clean Code Standard, Coding Standard (XP), Compliance Standard, Peer Revew	1. El equipo tiene estándares de calidad para construir calidad en el mismo desarrollo y desde el inicio. 2. Los ítems de trabajo (historias de usuario) no se consideran terminadas si no pasan una pasarela de calidad mínima. 3. Las pruebas se realizan en conjunto con el desarrollo del producto, en forma continua. 4. Se tienen mecanismos de revisión de a pares para asegurar calidad.
Reflexión, Mejora y Aprendizaje	Retrospective[173] (Good-Wrong-Improve, The Boat, Starfish, Stop-Start, Ishikawa Fishbone Diagram, 1-2-4-ALL, Team Mood, SWOT & RICE, 3 little pigs, Root Cause Analysis, etc.), Obstacle Board, Improvement Kata, Improvement Board, Learning Circle (Atlassian), Mentoring	1. Hay una reflexión 'Retrospectiva' ágil en forma periódica para mejorar. 2. Hay accionables de las Retrospectivas. 3. Se eliminan desperdicios en el sistema de trabajo y en la organización mediante sesiones de mejora, técnicas y acciones. 4. Hay un sistema de seguimiento para que el equipo logre interiorizar pequeños cambios resultado de la inspección de cada iteración, en un ciclo virtuoso, que genera lecciones aprendidas, crecimiento personal y profesional, en un proceso constante y manteniendo un mínimo seguimientos sobre las acciones. 5. Hay un sistema consistente de gestión del conocimiento que ofrece libre acceso a la información útil capitalizada (lecciones aprendidas, info. técnica, históricos, etc.). 6. La estandarización es flexible al cambio y representa la retención organizacional del aprendizaje colectivo de la mejora continua.
Partes de Algo Mayor	Service Design, Guilds, System wide analysis, SoS, Technical meetings with other teams	1. El sistema de mejora continua y el comportamiento como equipo tienen en cuenta el aspecto e impacto global en el ecosistema organizacional. 2. El equipo maneja dependencias con otros equipos. 3. Tienen mecanismos de coordinación con otros equipos. 4. Los integrantes participan en comunidades de práctica. 5. El equipo guía, apoya y ayuda a otros equipos.
Innovación Incorporada	Discovery with Design Think, Continuous Discovery, Plan x% of Sprint to Innovation, Innovation Brainstorming,	1. Se incorpora innovación mediante instancias creativas, experimentación y exploración de nuevos procesos, tecnologías, ideas de nuevos productos, servicios o soluciones a oportunidades o problemas existentes. 2. El equipo participa y hace descubrimiento ('*Discovery*),

---

173 Retrospectivas: https://www.funretrospectives.com/

	Design Sprint, Lab	3. El equipo planifica parte del Sprint para innovar, aprender nuevas tecnologías o idear nuevas soluciones.
Simplicidad	Simple Design (XP), Cyclomatic Complexity, Occam's razor	1. Se busca y logra la simplicidad técnica, disminuyendo complejidad innecesaria en el código del software. 2. Se busca y logra la simplicidad de procesos. 3. Se mantiene una arquitectura simple.
Excelencia Técnica	Technical Meeting, Test-Driven Development (TDD), DDD, ATDD, SBE (EDD), Continuous Integration, Continuous Deployment, Continuous Delivery, Automated Tests, DevOps Integrated, Feature Toggle, Event Storming, Software Systems Modeling, Sustainable pace (XP), Pair Programming, Mob programming	1. Hay excelencia técnica en competencias profesionales. 2. Hay excelencia técnica en prácticas ágiles. 3. Hay excelencia técnica en ingeniería de software (Integración Continua, Despliegue y Entrega Continua, Desacople Despliegue de 'Release', Arquitectura Evolutiva, Seguridad, etc.).

Camino de Madurez

Este *Playbook*, o alguno semejante, nos puede servir para la mejora continua del equipo en función de un camino de madurez (*Maturity Model o Maturity Path*). Mediante una evaluación ('*Assessment*') del *Playbook*, podemos obtener un monitor de saludo o '*Healt Monitor*' del equipo – o un PPS ('*Playbook Position System*')–. El *Playbook, el 'Maturity Path'* y el '*Healt Monitor*' son entradas para la reunión de mejora continua. En esta reunión planificaremos acciones de mejora continua que serán parte de nuestro '*Improvement Backlog*' de mejora continua del equipo en función del camino de madurez. Todo esto se puede hacer en las dos reuniones sugeridas o como parte de la Retrospectiva del equipo.

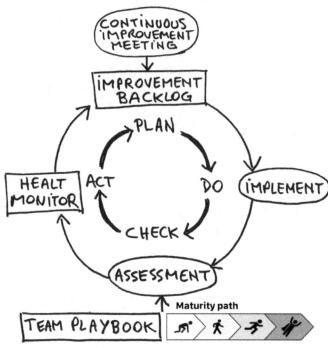

Usted puede armar un camino de madurez basado en niveles de madurez que nos servirán para evaluar el progreso. Una manera simple es usar pocos niveles, por ejemplo: 1) Inicial (*Initial*) –o principiante–, 2) Caminante (*Walk*) –o practicante–, 3) Corredor (*Run*) –o avanzado–; y 4) Volador (*Fly*) –o líder–.

Aspectos	0 (Initial)	1 (Walk)	2 (Run)	3 (Fly)
Shu-Ha-Ri	Comienza el camino.	Sigue las reglas.	Adapta las reglas.	Crea su propio camino.
Agile	Comienza el camino Agile. Se interioriza de los valores y principios.	Trata de seguir los valores ágiles.	Sabe y sigue los valores ágiles.	Es ágil sin necesidad de un manifiesto ni explicitación de la agilidad. Está más allá de la agilidad.
Scrum	Comienza el camino Scrum. Se interioriza del marco de trabajo y cumple con los requisitos mínimos.	Se respetan las reglas de Scrum (se sigue la Guía de Scrum de Scrum Org). Necesitan facilitación y entrenamiento para mejorar el dominio de Scrum.	Adapta y mejora Scrum según la realidad y contexto propio. Tienen ritmo y Scrum les permite lograr los objetivos del equipo y entregar frecuentemente.	Tiene su propia manera de hacer Scrum o forma de trabajar, innova más allá de Scrum y ya no necesita seguir sus reglas. Desarrolla la excelencia técnica de forma natural y entrega un producto de calidad satisfaciendo al cliente.
Equipo Colaborativo	¿Competencias?	¿Competencias?	¿Competencias?	¿Competencias?
Adaptación Constante	¿Competencias?	¿Competencias?	¿Competencias?	¿Competencias?
Entrega Continua de Valor	¿Competencias?	¿Competencias?	¿Competencias?	¿Competencias?
Mejora Continua	¿Competencias?	¿Competencias?	¿Competencias?	¿Competencias?

En cada nivel de su camino de madurez usted debe determinar un conjunto de competencias necesarias para es nivel y el grado de satisfacción –que puede ser un valor entre 1 y 3–. Y según la evaluación de cumplimiento de las competencias de cada nivel irán determinando, mediante el monitor de salud, en qué nivel se encuentra el equipo.

Por último usted debe considerar que el camino de madurez debe servir para que el equipo mejore sistemáticamente por propia voluntad, según su propio ritmo y consensuadamente. En este sentido, es preferible que el equipo se auto-evalúe y se comprometa con su propia mejora continua de forma autónoma, sin imposición. Pues, nunca un modelo de madurez o un *Playbook,* bajo el marco Scrum y Agile, debería transformarse en un mecanismo sofisticado de control y empuje metodológico, semejante al usado en Six Sigma Belts[174]. Debería ser solo una herramienta para ayudar y apoyar al equipo a buscar la excelencia técnica y a pasar de entender Scrum, a dominarlo y a superarlo.

---

[174]A medida que las organizaciones adoptan y despliegan Six Sigma, pasan por 5 etapas de madurez, descritas en el Modelo de madurez Six Sigma (Six Sigma Maturity Model).

Conclusión

Aprecio que hayas dedicado tiempo a leer este libro y te agradezco por ello. Me motivó a escribirlo el poder ayudarte brindándote el resultado de mi trabajo de investigación sobre Scrum, mi experiencia en proyectos ágiles usándolo, mi participación en transformaciones organizacionales hacia la agilidad y de un diálogo constante con compañeros profesionales.

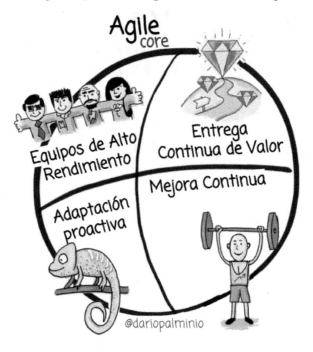

Para finalizar, después de lo expuesto, quiero concluir que Scrum no es un dogma, ni la solución a los problemas organizacionales. Como mostré, Scrum es un sistema de trabajo flexible para trabajar en contextos de incertidumbre y cambios frecuentes, principalmente en la Industria de Software. Y, si bien se puede aplicar a diversas organizaciones, no significa que resuelva los problemas de cualquiera. Cada empresa con problemas o con intenciones de pasar por transformaciones organizacionales, en busca de ser adaptable y eficiente, tiene sus propias disfuncionalidades que debe analizar y buscar solucionar en su contexto particular. Por otro lado, expuse algunas alternativas de escalamiento y herramientas complementarias para mostrar que, por sí solo, el "núcleo del Sistema Scrum" es insuficiente en organizaciones grandes. Pues, además son necesarias técnicas de XP, *Lean, Kanban, System Thinking, Visual Thinking, Game Thinking*, etcétera; y sobre todo, aplicar Ingeniería de Software en el desarrollo e Ingeniería de Sistemas en la organización.

El talento de un SM se demuestra facilitando la mejora de las personas, herramientas y procesos en un sistema de trabajo fluyente. La habilidad de un PO se muestra en la búsqueda por lograr, con su equipo, el mejor producto posible para el negocio, satisfaciendo al cliente, y en forma temprana. La excelencia en los desarrolladores es entregar iterativamente, en forma temprana y frecuente, el producto de mejor calidad posible y adaptándose a las necesidades del cliente. La magia de Scrum consiste en no acostumbrarse ni conformarse y siempre avanzar mejorando, en un estado de flujo, con armonía y calidez humana. Te ayuda a madurar un equipo de alto rendimiento, a entregar valor en forma continua, adaptarse proactivamente y mejorar continuamente. O sea, a ser ágil. Haz tu propia experiencia fluyendo con Scrum.

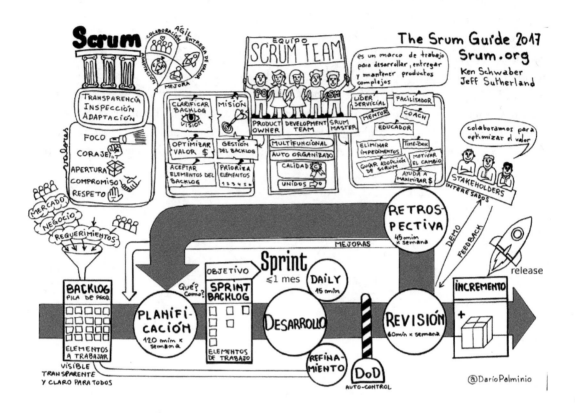

Anexo: Checklists de eventos

Las Listas de Control o Check Lists son útiles para controlar actividades repetitivas como los eventos y lograr un mínimo de control de calidad procedimental. Puede ser de utilidad tener un listado de validación para el inicio de cada evento y otro para el fin.

A continuación se exponen algunos ejemplos propuestos por el autor:

Planning Checklist

Checklist previo: Antes de la planning se deben corroborar los siguientes incisos:
1. Invitaciones hechas.
2. Corroborar asistencias.
3. Ubicación (lugar para reunirse, disponibilidad de sala).
4. Recursos materiales necesarios (papel, marcadores, Post-it, reloj-cronómetro, cartas de poker-planning, etc.).
5. Calendario del Sprint a planificar (tener en cuenta feriados, días festivos, capacitaciones, vacaciones, etc.).
6. Tener en cuenta la capacidad del equipo (datos históricos, velocity y capacity).
7. El PO tiene un conjunto de historias priorizadas que pasan el DoR para proponer.
8. El PO o el equipo revisaron el Backlog Técnico para proponer tareas técnicas (bugs, mejoras y deuda técnica).
9. El PO tiene el objetivo del Sprint para proponer.
10. El SM debe tener clara la dinámica y programa de la reunión para explicarle al equipo o que el equipo la sepa.

Checklist final: Luego de finalizar la planning se deben corroborar los siguientes incisos:
1. Se obtuvo un conjunto de ítems de trabajo para el Sprint Backlog.
2. Las User Stories comprometidas pasaron el DoR.
3. Se tiene un objetivo de Sprint.
4. Se hizo el compromiso formal con el PO.
5. El equipo participó y tiene claros los incisos anteriores.
6. Si es necesario asentar datos para histórico o métricas (cómo tiempo real insumido, riesgos, etc.).

Refinement Checklist

Checklist previo: Antes del refinamiento se deben corroborar los siguientes incisos:
1. Invitaciones hechas.
2. Corroborar asistencias.
3. Ubicación (lugar y/o disponibilidad de sala).
4. Recursos materiales necesarios (papel, marcadores, Post-it, reloj-cronómetro, cartas de estimación de tamaño, etc.).
5. El PO tiene un conjunto de historias priorizadas y completas para proponer.

Checklist final: Luego de finalizar el refinamiento se deben corroborar los siguientes incisos:
1. Se tiene el Backlog actualizado con las historias tratadas.
2. Si es necesario asentar datos para histórico o métricas (cómo tiempo real insumido, riesgos, etc.).

Review Checklist

Checklist previo: Antes de la review se deben corroborar los siguientes incisos:
1. Invitaciones hechas.
2. Corroborar asistencias de invitados.
3. Catering si es necesario (café, galletas, caramelos, etc.).
4. Ubicación (lugar y/o disponibilidad de sala).
5. Recursos materiales necesarios (proyector, cables, Post-it, marcadores, etc.).
6. Tener las historias disponibles para presentar.
7. Las historias deben ser evaluadas anterior a la review por el PO.
8. Validar cumplimiento del "Definition of Done".
9. Presentación (diapositivas) y/o folletería (o afiches) si es necesario.
10. Tener un programa (Agenda y una dinámica).
11. Asegurar relevamiento de feedback.
12. Asegurar ensayo (práctica previa, recolección de evidencias, simulación, etc.).
13. El PO le comentó a todo el equipo quienes asistirán como Stakeholders.
14. Planificación y medición de curso de acción:
    ◦ Plan A: Curso normal (software funcionando y disponible).
    ◦ Plan B: Con imprevistos (plan de contingencia).
    ◦ Plan C: Cancelación (plan de cancelación).

15. Disponibilidad de accesibilidad remota (herramienta de video conferencia o comunicación remota).

Checklist final: Luego de finalizar la review se deben corroborar los siguientes incisos:
1. Tener claro y asentado qué historias fueron aceptadas y cuáles no (el criterio de aceptación del Sprint Review es que las historias de Usuario sean aceptadas o rechazadas durante la misma).
2. Tener relevamiento o registro del feedback.
3. Si es necesario asentar datos para histórico o métricas (cómo métrica de satisfacción de Stakeholders, tiempo real insumido, cantidad de Stakeholders, cantidad de feedback, etc.).

Retrospective Checklist

Checklist previo: Antes de la retrospectiva se deben corroborar los siguientes incisos:
1. Invitaciones hechas.
2. Corroborar asistencias.
3. Ubicación (lugar y/o disponibilidad de sala).
4. Recursos materiales necesarios (papel, marcadores, Post-it, reloj-cronómetro, etc.).
5. Se tiene una dinámica a seguir (dinámica clásica, dinámica de la estrella de mar, etc.).
6. ¿Se tienen datos históricos o acciones de retrospectivas pasadas?

Checklist final: Luego de finalizar la retrospectiva se deben corroborar los siguientes incisos:
1. Se tienen identificadas acciones para mejorar.
2. Si es necesario asentar datos para histórico o métricas (cómo tiempo real insumido, riesgos,   etc.).

Glosario y acrónimos

Agile: Agile o ágil se refiere al lineamiento con los valores ágiles expresados en el manifiesto Agile (*agilemanifesto.org*), cimientos que son cualidades que consideramos valiosas o deseables tener en cuenta en el desarrollo de software. A nivel mental representa un enfoque y un credo; y a nivel social un movimiento conformado por los partidarios de aplicar los valores y principios del manifiesto Agile en el desarrollo de software, que algunos llaman *'agilismo' o comunidad Agile*.

Agilidad: Agilidad es una propiedad sistémica que indica el grado de rapidez en que un sistema responde a los estímulos de su entorno. Ganar agilidad significa disminuir la brecha entre realizar una acción y recibir el feedback de la misma. En otras palabras, es reducir el tiempo de cliclo (*'time loop'*) en un bucle retroalimentación de balance (*'balancing loop'* o *'negative feedback loop'*).

AM: El rol Manager Ágil (Agile Manager) puede ser un Agile Project Manager o Administrador Ágil que media entre el equipo y Managers del resto de la organización. Pueden haber tenido experiencia gestionando equipos y proyectos, experiencia como SM, tener certificaciones Certified Scrum Master (CSM), PMI-ACP u otras. Es un rol ágil, no de Scrum.

Artifact: Artefacto o almacén de incisos de trabajo.

ATDD: Acceptance Test Driven Development es un enfoque por el cual las pruebas de aceptación se hacen antes de desarrollar, en forma de escenarios y se automatizan.

BDUF: Gran diseño al inicio (Big Design Up Front).

BA: Analista de Negocio (Business Analyst). Un BA es quien realiza tareas de análisis de negocio que se describen en BABOK Guide. El BA es responsables de descubrir, analizar y sintetizar la información de una variedad de fuentes dentro de una empresa, incluyendo herramientas, procesos, documentación, y los Stakeholders. Es responsable del relevamiento de las necesidades reales de los Stakeholders, lo cual con frecuencia involucra la investigar y aclarar sus deseos expresados con el fin de determinar los problemas y las causas subyacentes en el dominio del negocio. Ellos juegan un papel importante en la adaptación de las soluciones diseñadas y entregadas según las necesidades de los Stakeholders. Las actividades que realizan incluyen: comprensión de las metas de la empresa y sus problemas, análisis de necesidades y soluciones, análisis de la organización (estructura, política y operaciones), la elaboración de estrategias, impulsión del cambio, y facilitación de la colaboración de los Stakeholders.

BDD: es un enfoque que busca un lenguaje común para unir la parte técnica y la de negocio, y que sea desde ese lenguaje común desde donde arranque el Testing. BDD es como el puente para unir un ATDD con un TDD.

BE: Software de bajo nivel o detrás de la interfaz de usuario (Back-End). Su desarrollo especializado suele darse por BE developer (BE Dev).

Business Owner: Responsable de los resultados comerciales y técnicos del producto o servicio.

Business Sponsor: Es quien financia y participa activamente del desarrollo del producto o servicio.

Cycle time: Tiempo de ciclo es cuando el trabajo real comienza hasta cuándo está listo para entregarse. Tiempo en que dura una fase de trabajo incluyendo su cola de espera. O sea que es la suma del "touch time" o tiempo de trabajo real y el tiempo de cola. Suele ser una columna compuesta en un tablero Kanban.

DDD: El diseño guiado por el dominio (domain-driven design), es un enfoque que pone el foco primario del desarrollo en el núcleo y la lógica del dominio de problema, basando la programación y los diseños complejos en el modelado del dominio del problema. De modo de aislar la solución del problema de dominio de negocio de las particularidades técnicas de herramientas o framework determinados. También propone el modelado de sistemas basado en conceptos como: architecture layers, domain, bounded context, service, value object, repository, aggregates y factories. Para más información puede consultar los libros: a) "Domain-Driven Design. Tacking Complexity in the Heart of Software. By Eric Evans"; b) "Domain-Driven Design Distilled by Vaughn Vernon"; y "Domain-Driven Design Quickly by InfoQ".

DevOps: Integración de development (desarrollo) y operations (operaciones), que se refiere a una cultura o movimiento que se centra en la comunicación, colaboración e integración entre desarrolladores de software y los profesionales en las tecnologías de la información (IT).

DoD: Definición de terminado (Definition of Done). Significa que el trabajo sobre el ítem está completo y está listo para ser subido a operaciones o listo a entregarse.

DoR: Definición de preparado o completitud de refinamiento (Definition of ready). Significa que el refinamiento sobre el ítem de trabajo está completado y está listo para ser abordado en la planning.

DT: Equipo de desarrollo (Development Team). Se refiere al equipo de desarrolladores o a cualquier miembro desarrollador del equipo Scrum.

DUF: Diseño al inicio (Design Up Front).

Ingeniería de Sistemas: Actividad profesional con un enfoque científico-técnico, interdisciplinario, organizacional y de pensamiento sistémico para la invención y utilización de técnicas dirigidas a la construcción, operación y mantenimiento de sistemas, incluyendo sistemas sociales empresariales, cibernéticos y sistemas hombre-máquina. Los lineamientos generales de esta disciplina pueden ser encontrados en SEBoK (Guide to the Systems Engineering Body of Knowledge).

Ingeniería de Software: Actividad profesional con enfoque científico-técnico, sistemático, disciplinado y cuantificable para la invención y utilización de técnicas dirigidas a la construcción, operación y mantenimiento de software, de aplicaciones informáticas o a la automatización de información en sistemas hombre-máquina. Los lineamientos generales de esta disciplina pueden ser encontrados en el SWEBOK (Guide to the Software Engineering Body of Knowledge).

FE: Software de Interfaz de Usuario (Front-End). Su desarrollo especializado sule darse por FE developer (FE Dev), desarrolladores de interfaz gráfica (Dev UI) y diseñadores UI.

Features: Representan interacciones y acciones del usuario con el sistema. Son funcionalidades que entregan valor de cara al usuario.

Flow Master: es también llamado Service Delivery Manager, Flow Manager o Delivery Manager y es un facilitador del flujo en un equipo Scrumban o Kanban.

IT: Tecnología de la información (Information Technology) es la aplicación de ordenadores y equipos informáticos, con frecuencia utilizado en el contexto de la industria de software como el área encargada de brindar soporte de infraestructura y plataformas para el desarrollo de software.

KPI: Indicador clave de rendimiento (Key Performance Indicators).

Métricas: Las métricas son una combinación de atributos cuantificables pertinentes que comunican información relevante acerca de la calidad de nuestros productos y nuestra productividad (INCOSE, 2005). Para la ingeniería del software, las métricas proporcionan una indicación de la calidad de algún tipo de representación del software basadas en un conjunto de medidas indirectas (Pressman, 2002). O sea que las mismas están relacionadas a unidades de medida e indicadores que ayudan a medir, descubrir y tomar decisiones para mejorar, corregir problemas, hacer estimaciones, controlar calidad, evaluar productividad y hacer control de proyectos. Intentar medir para mejorar nuestra comprensión de entidades particulares es tan poderoso en ciencia, en ingeniería de software como en cualquier disciplina.

MMP: Producto comerciable mínimo (Minimal Marketable Product).

MVP: Producto viable mínimo (Minimal Viable Product).

PB: Backlog de producto (Product Backlog).

PBI: Ítem de Product Backlog Item (story, technical story, technical debt, spike, etc.).

PI: Incremento de producto (Product Increment), código de software funcional entregado o software en funcionamiento.

PMI: Instituto de gestión de proyectos (Project Management Institute). Desarrolla y promueve su PMBOK® Guide. Sitio web "https://www.pmi.org".

PMO: Oficina de gestión de proyectos (Project Management Office). Tanto para el PMI como para PRINCE2, una Oficina de Gestión de Proyectos es un grupo o departamento dentro de la empresa que define y mantiene estándares para la gestión de proyectos en la organización. La Oficina de Gestión de Proyectos busca estandarizar y optimizar procesos en la ejecución de proyectos. Además, de ser el gestor de la documentación, las guías y las métricas asociadas. En algunas organizaciones la PMO es conocida como la Oficina de Gestión de Programas (PgMO). La diferencia es que la gestión de programas se refiere a la gobernanza de la gestión de una buena cantidad proyectos relacionados entre sí.

PSPI: Incremento de producto potencialmente entregable (Potentially Shippable Product Increment), código de software funcional entregable o software en funcionamiento listo para entregar.

QA: Aseguramiento de calidad (Quality Assurance) o Rol específico para hacer pruebas de software y asegurar la calidad (Quality Assurance Tester).

Risk: Riesgo es la posibilidad de un problema o incertidumbre relacionada con un proyecto o PBI de un proyecto, que podría alterar significativamente el resultado del mismo de una manera potencialmente negativa. No tiene ningún impacto actual en el proyecto, pero podría tener un impacto potencial en el futuro.

ROI: Retorno de la inversión (Return On Investment).

OPCON: contingencia operacional o fallo de software en operaciones (Operational Contingency).

Scrum: Es un marco de trabajo. El término fue tomado prestado del rugby. En rugby es un juego en el que, por lo general, tres miembros de cada línea se unen opuestos unos a otros con un grupo de dos y un grupo de tres jugadores detrás de ellos, lo que hace un grupo de ocho personas, tres, dos, tres formados en cada lado; el balón se deja entre la línea divisoria de ambos grupos, los jugadores están abrazados y tomados de la cintura de un compañero de equipo y los del frente hombro a hombro con el oponente, y se trata hacer fuerza grupalmente para desplazar al grupo rival y patear la pelota hacia atrás para que un compañero de equipo la tome.

SB: Backlog de iteración o Sprint Backlog. Es la pila de trabajo comprometido a desarrollar dentro de un sprint.

Scaling Scrum: Es cualquier implementación de Scrum donde múltiples Equipos Scrum construyen un producto, múltiples productos relacionados o un conjunto de características de un producto en uno o más Sprints (NEXUS, Scrum Profesional a Escala, Lucho Salazar, Versión 3.0.0, Agiles 2016 en Quito, 6-8 Octubre, 2016).

SM: El Scrum Master es un rol en un equipo de Scrum. Es un facilitador del marco de trabajo Scrum.

SME: Experto en alguna materia o disciplina (Subject Matter Expert).

SOA: Arquitectura Orientada a Servicios (Service-Oriented Architecture).

Spt: Iteración (Sprint).

SP: Story Point o puntos de historia.

Throughput: Número medio de unidades procesadas en un tiempo determinado. Tasa de salida del sistema de trabajo.

UI: Se refiere al diseño de interfaz de usuario (user interface) o al rol encargado de analizar y diseñar interfaz de usuario.

UX: Se refiere a la experiencia de usuario de un sistema (User Experience) o al rol encargado de analizar y diseñar dicha experiencia (UXer).

VoC: Voz del cliente.

VUCA: El entorno VUCA, se caracteriza por la volatilidad, la incertidumbre, la complejidad y la ambigüedad (Volatility, Uncertainty, Complexity and Ambiguity).

WIP: Trabajo en curso (Work In Process). Cantidad de ítems de trabajo desarrollándose en paralelo en una fase de desarrollo o en una columna de tablero Kanban.

Bibliografía

(Agile Atlas, 2012) Agile Atlas (2012). Scrum, una descripción. by Scrum Alliance. Scrum Alliance Core Scrum 2012-2013.

(Alaimo, 2014) Alaimo, Martin (2014). Equipos más productivos: Personas e interacciones por sobre procesos y herramientas. Por Martin Diego Alaimo. Kleer (Agile Coaching and training), Buenos Aires. ISBN 978-987-45158-7-2.

(Alaimo, 2014) Alaimo, Martin (2014). Proyectos Ágiles con Scrum. Flexibilidad, apredizaje, innovación y colaboración en contextos complejos. Kleer (Agile Coaching and training).

(Ambler, 2015) Scott Ambler (2015). User Stories: An Agile Introduction. By Scott Ambler. Scott Ambler and Associates, Agile Modeling, 2015.

(Anacleto, 2005) Anacleto (2005). El rol de la arquitectura de software en las metodologías ágiles. por Lic. Valerio Adrián Anacleto. Epidata Consulting S.R.L.- Buenos Aires, Argentina. Diciembre de 2005.

(Anderson, 2016). Anderson, David J. (2016). Essential Kanban Condensed.

(AntiPatterns, 1998) AntiPatterns (1998). AntiPatterns Refactoring Software, Architectures, and Projects in Crisis. By William J. Brown Raphael C. Malveau Hays W. McCormick III Thomas J. Mowbray John Wiley and Sons. Inc. Publisher: Robert Ipsen, 1998.

(Austin, 2003) Austin, Robert D. & Devin, Lee. (2003). Artful Making: What manager need to know about how artist work. Prentice Hall 2003.

(Beck, 2001) Beck (2001). Agile Manifesto by Beck, Kent. URL: www.agilemanifesto.org, 2001, como estaba en Octubre de 2012.

(Beck, 2010) Beck, Kent. (2010). Test-Driven Development By Example. By Kent Beck. Three Rivers Institute. Addison- Wesley Professional, 2003.

(Bellware, 2008) Bellware, Scott (2008). Behavior-Driven Development. By Scott Bellware. Code Magazine (June 2008) Retrieved 12 August 2012.

(Bittner, 2017) Bittner, Kurt (2017) Nexus Framework for Scaling Scrum, The: Continuously Delivering an Integrated Product with Multiple Scrum Teams (The Professional Scrum Series).

(Boehm, 1981) Boehm, B. (1981). Software Engineering Economics. Prentice-Hall.

(Boehm, 2001) Boehm (2001). Software Defect Reduction Top 10 list By Boehm, Barry, Basili, Victor. IEEE Computery, January 2001.

(Caroli, 2017) Caroli, Paulo (2017). Directo al Punto: Una guía para la creación de productos Lean. 2017.

(Certuche, 2016) Certuche, Victor Hugo (2016). Article: Agile: Is Agile Really dead? by Victor Hugo Certuche. Victor Hugo Certuche, Apr 28, 2016.

(CHAOS Report, 1994) Standish Group (1994). The CHAOS Report. By Standish Group.

(Cirillo, 1980) Cirillo, Francesco (1980). Paperback: The Pomodoro Technique. By Cirillo Francesco. ISBN-10: 1445219948, November 14, 2009.

(Cohn, 2004) Cohn, Mike (2004). User Stories Applied: For Agile Software Development. Addison Wesley.

(Cohn, 2005) Cohn, Mike (2005). Agile Estimation and Planning. By Mike Cohn. Prentice Hall.

(Cohn, 2009) Cohn, Mike (2009) Succeeding with Agile: Software Development Using Scrum.

(Conway, 1968) Conway, Melvin E. (1968). Article: How Do Committees Invent? Copyright 1968, F. D. Thompson Publications, Inc.Reprinted by permission of Datamation magazine, where it appeared April.

(Don Kim, 2016) Don Kim (2016). Article: The SBOK? Looks like anyone can create a PM standard these days! by Don Kim. Agility and Project Leadership Blog.

(Downey & Sutherland, 2013) Downey, Scott & Sutherland, Jeff (2013). Scrum Metrics for Hyperproductive Teams: How They Fly like Fighter Aircraft. IEEE HICSS 46th Hawaii International Conference on System Sciences, Maui, Hawaii, 2013.

(EDGE, 2020) Highsmith, J., Luu, L. & Robinson, D. (2020). EDGE: Value-Driven Digital Transformation.

(Fowler, 2014) Fowler, Martin (2014). Article: Microservices. By Martin Fowler, James Lewis. Martin fowler blog. Article 25 March 2014.

(Gabardini, 2015) Gabardini, Juan (2015). Artítuco: Ya no estamos en testing Kansas. Publicado por Juan Gabardini, 28 de diciembre de 2015. Desarrollo y testing ágil de software. Artículo publicado en "¿Qué pasó con los testers?", Kleer, Constanza Molinari, 5 enero de 2016.

(Gantthead, 2010) Gantthead, James (2010). Seven Obstacles to Enterprise Agility. gantthead.com.

(Gehrich, 2012) Gehrich, Greg (2012). Build It Like A Startup: Lean Product Innovation. RSF Publishing 2012.

(Gray, Brown & Macanufo, 2012) Gray, Dave, Brown, Sunni & Macanufo, James, (2012). Gamestorming: 83 juegos para innovadores, inconformistas y generadores del cambio.

(Grenning, 2002) Grenning, James (2002). Article: Planning Poker or How to avoid analysis paralysis while release planning. By James Grenning. Copyright April 2002 All Rights Reserved james@grenning.net.

(Hadlow, 2014) Hadlow, Mike (2014). Article: Coconut Headphones: Why Agile Has Failed by Mike Hadlow by Mike Hadlow. DZone - Agile Zone, Mar. 19, 2014.

(Humble, 2018) Humble, Jez (2018). Accelerate: The Science of Lean Software and DevOps: Building and Scaling High Performing Technology Organizations. by Jez Humble. 2018.

(INCOSE, 2005) INCOSE (2005). Metrics Guidebook for Integrated Systems and Product Development. By International Council of Systems Engineering, Wilbur, A., G. Towers, T. Sherman, D. Yasukawa and S. Shreve. INCOSE 2005.

(Jipson, 2015) Jipson Thomas (2015). Article: How Story Point Estimation Can Help Managers. By Jipson Thomas. ScrumAlliance.org, 21 August 2015.

(Johnson, 2002) Johnson, Steven (2002). Emergence: The Connected Lives of Ants, Brains, Cities, and Software Emergence. By Steven Johnson. Prentice Hall 2002.

(Jurado, 2010) Jurado (2010). Diseño Ágil con TDD. Por Carlos Blé Jurado y colaboradores. Prologo de José Manuel Beas. Www.iExpertos.com, Primera Edición, 2010.

(Kniberg, 2007) Kniberg, Henrik (2007). Scrum y XP desde las trincheras. Cómo hacemos Scrum. by Henrik Kniberg. InfoQ.com y proyectalis.com.

(Koontz, 2014) Koontz, David (2014). Article: Metrics for a Scrum Team. By David Koontz. Copyright Scrum Alliance Inc., agileatlas.org, February 13, 2014.

(Larman & Vodde, 2008) Larman, Craig & Vodde , Bas (2008). Scaling Lean and Agile Development: Thinking and Organizational Tools for Large-Scale Scrum. Paperback.

(Lawson & Martin, 2008) Lawson, H. & Martin, J. (2008). On the Use of Concepts and Principles for Improving Systems Engineering Practice. INCOSE International Symposium 2008, 15-19 June 2008, The Netherlands.

(Lipmanowic & McCandless, 2014) Lipmanowic, Henri & McCandless, Keith (2014). The surprising power of liberating structures: simple rules to unleash a culture of innovation.

(Martin, 2008) Martin, Robert C. (2008) Clean Code, A Handbook of Agile Software Craftsmanship.

(Martin, 2017) Martin, Robert C. (2017) Clean Architecture: A Craftsman's Guide to Software Structure and Design.

(McConnell, 2006) McConnell (2006). Software Estimation: Demystifying the Back Art By McConnell, S. Microsoft Press.

(McGreal, 2018) McGreal, Don (2018) Professional Product Owner, The: Leveraging Scrum as a Competitive Advantage (Professional Scrumn).

(Michael de la Maza, 2018) Michael de la Maza (2018) Best Agile Articles of 2018.

(MIT Press, 2009) MIT Press (2009). The Wisdom of Crowds in the Recollection of Order Information. By Steyvers, M., Lee, M.D., Miller, B., and Hemmer, P. (2009). In Y. Bengio, D. Schuurmans, J. Lafferty, C. K. I. Williams and A. Culotta (Eds.) Advances in Neural Information Processing Systems, MIT Press, 2009.

(Neal Ford, 2010) Neal Ford (2010). Arquitectura evolutiva y diseño emergente: Investigación sobre arquitectura y diseño. By Neal Ford, Application Architect. IBM, ThoughtWorks Inc., DeveloperWorks, 05-04-2010.

(North, 2015) North, Dan (2015). Whats is a story. By Dan North. dannorth.net, article 2015.

(OPS OMS, 1998) OPS OMS (1998). Manual de identificación y promoción de la resiliencia en niños y adolescentes. Por Dra. Mabel Munist, Lic. Hilda Santos, Dra. María Angélica Kotliarenco, Dr. Elbio Néstor Suárez Ojeda, Lic. Francisca Infante, Dra. Edith Grotberg. Organización Panamericana de la Salud. Organización Mundial de la Salud. Fundación W.K. Kellogg. Autoridad Sueca para el Desarrollo Internacional (ASDI).

(PMBOK, 1996) PMBOK (1996). A Guide to the Project Management Body of Knowledge (PMBOK Guide). By PMI and William R. Duncan Director of Standards. PMI Standards Committee.

(PMBOK, 2004) PMBOK (2004). Guía de los Fundamentos de la Dirección de Proyectos Tercera Edición (Guía del PMBOK). Project Management Institute, Four Campus Boulevard, Newtown Square, PA 19073-3299 EE.UU.

(Pressman, 2002) Pressman, Roger S. (2002). Ingeniería de Software, Un enfoque práctico. Por Roger S. Pressman. Adaptado por Darrel Ince. McGRAW-HIL 2002.

(Raymond, 1997) Raymond, Eric (1997). The Cathedral and the Bazaar. By Eric S. Raymond.

O'Reilly.

(Reinertsen, 2009) Reinertsen, Donald G. (2009). The Principles of Product Development Flow: Second Generation Lean Product Development.

(Sanjeev Sharma and Bernie Coyne, 2015) Sanjeev Sharma & Bernie Coyne (2015). DevOps for dummies, a Wiley Brand by Sanjeev Sharma and Bernie Coyne. 2nd IBM Limited Ed.

(Satish Thatte, 2013) Satish Thatte (2013). Article: Agile Capacity Calculation. By Satish Thatte. VersionOne.com. January 29, 2013.

(SBOK, 2013) SBOK (2013). Una guía para el conocimiento de Scrum (Guía SBOK) - 2013 Edición. Título original: A Guide to the SCRUM BODY OF KNOWLEDGE (SBOK GUIDE) 2013 Edition. SCRUMstudy, una marca de VMEdu, Inc.

(Schwaber & Sutherland, 2013) Schwaber, Ken & Sutherland, Jeff (2013). La Guía de Scrum. La Guía Definitiva de Scrum: Las Reglas del Juego. Offered for license under the Attribution Share-Alike license of Creative Common.

(Schwaber & Sutherland, 2017) Schwaber, Ken & Sutherland, Jeff (2017). La Guía de Scrum. La Guía Definitiva de Scrum: Las Reglas del Juego. por Ken Schwaber y Jeff Sutherland. Scrum.org.

(Schwaber, 1995) Schwaber, Ken (1995). SCRUM Development Process by Ken Schwaber. Proceedings of the 10th Annual ACM Conference on Object Oriented Programming Systems, Languages, and Applications OOPSLA.

(Schwaber, 2002) Schwaber, Ken (2002). Agile software development with Scrum By Ken Schwaber. Prentice Hall. ISBN 0-13-067634-9.

(Schwaber, 2011) Schwaber, Ken (2011). Agility and PMI By Ken Schwaber. KenSchwaber.wordpress.com.

(ScrumAlliance, 2005) Scrum Alliance (2005). Article: Reporting Scrum Project Progress to Executive Management through Metrics. By Brent Barton, Ken Schwaber, Dan Rawsthorne Contributors: Francois Beauregard, Bil l McMichael, Jean McAuliffe, Victor Szalvay. Scrum Alliance.

(ScrumAlliance, 2014) Scrum Alliance (2014). Article: Velocity, How to Calculate and Use Velocity to Help Your Team and Your Projects. By Catia Oliveira KING. Scrum Alliance. 6

February 2014.

(ScrumAlliance, 2015) Scrum Alliance (2015). Scrum Alliance (scrumalliance.org). Scrum-Alliance.

(ScrumInstitute, 2015) Scrum-Institute (2015). Scrum revealed: the only book can simply learn scrum! by International Scrum Institute. scrum-institute.org o ISI.

(ScrumManager, 2014) ScrumManager (2014). Gestión de proyectos Scrum Manager (Scrum Manager I y II) By Juan Palacio. De la edición: Scrum Manager (Creative Commons Attribution Non-Commercial 3.0).

(SEBoK, 2014) SEBoK (2014). Guide to the Systems Engineering Body of Knowledge (SEBoK) v. 1.3. By Body of Knowledge and Curriculum to Advance Systems Engineering (BKCASE) project. Sebokwiki.org, released 30 May 2014.

(Senge, 1990) Senge, Peter (1990). La quinta disciplina. El arte y la práctica de la organización abierta al aprendizaje. By Peter M. Senge. Editorial Granica, 2003. Edición original en inglés, 1990.

(Shore, 2015) Shore, James (2015). Article: Value Velocity, A Better Productivity Metric? By James Shore. jamesshore.com, The Art of Agile SM James Shore, 2002-2015.

(Skelton, 2019) Skelton, Matthew (2019). Team Topologies: Organizing Business and Technology Teams for Fast Flow.

(Sochova, 2016) Sochova, Zuzana (2016) The Great ScrumMaster: #ScrumMasterWay.

(Sriram Narayan, 2015) Sriram Narayan (2015). Agile IT Organization Design: For Digital Transformation and Continuous Delivery. por Sriram Narayan. Addison-Wesley Professional. Release Date: June 2015. ISBN: 9780133903690.

(Stefanini, 2013) Stefanini (2013). Scrum of Scrums: Running Agile on Large Projects. By Leandro Faria Stefanini. Scrum Alliance, 5 June 2013.

(Surowiecki, 2005) Surowiecki, James (2005). The Wisdom of Crowds. By James Surowiecki. Anchorsbooks, August 16, 2005.

(Sutherland & Scrum Inc, 2019) Sutherland, Jeff & Scrum Inc. (2019) La Guía de Scrum@Scale. La guía definitiva de Scrum@Scale: Escalabilidad que funciona.

(Sutherland, 2014a) Sutherland, Jeff (2014a). Article: Q&A with Jeff Sutherland on Scrum: The Art of Doing Twice the Work in Half the Time. By Jeff Sutherland. infoq.com. Posted by Ben Linders on Nov 05, 2014.

(Sutherland, 2014b) Sutherland, Jeff (2014b). Scrum: The Art of Doing Twice the Work in Half the Time by Jeff Sutherland. Jeff Sutherland and Scrum Inc., 2014.

(Sutherland, 2019) The Scrum Fieldbook. The Scrum Fieldbook: A Master Class on Accelerating Performance, Getting Results, and Defining the Future.

(SWEBOK, 2014) SWEBOKv3 (2014). SWEBOK Guide V3.0, Guide to the Software Engineering Body of Knowledge Version 3.0. Editors Pierre Bourque, École de technologie supérieure (ÉTS) Richard E. (Dick) Fairley, Software and Systems Engineering Associates (S2EA). JIEEE Computer Society, 2014.

(Takeuchi & Nonaka, 1986) Hirotaka Takeuchi, Ikujiro Nonaka (1986). The New New Product Development Game. Harvard Business Review.

(UK Researchers, 2014) Group of U.K. Researchers (2014). Happiness and Productivity. By Andrew J. Oswald, Eugenio Proto, and Daniel Sgroi. University of Warwick, UK, and IZA Bonn, Germany. University of Warwick, UK JOLE 3rd Version: 10 February 2014. Published in the Journal of Labor Economics.

(UNTREF, 2014) UNTREF (2014). Construcción de software: una mirada ágil. Por Nicolás Paez, Diego Fontdevila, Pablo Suárez, Carlos Fontela, Marcio Degiovannini, Alejandro Molina. Universidad Nacional de Tres de Febrero (UNTREF).

(Verheyen, 2019) Verheyen, Gunther (2019) Scrum – A Pocket Guide - 2nd edition: A Smart Travel Companion.

(Wiki, 2015) Wiki (2015). Wikipedia, 2015. Online es.wikipedia.org.

(Wiley & Sons, 2002) Wiley, John & Sons (2002). Agile Modeling: Effective Practices for Extreme Programming and the Unified Process. Paperback – March 21, 2002. ISBN: 0471202827.

(Winston, 1970) Royce, Winston (1970). Managing the Development of large Software Systems by Dr. Winston W. Royce. Proceedings of IEEE WESCON 26 (August).

Primera Impresión: Autores Editores S.A.S.,
Bogotá D.C. - Colombia, Buenos Aires - Argentina.

La primera versión electrónica y el código fuente se publicaron en:

https://github.com/dariopalminio/ScrumEnIngenieriaDeSoftware